大統領の条件

アメリカの見えない人種ルールとオバマの前半生

渡辺将人

集英社文庫

もくじ

本書は、二〇〇九年十一月、書き下ろし単行本として集英社より刊行された『評伝 バラク・オバマ 「越境」する大統領』を文庫化にあたり、『大統領の条件 アメリカの見えない人種ルールとオバマの前半生』と改題し、書き下ろしの「文庫版増補章」を加えました。

本文デザイン　斉藤啓（ブッダプロダクションズ）

大統領の条件

アメリカの見えない人種ルールとオバマの前半生

文庫版まえがき

寡黙な初の黒人大統領

トランプ政権末期、人種差別に反対する抗議デモが全米で吹き荒れるなか、彼は相変わらず寡黙だった。本来ならば「初の黒人大統領」として、人種で分断されたアメリカの和解を目指したキング牧師のような糾合力を先頭で示してほしいと願う国民もいた。世界的ベストセラーになっていた夫人の回顧録に水を差さない配慮か。いずれにしても深刻化するアメリカ分断の渦中で、あまりにお行儀が良すぎるようにも見えた。

元アメリカ大統領のバラク・オバマのことだ。

二〇二〇年五月、ミネソタ州ミネアポリスで白人警官が黒人男性の首を押さえつけて死亡させる事件が発生。現場の動画が拡散したことで、警察の暴力に抗議するデモが全国的に広がった。オバマはオンラインで語りかけて若者の平和的デモを支持したが、一部の暴徒化や略奪を鎮静化することはできなかった。新人議員のころのように、腕まくり姿で群衆に飛び込んで声を枯らすことがなかったのはコロナ禍だったからか。

いや、そもそもオバマは政権の二期八年の間、人種問題を優先課題にしたことはなく、二〇〇八年の予備選挙中の事件以降、「人種」を避け続けた。事件とは、オバマ家が懇意にしていたシカゴの黒人教会の牧師による過激な「反米的」説教がメディアで報じられた騒動だ。オバマは牧師と決別を公言することで選挙にはなんとか勝利したものの、「人種」が政治的な火傷《やけど》につながることがオバマの脳裏に刷り込まれた。

トランプ政権下でムスリム入国禁止措置や不法移民に対する厳しい措置などが取られるなか、オバマが少数派の代弁者として、民主党の指導者として立ち上がる素振りを見せることはなかった。ブラック・ライブズ・マター（BLM）運動は、「反トランプ」で生まれたものではない。本当に黒人の味方なのかという、黒人たちのオバマへの期待の裏返しの、疑念と失望から、二〇一三年すなわちオバマ政権二期目序盤に始動している。

トランプ政権期のオバマはあまりに影の薄い存在だった。回顧録の執筆で忙しかっただけではない。オバマは必死に何かと距離をとり続けた。

オバマ政権発足当時、筆者の旧知の連邦議会スタッフの多くも政権入りした。だが、政権に参加した者には共通してある「症状」が発症した。政党間の闘いを低次元のこととして忌み嫌う語り口になったのだ。オバマはホワイトハウスの幹部スタッフに常にこう言っていたという。「勝利に酔いしれるな。失敗に落胆もするな。実利的であれ。党派的でありすぎてはいけない」

この言葉が政治戦闘員として四六時中、議会の前線にいた政治スタッフの心を優しく包み込んだ。オバマが最も嫌ったのは極端な立場をとることだった。ひたすら共和党を殲滅《せんめつ》せよと命じられてきた元オバマ政権の民主党の上級補佐官はこう語る。

「実務家として、こんな喜びはなかった。議会は党派がすべての現場だ。至近距離で毎日、敵と戦闘している。議員連中にとってはそれが苦痛どころか喜びなのだ。左派の議員にとっては特にそうだ。だが残念ながら、それでは本当の政治は動かない。ホワイトハウスは議会よりもはるかに上の高度を飛んでいた。そこから見えた景色は全然違った。結果第一の仕事を求められることが自分には嬉《うれ》しくて、もう民主党など、どうでもよくなっていった。政党にエネルギーを注ぐより、成果を出すことに集中させてくれた」

当然、民主党の連邦議員たちはいらだった。自分たちの秘蔵っ子の部下が、政党から、リベラルから、そして自分から離れていくことに言いようのない寂しさが襲った。

「このままの法案では通りませんよ。修正と妥協が必要なのです」

元上司の議員への反論の数々。それはしばしば説法のようにすら聞こえた。側《はた》から見ていても、オバマのホワイトハウスは、まるでなにか悟りを開いた集団のようだった。いったいどんな催眠術にかけているのか。なぜオバマに深くかかわるとこうなるのか。

オバマは何事にも満足せず常に悶々《もんもん》としていたという。元高官はこう明かす。

「彼には満足という感情がないのです。一般的な政治家は、ただベルを鳴らして〝これ、すごいだろ？　また一つ法案を通したぞ〟と大はしゃぎする。大成功だと自画自賛する。彼はそこにまるで関心がなくて、いつも何か本物の進歩を希求していました」

だが、政治は、目の前の人を幸せにして国益を守る仕事だ。高次元の悟りよりも、今の安心と安全を市民は求めている。オバマ政権の実績への不満の声もそこに原因がある。だからこそ、最も辛辣なオバマ批判は、保守派ではなく足元の左派から繰り出された。ＢＬＭだけでなく、「ウォール街占拠」運動、バーニー・サンダース旋風など急進左派的な運動は、いずれもオバマ時代の産物である。トランプ政権との「相対評価」で忘れられがちだが、左派のオバマ政権への落胆は沸点に達していた。

そもそもアメリカ大統領とは何をすべき人なのか。

その本質的な定義次第でオバマ評価は天と地の差になる。多様性を体現する知性に満ち溢《あふ》れた大統領にもなれば、捨て身の「闘争」を避けて中途半端に終わった優柔不断の大統領にもなる。そしてそのことは彼自身の手による回顧録だけでは判別がつかない。

「アウトサイダー」──トランプとオバマの共通点と相違点

二〇二〇年一一月、オバマの大統領回顧録『*A Promised Land*』が刊行された（『約束の地　大統領回顧録I』上・下、集英社、二〇二一年二月刊）。青少年期は早回しで進み、選挙戦と政権の記録に突入する。『ドリームズ・フロム・マイ・ファーザー』というオバマの自著ですでに幼少期を扱ったからかと思いきや、事情は少し複雑だ。

整合性が難題だった。ジャーナリストのデイビッド・レムニックも述べる通り、『ドリームズ』は自伝風の創作作品だからだ。シカゴでの住民活動で黒人社会に感化され、三二歳で書き上げられたものだ。当時オバマの夢はまだ作家だった。だから登場人物も偽名で、統合された架空のキャラクターに昇華されている。時系列も不正確で、黒人問題に収斂《しゅうれん》しない出来事や人物は省かれた。全米の書店の「アフリカ系文化」の書棚にひっそりとあった同書が、オバマの著名化で燦然《さんぜん》と輝き「自伝」として一人歩きを始めた。この本でオバマを知ったアメリカ人も、翻訳に感動した外国人も、彼の関心事が黒人問題だけに集中していると解釈してしまった。

そこでオバマは大統領回顧録『約束の地』において、ある「告白」に踏み切る。母親への愛情を示し、大統領選挙時に世界をフィーバーさせた「アフリカとの縁」が薄いことを認めたのだ。オバマはこう記す。

「私は父のことをほとんど知らないので、父から大きな影響を受けたことはない」

「私が一〇歳のとき、父はケニアからホノルルまで訪ねてきて、ひと月ほどをいっしょに過ごした。それが、父に会った最初で最後だ」

「父とのあいだには、それ以上のことはほとんど何も起こらなかった」

その通りで、オバマは母方のダナム家の子である。ケニア人留学生とカンザス州出身白人女性の異人種間結婚で生まれた。アフリカの血を受け継いではいるが、両親はオバマ誕生後すぐに離婚している。シングルマザーだった。途中インドネシア人の継父との生活を挟むが、ハワイに戻されて中高時代は母方の白人の祖父母が親代わりで面倒を見ている。母親はインドネシアに残り、人類学の研究や開発の仕事に勤《いそ》しんだからだ。

オバマはケニアの苗字《みようじ》を名乗るが、父は外国人留学生で移民でもアメリカ人でもない。オバマは英語ではなくインドネシア語で初等教育を受けた。ジャカルタの学校の生徒名簿には継父の苗字で「バリー・スートロ」と登録され、「オバマ」どころか「バラク」という名の痕跡もない。オバマの母はこの時点では、息子をアフリカ人ではなく、どちらかと言えばインドネシアの子として育てようとしていた。

この辺りがトランプ大統領も加担した「バーサー」運動（オバマのアメリカ出生を否定する）など陰謀論の種にもなった。母方の苗字であるダナム姓を名乗っていれば疑われるリスクは少なかったがオバマはそうはしなかった。オバマ自身がアフリカ文化への回帰を大学時代以降に求め、「父親探し」のような青春期を送ったのは事実だからだ。要するにアイデンティティクライシスである。回顧録ではこう振り返る。「自分の複雑な出自のおかげで、そしていくつかの異なる世界で暮らしてきたおかげで、自分はあらゆる場所に存在していると同時に、どこにも存在していないように感じていた」

オバマは最愛の母や妹と黒人意識を共有できない悩みを抱え続けた。母はオバマの父を人間として愛したのであって、アフリカに関心があったわけではない。文化として惚《ほ》れ込んだのはむしろインドネシアだった。インドネシアが母の人生そのものだった。だからオバマの同国への敬意は母が愛した国への敬意だ。妹のマヤは継父と母の子である。古妹はインドネシア姓「スートロ」を名乗り、母はダナム姓。親子三人の苗字が違う。古いアメリカン・ファミリーを逸脱した、「国際的」家族を象徴していた。

オバマとトランプには、アメリカ外交の超党派的な合意から離反する「アウトサイダー」大統領という意外な共通点があった（『グローバル時代のアメリカ』古矢旬、岩波新書）。さらに言えば、オバマはワシントンの「アウトサイダー」であるだけでなく、文化的にもアメリカの「アウトサイダー」であった。

トランプは不動産ビジネスの成功者だった。目立ちたがりの気質など、いかにもアメリカらしさの象徴でもある。だが、オバマは文化的にはアメリカを逸脱した大統領だった。だからこそ選挙戦では、アジア文化で育った「帰国子女」であることや「国際結婚」の子であることなどは黙殺された。隠されたわけではないが静かに伏せられた。

オバマはある時点で「黒人」になる道を自ら選ぶ。なぜなのか。「帰国子女」で「無人種」的なままでは決して政治家として認められないアメリカの窮屈な本質がそこにある。オバマの精神的なトラウマを辿《たど》ることは、アメリカの裏面を知ることでもある。

大統領の条件には見えないルールがいくつかある。その一つは世界の指導者である前に、同時代のアメリカ文化を体現する人物であることだ。だが、オバマはタイムマシーンで未来から来訪した異星人のようだった。

彼はそもそも大統領になるべき人物だったのか。むしろ哲学的にアメリカの統合を訴える作家や知識人が向いていたのではないか。そんな疑問も湧くかもしれない。

二〇〇九年、オバマ政権の誕生直後に、外国人としては異例だが独自取材で大統領評伝をまとめた。大統領の精神性の根源は前半生にある。だが、世間がオバマの正確な「自伝」と勘違いした書との整合性が尾を引き、回顧録には青少年期の恩師や親友の実名はほとんど出てこない。その意味ではオバマ回顧録の前段の「空白」を補完するものだ。この文庫版では、刊行当時の空気をそのまま届けるべく、修正を施さず全文を再収録し、末尾に増補章と著者自身による取材後記的なあとがきも付した。

それでは時計の針を二〇〇九年にいったん巻き戻そう。そこから物語は一九六〇年代から一九七〇年代へと遡る。インドネシア、そしてハワイ、カリフォルニア、ニューヨーク、シカゴへと時間と空間を移動する「旅」の始まりである。

二〇二一年　著者記す

プロローグ

バラク・フセイン・オバマ大統領について、ある程度詳しくなった人が共通して感じることがある。知れば知るほど、わからなくなってくる不思議さに満ちていることだ。

ロースクール時代のオバマを知る人は、法律家のオバマにめっぽう詳しい。シカゴの黒人教会は、オバマの信仰心やアフリカ系への同胞愛を知っている。ハワイの幼馴染《おさななじ》みは、飾り気のない草履ばきのオバマを知っている。どれも真のオバマだ。

しかし、それぞれ微妙な差異も醸し出される。遠近で印象が変わるポストモダンの絵画のようでもあり、光の加減で色が変わる多面体のガラス細工のようでもある。私が本書のために会ってきたオバマの「各時代」の共有者に、この不思議な「気分」は共通していた。オバマには、決して変わらないものと、進化していく新しい顔が共存している。アメリカやアメリカの政治家についての理解をめぐっては、選挙が大きな手がかりになることがある。大統領になる人物は、一年以上の長期戦にさらされるなかで真価を問われる。大統領になる前に、気力、体力を消耗してしまうのではないかと心配したくなるほどだ。選挙という「有事」には、アメリカの分裂や課題も顕在化する。エスニシティ、宗教、人種ごとに分裂した集団が影響力を行使しようと努めるアイデンティティの政治は、なかなか消えない。

私がこうした「見えないアメリカ」に目を開かされたのは、選挙アウトリーチという集票戦略を経験する偶然の幸運によるところが少なくない。二〇〇〇年の民主党の大統領選挙、そして上院議員選挙への参加である。この実践知との巡り合わせなしには、どれだけ長くアメリカにいても、自信を持ってアメリカの政治を語ることができたかどうか、心もとない。担当したニューヨークのアジア系社会は、まったく知らないアメリカの扉を私に開いてくれた。

一方、オバマをめぐっては、選挙からだけでは見えないものがあることも痛感させられた。「もうオバマについては十分知っている」という感覚がアメリカにも日本にも蔓《まん》延《えん》している。しかし、本当に我々はオバマを知っているのだろうか。また、オバマの意義をアメリカ史のなかに位置づけて解釈するとすればどうだろうか。

オバマと夫人のミシェルの出逢《であ》いの場になったシカゴの一流法律事務所が、シドリー・オースティンである。事務所の上級職にある辣腕《らつわん》弁護士にニュートン・ミノウがいるが、その娘にしてハーヴァード大学ロースクール教授が、マーサ・ミノウである。最高裁判事候補とも言われている、アメリカを代表する法律学者だ。マーサ・ミノウは父のいる法律事務所に、有能な教え子であったオバマを紹介した。また、ミシェルの恩師で、オバマとも親しい同大学ロースクール教授に、チャールズ・オグリトリーがいる。

マーサ・ミノウとオグリトリーに、私は同じ疑問をぶつけた。

「オバマの類い稀《まれ》な能力は、ハーヴァードでどう教育されたのか」

マーサ・ミノウは答えた。

「オバマの理念も性格もキャリアも、ハーヴァードに来たときにはすでに確立していました。今ある彼により深い影響を与えているのは、彼が持って生まれた性格、そして彼の初期の人生だと思います」

また、オグリトリーも次のように語った。

「オバマの人生初期の経験が、彼の判断力に深い影響を与えています」

二人の恩師は「アーリー・ライフ」「アーリー・エクスペリエンス」と表現こそ違えど、人生初期という言葉を用いた。黒人で初めて『ハーヴァード・ロー・レビュー』という権威ある学術ジャーナルの編集長となったオバマが、ロースクール入学前に人間的にも知的にもほとんど成熟していたとすれば、それ以前にこそ彼を理解する大きな鍵があるかもしれない。オバマの恩師がくれたさりげないヒントを手がかりに、オバマの「前半生《アーリー・ライフ》」を掘り下げる旅は幕を開けた。

アメリカの歴史は西へ西へと移動する歴史だった。かつて中西部カンザス州にいたオバマの祖父母も「西」へと移動し、オバマの母を連れてハワイ諸島に流れ着いた。

ハワイに生まれたオバマは、東南アジアのインドネシアを経て、カリフォルニア州への大学進学を足がかりにアメリカ「本土」上陸を果たす。太平洋から東海岸へと「越境」していくオバマの足跡は、西部開拓の「逆回し」のようで興味深い。マンハッタンから中西部の大都市シカゴへと向かい、その後ニューイングランドのハーヴァード大学で数年を過ごし、満を持してシカゴへ戻っている。彼の新たな安住の地となるハイドパークだ。

二〇〇四年の連邦上院議員選挙以後のオバマは、イリノイ州南部の中西部農村地帯も経験している。ハワイ時代もホノルルのアパート住まいだったそれまでのオバマは「都市の人」だったが、トウモロコシやトルネードを連想させる雄大な地平線が広がる「ハートランド」のアメリカにも馴染んでいった。

一九九〇年代末、修士論文審査を終えシカゴ大学での研究に一区切りをつけた私は、ジャニス（ジャン）・シャコウスキー下院議員の首都ワシントンの事務所に加わることになった。それ以来、シカゴ政治との関係を育《はぐく》んできた私にとって、オバマ大統領の誕生はある一人のシカゴの政治家の急成長を実感する出来事だった。二〇〇八年、大統領選の年は、一月のアイオワ党員集会に始まり、八月のデンバー民主党大会、一一月のシカゴ大統領選当選祝勝会、二〇〇九年一月の首都ワシントンでの就任式に至るまで、民主党の関係者とともに内側から「オバマの現場」に居合わせることができた。

しかし、私にとってのオバマ夫妻の印象は、いまだに地元のシカゴ大学職員の一家であり、数ブロック先に住んでいたご近所さんだ。シカゴ大学ロースクール教授の旦那さんに、シカゴ大学に勤務する奥さん、学生寮と社会科学系学棟のあいだにあるシカゴ大学の附属校に通う娘さんたち。学生がうろうろするレストランや書店で日常的にはち合わせする、普通の近隣住人にして大学関係者だ。正直、政治家一家という印象は薄い。

私がこの大統領一家に親しみだけではない等身大の距離感を感じているのは、つい最近まで本当に普通の人たちだった、という実感と無縁ではない。大統領一家になってもその印象はあまり変わらない。しかし、私のこのオバマ像も、オバマの実相のごくごく一部であることは言うまでもない。

太平洋とアジアから出発したオバマは、アメリカの中心まで「越境」を続けてきた。それもアメリカの歴史に「逆流」するかのように。オバマの政治は、何を変えようとしているのか。オバマの演説に人が魅了されるのはなぜなのか。オバマの世界観の根底には何があるのか。オバマの向こう側には何があるのか。オバマが「越境」してきたのは、地理的な空間だけではないのかもしれない——。

オバマはアーリー・ライフを通して、そして大統領就任後も「旅」を続けている。問いの解となる手がかりを探すには、私自身も「旅」に出る必要があると感じた。インドネシア、ハワイ、ロサンゼルス、シカゴ、ボストン、ワシントン。オバマの歩みを早回して辿《たど》り、人に会って話を聴くことで迫る人間オバマの原点だ。本書は、日本から発信する補完的な評伝にしてオバマ論であり、またオバマのこれまでを跡づけることで浮き彫りにする、ささやかなアメリカ論である。

【凡例】

一　本書ではアメリカ合衆国（米国）のことを統一的にアメリカと表記した。アフリカ系アメリカ人について、適切な文脈等において黒人を併用した。

二　本文中の英語文献・詩歌等からの引用の邦訳、インタビューの邦訳は、すべて発言録及び文献原典からの筆者による翻訳に基づく。本文中の文献題名・放送番組名・人名・地名等も筆者による翻訳に基づくが、文脈に応じて適宜、原題欧文表記を残した。

三　本書の人物名はすべて本名であり、聴き取り時点での肩書で記載した。匿名を条件とした関係者、本書を主目的としない環境で生じた聴き取り、職務上及び私的理由により実名が公開できない対象者については仮名を使用せず、個人名への言及を控えた。

四　姓名は英語発音に則して表記した（例えば、Soetro-NgのNgは広東語音「ンー」ではなく、本人発音「イン」で表記）。インドネシアの人名・地名などの固有名詞のカタカナに関しても、統一性を重視して英語発音で表記した。

第1章 「帰国子女」の大統領
——母が愛したジャカルタの幻影

1963年ホノルルにて、オバマ(2歳)を抱きかかえる母親のアン・ダナム。オバマは1961年8月4日にホノルル市内で生まれた。
(©Polaris/amanaimages)

従兄弟のトリスロ氏。
オバマより3歳年上。
ジャカルタ市内にて。
(著者撮影 2009年)

1970年ごろ、継父スートロ家とジャワ島ジョグジャカルタにて。右端で下を向いているのがオバマ、最前列中央がオバマの継祖母、左端が継父ロロ。ロロは10人兄弟だった。
(Sonny Trisulo提供)

オバマの父バラク・オバマ・シニアと離婚し、再婚相手ロロ・スートロとインドネシアのジャカルタに移住した母とオバマ。左から継父のロロ、母アン、生後間もない妹のマヤ、右端がオバマ(9歳)。1970年撮影。(©Polaris/amana images)

1970年、ジャカルタの小学校時代、同級生ヘディ・スーリヤの誕生会に呼ばれたオバマ。前列左端が友人スーリヤ、右隣がオバマ。(Pak Effendi提供)

2008年3月、ベスキ小学校の校舎前に集まったオバマの同級生19人。幸運を祈る旧友の声がインドネシアからオバマのもとに届けられた。(Rully Dassaad提供)

1975年、オバマの妹マヤ(円卓正面の左)の通っていたジャカルタ市内のバイリンガル学校Kartini Play Group。授業参観をする右端の保護者2人は、オバマの母アン(左)とその友人ケイ・イクラナガラ(右)。(Kay Ikranagara提供)

アメリカ大統領とアジアの親族

インドネシア共和国の首都ジャカルタ——。交通渋滞は名物の一つだ。

「トラフィック、ジャカルタ、トラフィック」

ジャワ島中部出身のドライバーが、片言の英語でこのフレーズだけをずっと繰り返している。ジャカルタは交通状態が悪いので時間は読めないという、事前の断りだ。

朝夕の通勤混雑に加えて、地方からジャカルタに出入りするトラックの量が尋常ではない。昼間は、四車線もある幹線道路上の車がまったく動かない。塗装の剝げたバスがジグザグ走行する両脇にメルセデスや日本車が連なり、私たちの小さな車がその背後を追いかける。数メートル進んだと思ったらガクンと踏む急ブレーキ、三〇分前からこの繰り返しだ。

動かない車列を縫って走るのは大量のオートバイだ。子供や女性を後ろに乗せ、車間距離もとらず一心不乱に走り続ける。ライダーのお腹《なか》に両手を回した女性のなかには、イスラム教徒が身につける色とりどりのヴェールの上からすっぽりヘルメットを被《かぶ》っている人もいる。ヘルメットの首周りからはみ出す紫色の布がひらひらと風になびく。宗教的伝統と近代工業化が重なって生まれた奇妙なファッションも、ここでは不思議と違和感がない。

二〇〇九年七月、排気ガスと熱波が覆うジャカルタで、クラクションの喧噪《けんそう》をさらにやかましくしていたのは、街に洪水のように溢《あふ》れる、ユドヨノ大統領や対立候補のメガワティ前大統領らのカラフルな横断幕やポスターだった。インドネシアは、史上二度目となる直接投票の大統領選を目前に控えて、騒ぎが過熱していた。

ようやく辿《たど》り着いた高層ビルの正面一階エレベーターに飛び乗った。降りた先で、笑顔で出迎えてくれたのはサニー・トリスロ夫妻だった。トリスロは石油ガスのパイプ設備会社を経営しているビジネスマンだ。インドネシアの男性が好むバティックのシャツがよく似合っている。流暢《りゅうちょう》な英語を操る彼には、知られざるもう一つの「顔」がある。それはアメリカ大統領の親族ということだ。

「オバマ大統領の継父のロロ・スートロが私の叔父です。ロロは一〇人兄弟の末の息子でしたが、私の母ワンデナ・スートロは姉です。従姉妹《いとこ》にあたるオバマの妹マヤとは、家族ぐるみの付き合いです。一月の大統領就任式にも招待され、三月にハワイでマヤ一家と過ごしたばかりです。今月末にもワシントンに大統領に会いに行くんですよ」

バラク・オバマ大統領の母スタンリー・アン・ダナムは、ケニア人留学生だったオバマの父、バラク・フセイン・オバマと離婚した後、同じくハワイ大学に留学していたインドネシア人のロロ・スートロと恋に落ちる。スートロはインドネシアの旧宗主国オランダの姓で、Soetoroと書いてスートロと発音する。

オバマの母アンの名前には逸話がある。母方の祖父スタンリー・ダナムは、一九四二年に生まれたオバマの母に、男性名スタンリーを付けた。男の子を待望していた気持ちが高じてのことだ。しかし、オバマの母はこれが嫌で、ハワイ大学入学前後からは、ミドルネームのアンを名乗るようになる。

オバマは一九六一年八月にハワイで生まれているが、アンはまだ六歳のオバマを連れ、ロロを追う格好で一九六七年にインドネシアに移住した。トリスロは回顧する。

「ロロは軍に勤務していて、軍からも留学の奨学援助を得ていたので、インドネシアに戻って、国と軍に奉仕しなくてはいけなかったのです」

インドネシアの旧宗主国オランダが、西ニューギニアを返還したことで、地理学者だったロロは、イギリスとオーストラリアの影響下にあったニューギニア東部との国境ラインの策定に参与することになった。

その後一〇歳までの四年間、オバマはインドネシアで育った。一九七〇年には、アンとロロとのあいだに、九歳年下のオバマの妹となるマヤが生まれた。オバマといえばアフリカ、父の故郷ケニアという印象が強いが、継父ロロと妹のマヤを通じたインドネシア人の親族も多数存在する。

アメリカの首都ワシントンからホノルル、成田経由で地球を半周。バリ島デンパサール経由のガルーダ機で乗り込んだジャカルタで歓待してくれたのが、少し前まで眺めていたホワイトハウスの住人の親族――。アジアに帰ったはずなのに、ぐるっと一周してもとに戻ったような不思議な違和感。これこそが、第四四代アメリカ大統領が象徴する、言いようのない「新しさ」だった。

三歳年上のサニー・トリスロは、インドネシア時代のオバマの遊び相手だった。お互いの家が近くて、トリスロは少なくとも週に一度は必ずオバマの家に遊びに行った。放課後にオバマと妹マヤがトリスロの家に遊びに来ることもあった。コオロギを捕まえ、凧《たこ》を揚げ、近所の子供たちと朝晩駆け回った。

「叔父のロロがアメリカに留学し、いきなりアメリカ人の奥さんを連れてきました。でも、バリー（オバマ）が叔父の奥さんの子だとは、正直知りませんでした。容姿がまるで違っていましたから。養子かと思っていました。だいぶ後になって、前夫との子だと知りました。インドネシアでは、出自とか、父親が誰かとか訊《たず》ねるのは礼儀上あまりよいことではなくて、とにかく訊《き》いてはいけないのです。だから、親もしばらく教えてくれませんでした」

二〇〇八年、マヤの誘いで訪れたロサンゼルスの会合で、久しぶりにオバマに会ったトリスロは、オバマがインドネシア語をまだ忘れていないことに驚かされた。マヤによれば、オバマがインドネシア語に頭を切り替えるには三日ほど必要だという。

「マヤはまだすごく流暢ですよ。マヤとはインドネシア語だけで話すこともあります。彼女は、自分は半分インドネシア人です、と言ってはばからない。アメリカ人というより、アジア人です。生活習慣とか食べ方とかコミュニケーションの取り方とか」

継父のロロは英語が流暢で、オバマの母アンもインドネシア語が完璧だった。夕食の会話ならインドネシア語で、車の調子が悪ければ英語でと、そのつど、言語がころころ変わったようだ。

ロロとアンは一九八〇年に離婚するが、アンとマヤは、しばらくインドネシアに住み続けた。アンは一人っ子なので、マヤにはアメリカ側に従兄弟《いとこ》はいない。オバマが大統領に立候補するさい、トリスロはその一報をハワイに戻ったマヤから聞いた。

「バラクが大統領になろうとしてる！　って。まず、バラクって誰だよ？　って言いました。だって私たちはバラクなんていう名前は知らないですからね。彼はバリーだったんですよ。大統領に立候補している男があのバリーにはとても見えなかった。彼は昔、もっとまん丸でした。マヤに言いましたよ。あの痩せた奴《やつ》がバリーかよっ、てね」

しかし、トリスロとオバマはメールのやりとりは頻繁にしていた。上院議員当選時のお祝いのメッセージに、オバマは個人アドレスから丁寧に返事をしている。二〇〇四年一一月二五日に送られた「サニー、元気？」で始まるメールで、オバマは「近くインドネシアに戻れたら、絶対に会おう」と語りかけている。

オバマは上院議員時代までは、ある民間のプロバイダーに持っていた個人アドレスで、友人や親族と気軽にやりとりをしていた。大統領になってからのオバマとは、セキュリティの関係で連絡が取りにくくなった。今では親族も、妹のマヤを介した連絡が中心だ。

「マヤはバリーに電話やメールをするけど、短くしないといけないし、いろいろ書けないんですね。金銭のこととか健康のこととか、そういうのは書いちゃいけないそうです。兄妹なのに、ハロー、グッバイだけなんてね」

重責を担う大統領のセキュリティが特別であることは、アメリカ留学の経験があるトリスロはよく知っている。大統領一家は、プライバシーに気を遣うのも仕事のうちだ。しかし、それをあえて皮肉れるのは、オバマ兄妹と幼馴染《おさなな じ》みのトリスロゆえだろう。

トリスロは叔父同様アメリカに留学し、カリフォルニア大学ロサンゼルス校で社会工学の学位を一九七〇年代に取得した。アメリカを肌で知っているだけに、オバマ外交に期待をふくらませる。

「オバマはカイロの演説で示唆しましたけどね、アメリカとイスラム社会のあいだには、まだ誤解があります。アメリカ人も大都市の人は理解があるのですが、小さな町に行けばムスリムが何なのかすら、知らないわけです。かつてアメリカの入国審査でイスラム教徒であることをしつこく訊かれた経験があります。過激派だと思うんでしょうね。本当のムスリムとは何かを、オバマはアメリカ人に伝えようとしていますし、お互いの理解が増していくことになればと思いますが」

ジャカルタの現地校空間

インドネシア時代のオバマはどんな生徒だったのか。オバマはジャカルタに移り住んですぐ一九六七年からの二年間は、カトリック系のフランシスカス・アシシ校の小学部に通った。「六カ月もしないうちに、私はインドネシアの言葉や習慣や土地に伝わる昔話を学んだ」とオバマが回顧しているのは、この時期のことだ。オバマがインドネシアにスムーズに馴染めたのは、現地校とはいえ、最初に通った学校が西洋文化に近いカトリック系の学校だったことと無関係ではない。カトリック系の学校には、インドネシア人の比較的富裕層の子弟が通った。オバマの母アンは、規律のとれたよい学校だとの評判も考慮して、アシシにオバマを入れた。

二〇〇九年七月に私が訪れたアシシ校では、オバマの大統領就任の熱がまだ冷めやらぬ様子だった。オバマが学んだ小学部では、就任を祝うコラージュをつくっていた。新聞記事の写真などを使った色とりどりの作品が、教室の前に展示されている。インドネシアの国旗と星条旗をあしらった作品から、オバマとスーパーマンを貼り付けたユーモアのある作品まで、オバマの後輩にあたるインドネシアの小学生たちの想像力溢れる切り絵を眺めていると、二〇〇九年一月二〇日に列席したオバマの大統領就任式を思い出した。オバマを支援する草の根運動の特徴の一つに、幼児からプロのアーティストまでによる肖像画、切り絵など「オバマ・アート」の盛り上がりがあったが、就任式でもキング牧師とオバマのコラージュの立て看板が議会周辺を練り歩いていた。

アシシに馴染んだのもつかの間、一九六九年にオバマはロロの引っ越しにともない、英語が通じない地元の公立学校、メンテン第一ベスキ小学校に転校している。編入先は三年生で、年度の授業はすでに始まっていた。

「他の子と違っていましたから、すぐに学校中の注目を集めました。身体《からだ》も他の子に比べてとても大きかったです」

こう振り返るのは同級生のアティ・キスジャントだ。オバマは、学校始まって以来初の外国人の生徒だった。ベスキ小学校はセントラル・ジャカルタにある、こぢんまりとした公立校だ。学校の前にはメロンなどを積んだ屋台の果物売りが並び、裏路地の風情が漂う。入り口の門扉にはオバマの顔を彫り込んだ記念プレートがはめ込まれている。

「バラク・フセイン・オバマ二世、アメリカ第四四代大統領、一九六九年から一九七一年まで本校に通う」

ハワイ出身の日系アメリカ人、ロン・タノナカらが、大統領就任の日にベスキ小学校に贈ったものだ。教頭のパク・ソリヒン先生は、校内に飾られている過去の来賓の写真板に私を案内してくれた。赤いスーツ姿で生徒から花束を受け取るヒラリー・クリントン国務長官の写真が、大判で三枚も飾られている。二〇〇九年二月のインドネシア訪問で、クリントン長官はオバマの出身校を訪れた。公立ベスキ小学校の知名度は、世界的なレベルにはね上がった。

ベスキ小学校は、伝統的にリベラルな風土の実験的な公立校だった。校長は歴代、女性が務めてきた。校内の施設はいたって質素、オバマの教室は今でも当時のままで、違いといえば、数台のコンピュータが入ったことと、冷房が入ったこと。少し薄暗い部屋には、当時と同じスライド式のホワイトボードが掛けられている。二人で並んで腰掛ける木製の机が三列、三〇人ほどが座れる教室だ。オバマは教壇から見て後ろから二列目の右か真ん中の席が指定席だった。

オバマを教えたのは、担任のパク・エフェンディ教諭だ。引退して余生を送るエフェンディは、今でも同窓生の集いには必ず招待される。ジャカルタから車で一時間半。郊外の自宅にエフェンディ夫妻は私を招いてくれた。

オバマは質問魔だった。授業中ではなく、授業終了後にエフェンディをつかまえて行う個別質問だ。宗教や地域社会についての質問も少なくなかった。「どこに住んでいるの」「どうやって学校に通っているの」「教師になるためにどの学校で学んだの」とりわけ「なぜ大統領は大統領宮殿に住んでいるの」という質問には面食らったという。エフェンディは答えた。

「いいかい、大統領は王様と同じようなものだ。王様は宮殿に住む。だから大統領もそうするんだ」

オバマがこの回答に納得したかどうかはわからない。

インドネシアの学校では毎週月曜日に「インドネシア・ラヤ（偉大なるインドネシア）」という国歌、そしてインドネシア建国の五原則の斉唱がある。五原則はパンチャシラと呼ばれる。①全知全能の神への信仰、②公正にして開明的な人道主義、③インドネシアの統一、④協議と代議制による民主主義、⑤インドネシア国民に対する社会正義。

オバマもこれを斉唱し、国旗に敬意を表した。外国人で現地校に通学し、こうした現地に溶け込んだ教育を受けるケースは当時のインドネシアではきわめて珍しいし、現在でも先進国の子弟が途上国で現地の公立校に通うことは稀《まれ》だ。国歌斉唱は全員で練習をする。「誰かみんなの前で歌いたい子は」というエフェンディの呼びかけに、三人の手が挙がった。

「そのうちの一人がバリーでした。二人の女子のあとにバリーを前に出しました。バリーの歌はアメリカのアクセントでした。それを聴いて教室の子供たちはどっと大笑いしました。バリーはいつのまにか歌い終わっていましたけどね」

担任のエフェンディは、オバマを「外国人」として認識したことはない。学校では、インドネシア人の息子として入学したインドネシア人として扱われていた。アシシ校小学部でも同様だ。事務室に残されている入学記録には、ロロ・スートロの子供でバリー・スートロという名前で記載されている。インドネシア人の子供という扱いで、宗教の欄にはイスラム教と記載された。父親がムスリムなので便宜上そうしたのだ。生徒本人の宗教というより、世帯主の宗教と解釈できる。生徒たちはオバマがアメリカ人だと気づいていた。もっとも、彼らのアメリカ観は「オランダ、日本、ヨーロッパ、アメリカ」という程度の知識だったのも事実だ。一九六〇年代末のインドネシアの子供たちは、当時の日本人の子供がそうだったようにメディアから「アメリカ人」について学習した。

同級生だった女性、アティ・キスジャントは言う。

「アメリカのテレビ番組ばかりでした。スカルノは外国の影響がよくないと考えて、外国製品を禁じたほどです。当時、『ミッション・インポッシブル』というドラマシリーズが流行《はや》っていましたが、主人公は白人で、脇役に黒人がいました。それでアメリカには白人と黒人がいるのだと、知ったんです。でも、私たちはバリーがその黒人なのか、訊きませんでした。あのこの巻き毛の男の子は、アメリカから来た子なんだなと。それだけです。白人も黒人もヒーローでした。『0011ナポレオン・ソロ（The Man From

U.N.C.L.E.)』にはもっと黒人が出てきましたし」

オバマは地理や歴史、数学などの科目に関心を示した。絵を描くのも大好きだった。生徒たちが大きなキャンバスにリレーで描き加える、合作絵画をしたことがある。蝶《ちょう》、景色などを描く生徒に続いて、オバマが描いたのはマンガのような絵だった。ものすごく上手だった。スーパーマンのイラストだ。授業はすべてインドネシア語で行われた。エフェンディは「彼は上手にインドネシア語を話しました」と語る。

同級生はオバマがインドネシア語に交じって、英語を発していたことも覚えている。インドネシアの同級生たちには、異国の薫りがする言語だった。オバマもまた、友人のインドネシア語に真剣に聞き耳を立ててインドネシア語を吸収しようと努めた。オバマのインドネシア料理の好物はナシゴレンと魚のグルーパーだった。友人のヘディ・スーリヤの誕生パーティでは、グルーパーやクロポックという魚味のせんべいの早食い大会をやった。オバマは友達と一緒に泥んこになって遊んだ。現地小学校の生活で、オバマはインドネシアに溶け込んでいった。

インドネシア初等教育と宗教

オバマにゆかりのあるインドネシア関係者の多くが、宗教に関する海外からの誤解については、不快感を隠さない。担任だったエフェンディは言う。

「校庭にモスクがあるじゃないかと言う人がいるのですが、あれは二〇〇三年に建設されたものです。バリーが通っていたのは一九七〇年前後で三三年も前ですよ。そもそも私は彼の宗教を知りませんでした。継父のロロはムスリムだったと思いますが。ベスキ小学校は普通の公立校で、宗教関係の学校ではありません」

当時の校長のカリブールヤはイスラム教徒だった。しかし、ベスキ校は宗教の時間に、イスラム教とキリスト教のどちらかを選択できた。イスラム教はマイヌナ教諭、キリスト教はバティーナマン教諭が教えた。オバマは自分の好みで、そのつど宗教のクラスを選んで出席していた。オバマと親しかったルリー・ダサッドによれば、オバマとイスラム教のクラスに出てコーランを読むことも週に何度かあった。しかし、イスラム教をオバマに教える必要はないと、アンは思っていたようだとエフェンディは振り返る。

「母のアンが怒って学校に駆け込んできたこともありました。家でバリーが何か習ったことを暗唱してみせたからでしょうかね」

校内のムスリム比率は高かったが、別の宗教も少なくなかった。オバマの同級生の女性、キスジャントはキリスト教徒である。二〇〇〇年代になって、急に母校にモスクが建設されたことにキスジャントはショックを隠さない。

「当時はキリスト教、イスラム教のどちらの宗教クラスにも行きたくなければ、それも可能でした。クリスマスには毎年、寸劇も開催しました。キリスト誕生の劇です。ムスリムの新年にはそれも祝いました。私たちにとって宗教に耳を傾けることは、歴史を学ぶことでしたから」

オバマの通ったベスキ小学校だけでなく、インドネシアの公立学校のシステムでは、子供たちは自分が受けたい宗教クラスを選べる。両親や家族の宗教と異なる宗教を選択することも珍しくはない。両親がイスラム教徒でも、カトリックを学べるし、逆も可能だ。これはインドネシアの家族内の宗教のありようにも関連している。家族内に、カトリックとプロテスタントとムスリムがいる一家もある。

歴史的にインドネシアでは、七〇〇以上の民族がひしめき合い、宗教は仏教、ヒンドゥー教、伝統的な精霊信仰などが混じり合ったかたちで実践されていた。七四二を超えるローカル言語が存在する。同じ宗教が国や文化圏によって違う実践のされ方をする例として、インドネシアは実に象徴的だ。カトリック、プロテスタント、ムスリム、ヒンドゥー教、仏教、それぞれのなかに独自の信仰の仕方がある。オバマも小学校で唱えていた建国五原則は、多元的な国家統合を念頭においたものだ。原則の一つ「全知全能の神への信仰」には、イスラム、カトリック、プロテスタントだけでなく、仏教、ヒンドゥーまでのすべてが含まれている。

インドネシアを国家として統合しているのは、もともと宗教ではない。インドネシア語だ。インドやフィリピンの例に見られるように、国民の大半が話す「国語」を確立するのは容易ではない。しかし、インドネシア語は浸透した。独立革命の重要な一部だったからだ。革命指導者は、使用人口の多いジャワ語を、ジャワ人が他の地域で好かれていないという事情もあってあえて選ばなかった。マラヤとスマトラのあいだにある小さな島で使われていた方言を抽出し、言語学者が文法や綴《つづ》りを調整してインドネシア語として国語化した。したがって人口の九割がイスラム教徒と言われているインドネシアにおいて、革命と統合のシンボルはあくまで言語なのだ。

しかし、ちょうどオバマがハワイに戻った直後の一九七〇年代後半から、インドネシアにも世界的なイスラム復興現象の波が押し寄せた。急進的なイスラーム主義は、多元国家を旨として統一を維持する政府の方針に対する反体制運動でもあった。国立大学にモスクが建築され、女子学生は頭にすっぽりと被る白いヴェールを着けるようになった。説教師のCDやテープが売られるようになり、男性の服装もアラブ風のワンピースのようなものが好まれるようになっていった。オバマはインドネシアに住んでいたころ、この波を被ることはなかった。

初の外国人生徒が残していった遺産

二〇〇九年六月末、ジャカルタ市内でオバマの著書である『ドリームズ・フロム・マイ・ファーザー』（一九九五年刊）インドネシア語翻訳版の出版記念パーティが開かれた。ミザン出版のパンゲストゥ・ニングシーの声がけで集まったのはインドネシアのオバマゆかりの者たちだった。小学校の同級生から母アンの親友までが揃《そろ》った。ベスキ小時代のオバマの同級生は多士済々《たしせいせい》だ。元同級生でオバマ応援会を呼びかけたルリー・ダサッドは写真家として活躍し、同じくデヴィ・アスマラはゴルカル党の国会議員を務めている。さらにオバマに刺激を受けてか、インドネシアの変革の源になる国際派も生まれた。

アティ・キスジャントはインドネシア大学で経済学とマーケティングを専攻し、広告業界に入った。キスジャントの大学の学友には、ユドヨノ政権の財務大臣、サリ・ムリヤニもいる。キスジャントはＡＦＳ（ホームステイの交換留学を進めるアメリカの民間団体）の留学生に選ばれ、ワシントン州タコマで英語を学んだ。「一九九二年から九三年にかけてです。クリントンとペローの大統領選をよく覚えています」と言うキスジャントは、日本を含む二二カ国に友人をつくり、カリフォルニア州のモントレー国際大学院では国際経営修士号を取得している。

インドネシアに帰国後、世界的な広告会社のＪ・ウォルター・トンプソンに勤務し、バンコク駐在もこなした。インドネシア語、英語、タイ語のほか、フランス語、オランダ語を操る。マルチリンガルになったのは、小学校のときにクラスに現れた、聞き慣れない言葉を話す黒人の少年の影響だろうか。

「とにかく外国語が好きになって。日本語にも挑戦しています。日本語はなかなか難しくて」

インドネシア語を交えながら、英語でインタビューに応じてくれた。

「バリーや私が通った伝統的なインドネシアの学校では、教育は一方通行でした。黙って教師が板書することを聴かなくてはいけない。教師や両親に質問をすることは原則禁止です。質問してもかまいませんが、その回答はそのまま受け入れなくてはいけないのです」

自分の考えを表明することを奨励するアメリカは、カルチャーショックだった。「ミスを犯すことを恐れるなと。質問することも促されました」と語るキスジャントのようなインドネシア人は新世代だ。アメリカ留学後、外資系マーケティング会社で出世街道を歩んできた。シティバンク、IBM、ユニリーバなどのクライアントを相手にする仕事につくなかで、外にメッセージを発していくコミュニケーションの必要性を感じるようになった。これもオバマの間接的な影響か、女性運動、人権、ジャカルタの貧民街対策などに目覚めるようになった。

「コンサルティングをしています。約三年前に反ポルノ法ができましたが、これは女性運動を封じるものなのです。女性が自分で着たいものを着る権利を奪っています」

キスジャントは、新法への抵抗キャンペーンを展開した。

「やっとわかるようになりました。なんでバリーがここまでの存在になったのか。彼はあらゆる文化に接し、それを吸収してきたわけです」

無意識のうちにバリーに触発されてか、異文化に飛び込んできたキスジャントには一つ不満がある。それは、インドネシア在住の一部の外国人の振る舞いだ。

「バリーと同じようにインドネシアの文化を吸収するチャンスに恵まれた外国人をたくさん見てきました。一八年、二〇年、ここに住んでいる外国人もいます。でもインドネシア語を一言も話せません。なぜかわかりますか。勉強しようとしないからです。路上で一緒にご飯を食べたりしない。バリーは、いつもストリートチルドレンと遊んでいました。サワ（田んぼ）に入って。心から学ぼうとしていたからです」

キスジャントは、政治家になってからも、オバマの本質はジャカルタ時代と変わらないと言う。

「国際結婚をして、のちに離婚して片親になる家族もたくさんいます。麻薬に溺れ、道を踏み外す子もたくさんいます。でも、彼はその道を選ばなかった。違う道を選びました。周りの環境があり、何よりお母さんが彼に目を開かせたからです」

インドネシアを愛したアメリカ人たち

オバマとオバマの母アン以外に、一九六〇年代から一九七〇年代にかけてのジャカルタにアメリカ人がいなかったわけではない。キスジャントが言う殻に閉じこもる外国人とは違い、インドネシアに人生を捧《ささ》げた人たちもいた。

「二億数千万の人口のうち、ここ三〇年のうちに生まれた人が八割を占めることを考えれば、私はほとんどのインドネシア人よりも長くインドネシア語で暮らしています」

こう語る、アメリカ中西部はウィスコンシン州出身のジョン・マックグリンがインドネシアに本格的に住み始めたのは一九七六年、オバマたちよりも少し後だ。七六年は軍用だったハリム・ペルダナクスマ空港が、初の国際空港としてオープンしたばかりの年だ。

「羽田空港とインドネシアの空港の公共トイレが、まだ似たような雰囲気だった時代です」

マックグリンは、かつてオバマ親子がそうしたように、パンアメリカン航空機の日本乗り換えでインドネシアに入った。幹線道路を外れた横道から「カンプン」と呼ばれる集落に入れば、日本の路地を彷彿《ほうふつ》させる迷路が広がっていた。

「アンや私が来たころのジャカルタは、今とはまったく違っていました」

ジャカルタ中央を南北に走るスディルマン通りに、わずか三つしかビルが立っていなかった。大半がモスク、家屋、商店、空き地といったカンプンで埋め尽くされていた。ジャカルタは拡大を続けている。アメリカの都市でたとえれば、ヒューストンやロサンゼルスのような形状で、広大な遠隔地に小さな中心が複数存在し、車やオートバイがないとまるで移動できない。

一九八七年、マックグリンはインドネシア文学を紹介する出版社を四人のインドネシア人作家と設立した。以来、一〇〇冊近くのインドネシア文学の作品の翻訳に従事してきた。ウィスコンシン州ミルウォーキー郊外の一〇人兄弟の農家で育ったマックグリンは、農家で働かなくてはならなかった幼少期は豊かさとは無縁だったという。

「でもここに来たとたんに、突然自分が金持ちに思えました」

一九七〇年代半ば、ジャカルタでは月三五ドルで生活できた。インドネシア大学の初年度授業料は約五〇ドル。朝食、夕食付きの寮は月に三〇ドルだった。

「アンや他の外国人の仲間も同じように感じていました。アンの場合、夫もいい仕事についていて、いい家に住んでいた。当時はエアコンがあってお湯が出る家は特別でした。アンは大使館やフォード財団でも働いていたのでその収入もありました。しかし、アンが素晴らしかったのは、自分がいかにラッキーで恵まれているかという自覚があったことです。すべての人がそうではないのだと知っていました。そしてアンの子供も、インドネシアの実態をつぶさに見ていました」

オバマは「泥と煉瓦《れんが》とベニヤ板となまこ板で造られた掘っ建て小屋と濁った川」に埋め尽くされた当時のジャカルタの貧しさを回顧しながらも、「近所の人たちに比べれば悪い暮らしではないことを私は知っていたし、ほかの家と違って、うちは食べる物には事欠かなかった」と自著『ジ・オーダシティ・オブ・ホープ（大胆なる希望）』（二〇〇六年刊）に書いている。

オバマが最初に住んだのは一九四〇年代にオランダが開発に手をつけかけた地域で、一九五〇年代には開発は完了される予定だった。そのため中堅クラスのオランダの役人の住宅が立ち並んでいた。貧困地帯というわけではないが、けっして裕福な地域ではない。ローアーミドル地域だ。住んでいたのは母屋に継ぎ足された「パビリオン」だった。庭には鶏、籠のなかには巨大なトカゲ、動物で溢れていた。ニューギニアからやって来たテナガザルはオバマのペットだった。ロロはテニスが得意だったので、パータミナという近所のテニスクラブに子供たちを連れ出しもした。オバマはヘビ、イナゴなども食べたことがある。

母親の仲間たちのあいだでは、オバマは「アン・ストロの子」だった。そのため二〇〇四年の民主党大会は、インドネシアにいる母の旧友たちのあいだにちょっとした騒ぎを巻き起こした。

「昔は、アンの家にいるあの黒人の子は誰だろうってくらいでしたから。党大会が開かれて、誰かが、あれ、アンの子だよ！　って。バリーだよ、知ってるだろう？　あれがそうなんだよ！　って。えっ、まさかあれが？　と思いましたよ」

インドネシアでオバマはスートロ姓だったので、「オバマ」と言われてそれがアンと結びつくことがなかったのだ。「オバマはアンに笑顔がそっくりです。アンはよく笑っていた。笑いで周囲を明るくさせてくれた。あの笑顔にそっくりなのです」とマックグリンは語る。

一九六〇年代から一九七〇年代、インドネシアに住むアメリカ人といえば英語でエキスパットと呼ばれる駐在員に限られていた。近年では海外からも多くの若手ジャーナリストが入ってきているが、当時はメディア関係者も少なかった。ＮＧＯが急増したのも一九九〇年代以降のことだ。

「私は実に不思議な立場でした。インドネシア人の家庭に住んでいたので、学生なのに外交官よりもインドネシア語が上手だったのです。九割以上がインドネシア語だけの暮らしでしたから」

当時は、アメリカ大使館の職員もほとんどインドネシア語を話せなかった。もともとマックグリンは、ジョグジャカルタで影絵芝居のワヤン・クリを学びたくてインドネシア留学を決めた。ワヤンはジャワ、バリに伝えられる伝統芝居である。インドの古代叙事詩「マハーバーラタ」「ラーマーヤナ」などの演目でも知られる。

オバマの母アンとマックグリンの共通の友人に、中華系インドネシア人で歴史家のワン・ホー・ハムがいた。ハムもマックグリンと同じくパーティ好きで、フランス大使館、アメリカ大使館、フォード財団、アジア・ファンデーションなどの関係者を集めては会合を催した。この招待リストに常に載っていたのがアンだった。一四年ものあいだインドネシアとハワイを往復するうちに、人望の厚いアンはインドネシアで人の輪の中心になっていった。

インドネシアのパーティでは、女性はカインやケバヤと呼ばれる民族衣装を着ることを暗黙のうちに求められた。誰が考案したのか、アンたち外国人女性はバティックを身体に巻き付ける自己流の装いをするようになった。マックグリンはその姿を見てあだ名を考えた。

「テーブルクロスを巻いているようなファッションだったので、アンのことをテーブルクロス・ウーマンと茶化していました」

アンはみずからのアイデアで民族衣装をつくり出してしまうクリエイティブなデザイナーでもあった。バティックでつくった「ムームー」も好んで着用していた。ハワイとインドネシアの融合ファッションは周囲を喜ばせた。

外国人の夫人たちの絆《きずな》

「バラクは小太りで耳の大きな活発な子でしたね。上院議員になったときにワシントンで久々に会いましたが、面長の顔、知性、優しい性格、現実を直視する姿勢は母親譲りです。マヤは幼いときは父親に似ていましたが、今はアンを思い出させます」

こう回顧するのはケイ・イクラナガラだ。アンの子育て仲間で、インドネシア人を夫に持つアメリカ人同士だった。そういう外国人女性の横の結束は固かった。

二人の共通点は、インドネシアだけでなくハワイにも及んでいた。一九七五年にハワイ大学で言語学博士号を取得したケイは、アジアやアフリカとの交換教育に取り組み、インドネシア、インド、パキスタン、マケドニア、ボツワナなどを行き来していた。一九六〇年代の対抗文化《カウンター・カルチャー》世代のケイは、アンはマルチカルチュラリズムを信じていた人だったと語る。

「私たちは皆、オール・ユー・ニード・イズ・ラブ（愛さえあればいい）を信じていました。ヒッピーになる必要はありませんでしたが、親の世代には見落とされてきたものがありましたから。公民権運動に火がつき、それにヴェトナム反戦運動が続きました」

ケイは一九六〇年代当時、アメリカでも有数のリベラルな街カリフォルニア州バークリーにいた。ヴェトナム反戦運動に参加して、逮捕された経験もある。カンザス州出身のアン一家は一九五六年に各州を経てワシントン州に移り住んでいたが、一九六〇年にはハワイに移住している。ハワイは、本土の社会運動の熱気からは隔絶されていた。しかし、必ずしもアンは同世代から遊離していたわけではないとケイは力説する。

「一九五〇年代、六〇年代は、たとえ運動の中心にいなくても、同世代の文学や文化に敏感になりました。ビート・ジェネレーションです。当時アメリカで起きていた変革について、アンは自覚していました。アフリカ人と結婚するなんて特別なことかもしれませんが、それがそんなに変わった行為ではないと考える世代ですし」

ケイはアンと同じように、インドネシア男性と恋に落ちた。相手はインドネシアを代表するベテラン俳優のイクラナガラだ。舞台と映画を中心に高い評価を得ていた俳優で、母子心中をテーマにした社会派映画『アンダー・ザ・ツリー』は、二〇〇八年の東京国際映画祭で日本の映画ファンを魅了した。

ジャカルタのアーティスト・知識人のコミュニティは、一九六〇年代当時はまだ規模が小さく、変わり者の集まりだった。自尊心の強いインドネシアの女性は結婚相手にするのを避けたほどだ。アーティストや知識人が、外国人女性と結ばれることも少なくはなかった。インドネシアの著名な作家のアリ・シャマナも外国人を妻にしている。イクラナガラを通じて築かれたインドネシア人の交友関係は、アンの前夫ロロのいた石油ビジネスの世界とは異なっていた。「アンは、石油ビジネスの夫人たちの世界にまず放り込まれました。それは、ある意味でエリートの社会でした」とケイは言う。

アンが人間として輝きを増すようになったのは、スートロ夫人としての石油業界の社交の外に飛び出し、アーティスト、人類学者、美術館などに積極的に交遊の輪を広げるようになってからだった。ケイの影響が大きかった。

「オバマが自著で書いているアンの孤独は、次第に軽減されていきました。たしかに、オバマがインドネシアにいた初期のアンは気の合う人も少なくて孤独でしたが、インドネシア人や、私みたいな変わったアメリカ人の友達ができて、どんどん元気になっていきました」

一九七〇年代初頭、アンとケイが一緒に英語を教えていた研究・コミュニティサービス機関のLPPMプログラムでは、アンは夕方の四時から六時、軽食を挟んで、夜の七時から九時の授業を受け持った。「軽食」がなかなか豪華で、多くの英語講師はこれが目当てだったとケイは笑う。生徒は、インドネシア政府の高官たちだ。インドネシアで有名な英会話のテレビ番組の講師で、英語プログラムのディレクターだったアントン・ハリマンとも、アンは意気投合した。

マヤとほぼ同い年の子供がいたケイは、子育てを通じてもアンと関係を深めた。一九七一年にオバマをハワイのアンの両親の元に送り返し、インドネシアで働きながらマヤを育てていたアンは、ジャカルタ市内のメンテン・ダラムに住んでいた。

町の反対側のカビラには、アメリカ人女性のハスキン夫人が開校していたインドネシア語と英語のバイリンガルの学校があった。英語教育とインドネシア文化の習得の両立を目指したユニークな学校だ。生徒は全員インドネシア舞踊を学ばされた。アンはマヤを多文化的に育てたいとして、ケイの息子と一緒にここに通わせることにした。マヤはその後、ジャカルタのインターナショナルスクールに進学する。インドネシアに短期間しかいなかった兄オバマが、アシシやベスキなどの現地校にどっぷり浸《つ》かったのに対し、インドネシア暮らしが長かったマヤは、逆にバイリンガル教育で育った。

しかし、現地校に通わせていたオバマにも、アンは独自のバイリンガル教育を施していた。アメリカからマヘリア・ジャクソンや、キング牧師のテープを取り寄せてはオバマに聴かせた。朝四時に起きて、学校へ行く前にアンがオバマのためにしていた在宅教育だ。アンはインドネシアに長く暮らすなら、いつアメリカに戻っても馴染めるように、学校もバイリンガル教育が望ましいと考えていたとケイは言う。

「私にとって不愉快でならないのは、アンを何か聖なる存在のように崇《あが》め奉ることです。アンは聖女でも偉大なリーダーでもありません。アンはとにかく純粋に、私たち同世代のよきモデルであり、よき友であり、ユーモアのセンスに満ちていた人です。アンは『率直、正直、家族第一』というアメリカ中西部の伝統も受け継いでいました。彼女は自分の主張を他人にはっきり言う人でした。私はそれが不思議と嫌ではありませんでした」

アンの家族第一主義は、子供第一主義だった。ロロと別れてハワイに戻ることについて、「マヤにいい暮らしを与えるために学位取得を目指すから」とアンはケイに打ち明けた。オバマをハワイに戻したのも、質のいい教育を受けさせることがおもな理由だった。

もちろん夫への愛も深かった。ロロと離婚してからも、ロロのことをマヤの前で貶《おとし》めることはなかったし、ロロが再婚するまで二人は友情を維持した。ロロが難しい内臓系手術を受けなければいけなくなったとき、モービル石油のロロの上司に掛け合い、ロサンゼルスでの手術費用を援助してほしいと頭を下げた。上司が承諾するまで、しつこくその場に食い下がってお願いをした。根性の人だった。離婚した相手のために、なかなかできることではない。

アンは、オバマが自立心旺盛に育ったことを一番誇りに思っていた。「オバマの特別な能力は、彼の生まれと育ちの特異なコンビネーションによるものです。さまざまな角度から物が見られる能力です」とケイは主張する。

「さまざまな角度」には、当然ながら宗教も含まれる。イスラム教徒の割合が多い国に住むことは、平均的なアメリカ人には想像のつきにくいものだ。その「消化」の仕方は人によって差がある。イスラムの国に好きこのんで長く住む人がイスラム教に改宗するというのは、あまりに単純な誤った想像だろう。オバマの継父のロロは、ムスリムとしてさほど敬虔《けいけん》ではなかった。もし敬虔であれば夫人のアンに改宗を迫ったはずだ、と当時の友人たちは口を揃える。オバマへのイスラムの影響があるとすれば、家庭内でというよりも、学校での断片的な教育に限定されていた。

変化したインドネシア、変わるアメリカ

マックグリン邸の屋外テラスで、私たちがマックグリン手製のマルガリータに舌鼓を打っていると、突然屋外のスピーカーから爆音が響いた。互いの声がほとんど聴こえない。午後六時の祈りが始まったのだ。インドネシアでは、イスラム復興後は宗教をめぐる自由な対話が以前に比べて減少した。「一九七〇年代は、ハジブやヴェールを纏《まと》っている人も稀だった」と言うマックグリンは、イスラム復興前のインドネシアの自由な対話の風土を懐かしむ。

数日後にインドネシアの大統領選を控えて、宗教についての中傷も過熱していた。ユドヨノ大統領の副大統領候補ブディオノの夫人が「隠れカトリック信徒」と噂《うわさ》され、一方でユドヨノ、メガワティの両陣営を追い上げる第三候補のユスフ、ウィラントの正副

大統領候補の夫人は、普段ほとんど身につけていないはずのイスラム風のジルバブを被って選挙運動をすることを迫られた。

「田んぼの中を歩き回ったとき素足に感じた泥の固まり、火山の山頂の後ろから現れる夜明け、夜の祈りの声と木が燃えて煙る匂い、道端のフルーツの屋台での値段の交渉、ガムラン楽団の熱狂的に響く音、炎が照らす楽団の演奏者の顔――」

　オバマがこう追想するノスタルジックなインドネシアは、二〇〇〇年代のイスラム復興の波に完全に呑《の》み込まれてしまった。オバマは、「インドネシアが、知らない人たちの国になること」を危惧する。二〇〇二年にはバリ島のナイトクラブで爆発テロが起こった。アルカイダと関係があるとされるジェマー・イスラミアのメンバーが裁かれたが、その後も米系マリオットホテルへの自爆テロなど二〇〇〇年代のインドネシアは自爆テロの印象に包まれた。こうした負の連鎖は、九・一一後のアメリカをとりまく環境の変化に呼応している。マックグリンは回顧する。

「九・一一が起きたとき、インドネシア人がたくさんやって来て、泣きながら抱きついてくるんですよ。事件について悲しい、悲しいと言ってくれました。掃除のおじさんから誰から、路上のすべてのインドネシア人がそうでした。わーっとうちに来て、大変なことが起きたと。ジョン、アイムソーリー、アイムソーリーと叫んでくれて」

　在米インドネシア人が、アメリカへの友情溢れる想《おも》いを短篇《たんぺん》と詩で綴った『マンハッタン・ソネット』も発刊された。しかし、一年もしないうちに、インドネシアの仲間の反応は一変した。

「アメリカは、いったいどうしたのか。アメリカ人は何をしようというのか」

インドネシアでフルブライト委員も務めているマックグリンは、優秀なインドネシア人にアメリカ行きのビザの発給がなくなったと憤慨する。

「インドネシアの知識人で、ゴエナワン・モハマドという友人がいます。彼はアーカンソー州リトルロックで一二時間幽閉されました。ジャーナリズム賞授賞式の受賞者本人ですよ。空港から出してもらえなかった。ただ、名前がモハマドだったからです。三〇歳以下で独身だと、観光ビザも却下されやすいのです」

オバマが感じている、近かったはずのインドネシアとのあいだに広がるよそよそしい距離感は、三〇年以上インドネシアに住んでいるマックグリンも実感している。九・一一以降のアメリカの変貌に加えて、両者が違う方向にどんどん離れていくことへのやりきれない思いだ。

アイルランド系のマックグリンは、ウィスコンシン州の農村ではカトリック信徒として育った。インドネシアに移住して三〇年経《た》ってもそれは変わらない。教会に毎週行くような生活をしたことはないが、インドネシアに移住してからも毎年クリスマスだけは祝い続けている。

「当時のインドネシアには、例えばジャズについての知識がある仲間もいなかったし、文化的にアメリカにつながるものがなかったこともあるでしょう。ここでは、外国人はいつまで経っても外国人ですから」

インドネシアの市民権を取ろうと思ったことはない。母国アメリカに戻るのに、ビザを申請するのは変だと考えている。

「これはアンが直面した問題でもあるのです。どこかで選ばないといけない。アンはよい選択をしたと思います。子供たちも、ある時点で選ばないといけない。あるいは選ぶように仕向けられる。オバマもアメリカ社会の人種問題のなかでは、何かを選ばなければいけなかった。もしオバマがあのままハワイに住んでいたら、今のオバマはないでしょう」

インドネシアと恋に落ちて

「あの当時一九六〇年代ですが、インドネシア経済は今のような状態ではありませんでした。どうしてアメリカ人の女性がインドネシア人と結婚して、わざわざ当時のインドネシアなんかに住みたがるのか。正直、私たち一家にも、とても不思議に見えたのです」

オバマの従兄弟であるトリスロは、こう振り返る。

アンにとって、ロロとの結婚は、インドネシアそしてアジアとの長い恋の始まりの最初の一頁《ページ》にすぎなかった。「カンザスの白人とケニアの黒人との子供」というオバマ描写に抵抗を感じるオバマ関係者は少なくない。とりわけインドネシアにいるアンの旧友は、「カンザス出身の白人女性」という、わずか数文字でアンを表現する風潮に強い不快感を募らせる。

スタンリー・アン・ダナムは、インドネシアを専門とする人類学者、アジア研究者にして、アジアの農村開発の専門家だった。インドネシアとハワイを行き来した生活は、実に一四年にも及んでいる。

「アンがどうしてインドネシアに興味を持つようになったのかって？　それは、結婚したのがたまたまインドネシア人で、インドネシアに住んだからです。いたってシンプルです」

こう言うのは、ハワイ大学でアンの博士論文を審査した、恩師アリス・デューイ名誉教授だ。

「次第にアンはジャワ人の工芸家のようになってしまい、夫のロロは逆にアメリカ人石油マンのようになっていきました。ロロはインドネシアとアメリカの官僚的な組織がどう動くかよく知っていて、お互いの誤解を調整する仕事に長《た》けていました。アンも最初は両文化の狭間《はざま》にいたのですが、対象とする世界に同化して、相手の考えを理解することに傾倒し始めたのです」

アンがインドネシア文化にどっぷり浸かり、人類学への好奇心を育てる一方、ロロはユニオン石油、インドネシア石油、インドネシア政府のあいだをとりもつ国際ビジネスにのめり込み、アメリカナイズしていった。「外交官のようですね」という私の合いの手にデューイは膝を打った。

「そうです。ロロはまさに外交官的な人物でした」

ロロとの一九七二年からの別居、一九八〇年の離婚は、アンの研究者としての人生の再スタートでもあった。アンは実際の発音に近い現代綴りの Sutoro を用いて、アン・ダナム・スートロと名乗るようになった。一九七二年にロロを残していったんハワイに帰国して以後、アンは独身を貫き、インドネシア研究とアジアの貧困対策に余生を捧げる。

アンにとってロロとの結婚生活は、インドネシアについての最高のフィールドワークになっていた。当時のアンの現代インドネシアについての知識は、そのころですでに恩師のデューイを凌駕《りょうが》していた。一九七四年にハワイ大学のイースト・ウエスト・センターから奨学金を得たときは、早くも博士論文に目が向いていた。アンは学部生時代から一貫して、外国語や外国文化、人類学に興味を持っていた。初婚の相手バラク・フセイン・オバマとの出逢《であ》いもロシア語のクラスだった。一九六七年にハワイ大学で取得した学士号も人類学だ。「数学の学士号という報道は誤報です」とデューイ名誉教授は言う。

一九八八年以来ずっと埃《ほこり》を被ったままだったというアンの直筆メモを、デューイはハワイ大学の研究室にあるファイルから引っ張り出してきてくれた。手渡してくれた黄ばんだ紙は、博士論文の研究に関する日程表だった。一九八八年秋に提出された博士論文の原案を見ると、インドネシアの女性による五つの工芸に関心が示されている。粘土製品、竹細工による籠や敷物、バティックやイクタという織物が中心だ。

「あまりにも多すぎるので、どれか一つに研究対象を絞りなさいと指導しました」

アンが選んだのは、ジャワ島の小さな村カジャに継承される、伝統的な野鍛冶《のかじ》だった。

「アンはこれまで研究者から見落とされてきたインドネシアの農村の人の暮らしに関心を持っていました。ジャワ島の稲作や農業の研究は多いのですが、農村の農業以外の仕事にはあまり注意が払われてこなかったのです」

こう語るのは、アンと机を並べ、インドネシア研究にのめり込んできた、ハワイ大学客員教授のナンシー・クーパーだ。

「農村には小規模な村の産業が存在します。飢饉《ききん》のときには生活の糧《かて》になりました」

アンの研究テーマの鍛冶業も飢饉のたびに村の経済を助けてきた。クーパーの研究テーマは、アンが研究対象にしていたグヌンキドゥル県にある伝統楽器ガムランの楽団だった。女性の楽団歌手を調べていた。

「楽団は楽器の製造業者ではありませんが、音楽もまた農村の人の生きる手段だったのです。乾燥した高地で稲作に適さない土地なので」

グヌンキドゥル県内には複数の村があり、そのうちの一つが、アンが住み込みでリサーチしたカジャ村だった。

「ものすごい田舎《いなか》ですよ。小規模の集落がある以外、町と言えるようなものがありません。ジョグジャカルタ州の半分を占めている地域のなかにあります。カサバ、大豆、ピーナッツなどの乾燥した作物が中心です。カジャは他と比べるとまだ水の潤いのある村でした。アンと私のフィールドワーク先は一〇キロほど離れていました。当時はまだ、農村における非農産業という共通項が私たちの研究にあることに気がついていませんでした。ガムランの楽団がカジャ村に入って演奏しましたし、鍛冶職人は楽団の道具もつくっていたので共通点はあったのですが」

フランツ・ボアズらが開拓してきたアメリカの人類学には、いくつか下位分野がある。クーパーの分類によれば自身が専門とする文化人類学のほか、少なくとも物質文化の人類学、考古学、言語人類学などを列挙できるが、近年あらためて注目されているのが、アンが実践していた応用人類学だ。

「アカデミックにではなく、人類学者としての知見を特定の職業や組織に応用していくことです。実はまさにアンが行ってきたことです」

応用人類学は以前から存在したが、下位分野として認めるかどうかについては研究者によって見解の相違もある。

「応用人類学の問題は、理論的には人類学の知識を何にでも応用できてしまうことです。応用のうち何が善いか悪いかは解釈の問題です。どんな企業や組織体にも重宝されてしまう。例えば、軍事的な仕事を請け負う人類学者については賛否両論があります」

一九六〇年代にはヴェトナム戦争への人類学の知見応用が倫理的に問題視された。知見をどう役立てるかは人類学者個人に大きく依存している。アンは農村の人を救うことに研究を応用した。

「素晴らしいことでした。農村、いやインドネシア全般についての理解促進でもあります。人類学は学術的に詰めると、職業選択の幅があまりありません。応用人類学なら何でもできます」

フィールド調査のために再びインドネシアに行くことになったアンは、一九八一年、ジャカルタのケバヨランに引っ越し、フォード財団で働き始めた。「フォード財団で仕事を見つけました」と言うアンに、デューイは「ぜひ、おやりなさい。それはあなたの研究の大切な一部です」と背中を押した。

アンは一九八四年まで、女性労働者の福祉に取り組んだ。アンが支援した経済プロジェクトは多岐にわたった。ジャワ西部、スマトラ北部の農場で働く女性労働者、ジャワ中部・東部のクレテック工場の女性労働者、ジャカルタ、ジョグジャカルタ、バンドンの路上食料販売業、ジャワ東部の信用取引業の女性労働者、ジャカルタのボーガー地区の電子工業の女性工員、カラテン地区の綿花産業、東チモールの手織り物、ジャカルタとバンドンのスラム、タイの路上販売業。一九八四年のたった一年間だけでも、これだけ広範囲だった。アンの仕事はインドネシア政府の開発と、ときには反目することもあった。デューイは言う。

「何の役にも立たない酷《ひど》い開発もありました。地域の人々のニーズを把握せず、お金の使い道を誤っている。ある日、私とアンが、影絵人形をつくっている村に立ち寄りました。インドネシア政府が『専門家』なるものを派遣していましたが、それはいい加減なものでした。何千年も続いた伝統なのに」

アンは一九八六年に、アジア開発銀行のプロジェクトに参加し、パキスタンで活動した。やはり女性の労働と福祉をめぐるプロジェクトだった。その後、一九八八年から一九九二年までは、バンク・ラクヤット・インドネシアで貧困者向けの小口融資も担当した。

銀行でのアンの元同僚、ハーヴァード大学国際開発研究所のディック・パッテンは、アンの功績のなかでもとりわけ目を引くのは、貧困者向けのマイクロファイナンスだったとしている。しかも、アンの調査はジャワだけでなく、スマトラ、マドゥラ、バリ、ロンボクに広がっていた。近代化の波のなかで、村が分断され、農村社会の伝統工芸が消えると噂された時期である。

応用人類学者の意思を受け継ぐオバマ

インドネシアの伝統工芸の多くは分業的だった。バティックを例にとれば、織る人、磨く人、染める人がいる。鍛冶も同様だった。ジャワでの鍛冶には、神秘的な力が認められていた。鍛冶は人間の魂を次世代につなぐものと考えられている。アンが最初に興味を持ったのはクリスという刀だ。クリスとはジャワ起源の言葉で、インドネシアに伝えられる曲がりくねった造形が特徴的な刀である。旧宗主国のオランダ人もクリスの歴史に興味を示したが、深い研究はされてこなかった。ロロは屋根裏に自分だけのクリスを保管していて、ときに子供たちにもそれを見せた。

カジャ村にはクリスを造れる職人が二人しかいなかった。しかも鍛冶は男性にしかできない神聖な職で、クリス職人も男性だけだった。カジャ村では鍛冶職人全体の約一〜二%だけがクリスを任され、代々少数の者に受け継がれる。複雑で高度な技術をともなうので、製造には一年を要することもある。クリスは、儀式とも深い関係がある。持ち主の手と人格に馴染まなければ、災いをもたらすと言い伝えられている。

アンは工芸品の「意味」にこだわった。バティックであれば、特定の儀式に着る模様が決まっている。なぜなのか。そこを掘り下げた。バティック、影絵人形、竹細工などの調査を経て、野鍛冶だけを博士論文にした。

「アンにはすべてを論文にする時間がありませんでした。アンの調査記録が保存されています。誰かがこれを受け継いで仕上げてくれるのを待っています」とデューイは言う。

オランダの植民地時代は、鍛冶に必要な鉄を輸入に依存していた。その後やって来た日本人は鉄を持ち込まなかったので、鍛冶業はくず鉄で続けられた。鉄は現在でも高価だ。村の鍛冶職人は今でもくず鉄を使用している。落ちた橋や廃車になった鉄道車両などだ。問題はその重さだった。中国人商人に港から輸送を頼むと高い手数料を取られるので、村人はトラックで買い付けてくず鉄を持ち帰りたかったのだが、中古トラックは村人がいくら借金しても買えない値段だった。

また、アンが研究を始めた当時、最寄りのバス停は村から一マイル（約一・六キロメートル）離れていた。車が走れる道が村につながっていなかったからだ。物資を担いで運ぶのは非効率なので、村へつながる道の整備が優先された。

小口融資専門家のアンは村にどれだけの融資を行えば、返済可能かを試算した。バリの織物製造は三日のサイクルだった。初日に絹を求め、二日目に加工し、三日目に出荷して観光客に売る。三日で返済を要求できたが、鍛冶業では、原材料が手に入ってから、収入に結びつくサイクルが六週間だった。アンはこれを考慮し、融資した。また、アンはカジャ村に定期的に入り、電気が村に与える影響もフォローした。電圧が異常に低く、鉄を断裁するにはディーゼルエンジンを購入する必要があった。

さらに、アンは政府が鉄を望ましい価格で提供するのがいいのか、くず鉄のほうが村人のためになるのか、価格設定と関税のあり方も精査した。輸入品と村の工芸品の相関関係を調べた。鍛冶製品によっては、税金が職人を苦しめるものもあった。輸入を制限することでジャワ人全体が損をするのであれば、むしろパリ、ロンドン、ニューヨーク、サンフランシスコへ美しい品物をどんどん輸出すればいいと考えた。

二〇年近くの膨大な時間をかけて博士号を取得したアンについて、デューイはこう語る。

「アンは博士になることには何の関心もありませんでした。アンにとっての学位は、開発の現場で発言権を増すための道具でした。ストーロ博士の言うことなら、現地人は聞くわけです。アンは現地の人に耳を傾けてもらうことだけを考えていました」

一九九二年にハワイ大学人類学部で正式に受理されたアンの博士論文「インドネシアにおける農村鍛冶業」は、三巻で八〇〇頁にも及んだ。釜など鍛冶製品のスケッチ風のイラストから、開発実務に裏付けられた膨大な注釈まで付されている。アンの人生の集大成だ。

二〇〇九年夏、私を研究室に招いてくれたデューイとクーパーは、この三巻にもなるアンの遺作を一冊の本に凝縮する編集に四苦八苦していた。デューイとマヤの寄稿文を加えて、年末までにデューク大学出版からの刊行を実現させるためだ。インドネシアのミザン出版からインドネシア語版が近年刊行されているのに、肝心のアメリカ版は日の目を見ていなかったのだ。「オバマが大統領になったとたんにすんなり決まりましたけれどもね」とデューイは苦笑する。

デューイとクーパーは、出版と併せて二〇〇九年一二月のアメリカ人類学会におけるジャワ研究報告で、アンの論文を紹介することに決めた。「大統領の母」の研究に、異分野や学界外からの興味本位の視線もあるが、むしろ好機と捉えている。これまで人類学に縁のなかった人が、オバマの存在をきっかけにしてアンの論文を目にして、どんな反応を示すかに興味があるという。無反応に終わるもよし。インドネシア研究やアン流の応用人類学への理解と波及効果が得られればなおよいと思っている。

アンは息子が大統領はもとより、政治家になることも知らずに一九九五年、五二歳でこの世を去った。応用人類学者としてのアジアでの挑戦も未完のままだ。しかしアンが残した最大の遺産は、アンの精神を理解する息子を世に送り出したことだ。デューイによれば、オバマは母の研究の詳細を理解しているという。しかもオバマ政治におのずと多大な影響を与えていると指摘する。それは、オバマの異文化とのかかわり方に如実に表れているという。

「異文化への興味からその価値を見いだし関心を抱《いだ》けば、一方でその文化に批判的になることもあります。知れば問題も見えてくるからです。しかし、どの文化にもそれなりの意味があります。だから、それを学ぼうとするわけです」

デューイは、現地の人を「指導」するのではなく、真摯にそこの文化を学び、そして何かのアドバイスができればするというアンの姿勢を評価する。

「アンは鍛冶を真摯に学びました。アンの調査ファイルは、村人が喉から手が出るほど欲しがっていたものでした。運搬用トラックの価格は融資額を上回っていましたが、購入価値があったのです。そんな小さなことでも謙虚に学ぶことで、できることが見えてきます。それが、オバマが今やっていることです。カイロに行き、私は耳を傾けますと言うわけです。オバマも、きっと人類学者です」

嘲笑というジャワ式の教育とオバマ

一方、アンの学友ナンシー・クーパーは、人格形成期にオバマがインドネシアで過ごしたことの影響も重く見ている。人格面では母親からの、いわゆる親子という継承以上に、インドネシアという特徴的な社会に適応したことからくる影響があったと考えている。

「ジャワのライフスタイルで興味深いのは、家族内外の対人関係です。とりわけ近隣との関係です。子供には大人として扱われたい欲求があります。ジャワでは、子供が何かよくないことをしたら、叩《たた》くのではなく近隣社会が一体となって、からかうのです。肉体的な体罰を加えずに育てる戦略を用いるのです」

インドネシアで子育てをしてきたケイ・イクラナガラも「意識的にではないが、文化的にそれを学ぶ」と指摘する。

「インドネシアでは、子供は大人や他人にからかわれるのを受け入れなければいけません。それで腹を立てたら、その子の負けです。もし冷静さを保つことができたら、その子の勝ちです」

バリ島の社会制度「ダディア」を『バリの親族体系』で解説した人類学者にクリフォード・ギアツがいるが、その元夫人ヒルドレッド・ギアツが記した『ジャワの家族』は、このジャワ流子育てを体系的に明らかにしたものとして、インドネシア研究者には広く読まれている。クーパーは、ヒルドレッドの理論を下敷きにこう続ける。

「アンはジャワ人ではありませんし、アメリカ式の育て方と夫の育て方が、どう混ざり合ったかはわかりません。しかし、それがアメリカとジャワのコンビネーションであったことは想像できます。オバマの周辺には地域社会がありました。オバマは自分とはまるで異質な人たちのなかで自分を確認し、たとえそりが合わなくても相手を尊重して接することを身につけました。敵対する人がいても怒りを爆発させるよりは、敬いつつ避けるようにする。前者は残念ながら、一部のアメリカ人がとる最近の行動傾向ですけれどもね」

ジャワ文化の躾《しつけ》で子供に教えるのは、感情を抑え込んで、どうしても必要なときに適切な方法で発露するようにさせることだという。アメリカ人一般が個人主義的で、感情を爆発させやすいとすれば、その対照にあるとクーパーは示唆する。

「インドネシアの子供は、かなり初期の段階でこれを学びます。アメリカの教育方法は、アメリカ人には合っているのでしょう。しかし、ジャワは世界でも最も人口過密な地域でもありますから、衝突を避ける方法を学ばないといけないわけです。もちろん、ジャワやインドネシアの過去に、衝突がなかったなどとは毛頭言えません。そこまでこの理論を拡大することはできない。しかし小さな空間では、衝突を避けるのが近隣とうまくやる方法だという考えがあります」

共通点も見つけられず、本音では嫌っている相手とでも、衝突は避けるようにする。

「アンの子、オバマは、こうした文化をめぐる理解が実に深いように思えます。あの子の性質がどの程度インドネシアでの幼少時の社会経験からきているのか、またどのくらい母アンからきているのか、それは誰にもわからない。おそらく、オバマ本人にだってわからない。しかし我々はこうした一連のことが、彼に影響を与えたという理論的な推測は十分できます」

また、クーパーは最後にこう付け加えた。

「間違っていたら申し訳ないのですが、私は日本にも何度も滞在しているのですが、日本の子育てにも、どこかすごく似ていると思うのです」

クーパーの指摘は示唆的であり暗示的だった。インドネシア流の教育を受けて「帰国子女」となったオバマは一九七一年、母と妹に見送られて単身インドネシアを離れる。行き先は出生地のハワイ諸島——。そこは紛れもなくアメリカのなかのアジアであり、ジャパニーズ文化圏だった。

「ドリームズ・フロム・マイ・マザー」——母からの夢

「オバマは『ドリームズ・フロム・マイ・ファーザー』という有名な本を書きましたが、あの本が明らかにしていないのは、オバマは実は父親というより母親の息子だったことです」

こう言うのは『性・権力・国家（*Sex, Power and Nation*）』の著者でインドネシア人作家のジュリア・スーリヤクスマだ。オーストラリア人のイスラム法専門家を夫に持つスーリヤクスマは、ムスリムでありながらフェミニストという新境地の開拓者だ。京都大学の東南アジア研究所に招聘《しょうへい》されていたこともある。

「オバマは父親のことはほとんど知らなかったですし、父親がいない環境でシングルマザーが子供にどれほどのエネルギーを注ぐかは、指摘するまでもありません」

前夫に先立たれているスーリヤクスマは、パートナーを失う女性のつらさがわかる。アンは、失われた父親について息子が綴った草稿をしっかり読み、丁寧にコメントした。オバマは自分史を意識した処女作品を仕上げるにあたって、記憶の届かないところをインドネシアにいた母に取材することで補っていた。オバマ母子共作の書である。

「私たちは、あれは『ドリームズ・フロム・マイ・マザー』になるべきだって思っていました。でも、アンは、息子がなぜああいう本を書いたのかよくわかるって、そう言っていました」

オバマにも母の心境は伝わっていた。二冊目の『ジ・オーダシティ・オブ・ホープ（大胆なる希望）』では母への言及が増え、作品も母アンに捧げた。

スーリヤクスマは一九八一年、ケイ・イクラナガラを通して知り合ったアンに、自らが編集を務めていた社会科学ジャーナル『プリズマ』誌への寄稿を依頼した。アンがジャワの農村で女性労働者について調査していることを知り、フェミニズムの視点での論文を依頼したのだ。スーリヤクスマによればフェミニストでもあったというアンは、農村内における女性に対する福祉に注目していた。世帯調査を行い、女性がどう家計に貢献しているかを知ることは当時のインドネシアでは斬新な試みだった。鉄製品以外の九割の工芸品が女性の手によって生産、取引されていることから、ジャワ経済の牽引力《けんいんりょく》には女性の力があることを見抜いたアンは、インドネシアで女性は自立できると信じていた。

しかし、アンは論文を完成させられず、締め切り直前にジャーナルへの寄稿を断念した。

「私はアンに怒りました。約束を守らない人には私は厳しいので。でも、この事件のおかげで無二の親友になれました。アンはマヤについての文句を私に言いに来て、マヤは母親への文句を言いに来て。二人の仲裁をよくやりました。マヤにとって私は、いつしか叔母のような存在になっていました」

アンとスーリヤクスマは一〇歳以上年齢差のある親友となった。スーリヤクスマは妹分だ。

「一八歳でバリーのお父さんと結婚して、そのあとまたインドネシア人でしょう。どういうわけか白人男性に縁がないの、なんて言っていました」

男性の好みを語り合う恋愛談議の相手でもあった。インドやロンドンなどの旅先でも合流した。アンがスーリヤクスマのために推薦状を書いたこともある。一九九五年一一月七日、子宮がんによりアンが五二歳の若さにしてハワイで息を引きとるまで、生涯インドネシアからアンを精神的に支え続けた。

オバマは、アンの臨終に間に合わなかった。到着はその翌日だった。一九八二年にケニアで亡くなった、血を分けた父バラク・オバマ・シニアへの追憶を綴った処女作を書き上げた足で駆けつけた。そのことを悔いていたオバマはトゥートこと祖母マデリン・ダナムの容態が悪化した二〇〇八年一〇月、大統領選を中断してハワイに戻った。

「私はもうすぐ死にます」そう綴ったアンの遺書的な手紙をスーリヤクスマが受け取ったのは、アンの他界直前のことだった。その後、数年間はアンの死が受け入れられなかった。アンは死の間際まで「なぜ自分が」と問うことも愚痴をこぼすこともなかった。インドネシアで常に転居を繰り返していたアンは、部屋のコーディネートを楽しむこともままならなかった。スーリヤクスマは、アンの好きだった民芸品を集め、自宅の居間を「アンの部屋」にしている。

スーリヤクスマが思い出すアンの特徴には、現在のオバマを彷彿させるものがたくさんある。アンは改革者だった。

「オバマがキャンペーンで使用していたスローガンのChange we can believe in（私たちが信じられる変革）は、まさにアンの生きざまそのものです」

異文化間結婚、アジアの農村を自立させるための応用人類学での七転八倒。アンはこの世にやって来るのが早すぎたのだろうか。「時代を先取りした人物であったことは間違いない」とスーリヤクスマは言う。また、理想主義的でありながら同時に地に足の着いた人でもあったと評する。

「アンは、新しい工夫をする努力のない怠慢を見下していましたし、周囲にも彼女の認める水準で頑張ってほしいと思っていました」

プロフェッショナリズムと理想の双方に価値をおいていた。アンは自説を曲げず、ときには他者を容赦なく批判した。

「家族や私のような友人が最初のターゲットになりました。アンは、実はバリーのやっていることもすべて正しいとは思っていませんでした。でも認めないわけではない。尊重はするのです」

アンは決して傲慢ではなかった。スーリヤクスマが言う「東洋的、日本的な、対立を避ける姿勢」でインドネシアに溶け込んだ。音楽の趣味は徹底して東洋的で、インドのタブラを奏でる音楽を好んだ。クラシックが好きでなかったアンは「オペラはまだまし。一応、歌があるから」と言っては周囲を笑わせた。

アンはオバマにとって、アジアへの案内人だった。オバマのインドネシアとの関係は、遠い幼少時の四年間に限ったタイムカプセルのように保存されたものではない。母親の仕事を通じて継続的にオバマに流れ込み続けたものだった。オバマは低所得者向け融資の仕事と博士論文のためのリサーチを続ける母のもとを定期的に訪れることで、インドネシアやアジアとのつながりを保った。アンは身体はアジアにあっても、オバマにせっせと手紙を書き続けた。オバマの政治的な鋭さとレトリックの能力は父親のオバマ・シニア譲りで、情け深さ、他人の気持ちに成り代われる能力は、間違いなく母親譲り、そう語るスーリヤクスマは、オバマの「帰省」を懐かしがる。

「アンのサウス・ジャカルタの家にバリーが帰ってきていました。ハーヴァード大学ロースクールの学生のころは今より痩せていました。バリーが『ハーヴァード・ロー・レビュー』の編集長になったことをアンはすごく誇りにして、私たちに自慢していました」

インドネシア外交官の娘として、インドで生まれ、イギリスやハンガリーで育ったスーリヤクスマは、帰国子女のオバマに自らを重ね合わせることがある。

「多くの心理学者が指摘することですが、幼少時の経験は人格形成に影響を与えます。一般に考えられているよりも深く残ります。消し去ることがどうしてもできないのです。バリーの発言を聴いてご覧なさい。明らかです」

オバマ母子にとって、ロロとの暮らしはインドネシアやアジアとの長い付き合いの導入の一頁にすぎなかった。その後十数年以上に及ぶジャワの村での研究、パキスタンなど近隣諸国で援助活動に従事する母の姿と母の周辺に集まった人々がオバマに与えた影響は、はかりしれない。

二〇〇四年に上院議員選挙の祝勝会でオバマと会ったときのことを、俳優のイクラナガラは懐かしく思い出す。「アパカバル？（お元気ですか？）」と切り出したオバマは、「そのうちインドネシアに遊びに行く予定ですから」と、インドネシア語でイクラナガラに声をかけた。

スーリヤクスマはこう言う。

「アンはべつに、ずっとインドネシアに住む必要はありませんでした。彼女が自分で選んだのです。本気でインドネシアを愛していました。それはアンの真実の愛でした。でも『あなたはアメリカの大統領になるお子さんを産んだのですよ』と、もし誰かがそんなことをアンに言ったら、アンは大笑いしたでしょうね。アンは笑い上戸でした。そんなところも本当にインドネシア人でした。アンは結果として、未来のための未来の指導者を生み出していたのです」

フェミニストを自称するスーリヤクスマは、二〇〇八年の大統領選でオバマとヒラリーが正副大統領になることを望んでいた。バリーを応援したオバマの同級生のキスジャントも、女性として新境地を切り開いたヒラリーの業績は尊敬してきた。インドネシアのオバマ関係者に、ヒラリーのファンは少なくない。二人の支持層は、アメリカ国内では分裂していても海外では重なっている。クリントン国務長官を祝福する声はアジア各地に広がっていたが、二〇〇九年のヒラリーのインドネシア訪問はその象徴となった。

マックグリンの言葉はもっと率直だった。

「大統領選では、オバマではなく、ヒラリーへの投票を考えていました。オバマはまだ若いですから。八年後もチャンスがあると思ったのです」

インドネシアは時差の関係で、アメリカ本土に一二時間ほど先立って、海外在留アメリカ人の投票のなかでも比較的早い時間に投票が行われる。民主党の予備選投票の当日、ジャカルタのマリオットホテルの投票所に足を運んだマックグリンにアンの声が聴こえた。アンがどこかで話している。どこだろう。しかし、それはアンではなくアンの声にそっくりなマヤの声だった。ハワイからの中継で、大スクリーンのなかでジャカルタに向かってオバマ支援を呼びかけていたのだ。姿かたちはマヤだったが、それはアンだった。

「あの声で考えが変わりました。できない……アンに向けて、これだけはできないって」

マックグリンは民主党の予備選で誰に投票したのか、私には言わなかった。インドネシアの「叔母」ことスーリヤクスマは、愛情とユーモアを込めて地元紙『ジャカルタ・ポスト』に寄稿した。

「もしオバマが負けたら、そのときはインドネシアの大統領選に出ればいいのです。お

1987年ごろ、旅先のインドにてアン(左)と親友のジュリア・スーリヤクスマ(右)。
(Julia Suryakusuma提供)

オバマの自著(インドネシア語版)を手に教え子の活躍をインドネシアから見守る小学校担任、パク・エフェンディ元教諭夫妻。
(著者撮影 2009年)

1980年代、インドネシア・ロンボク島でフィールド・リサーチ中のアンと村の女性。専門のジャワ島中部の鍛冶業を研究するため、アンはインドネシア各地の比較調査も行った。(Kay Ikranagara提供)

オバマの母校のフランシスカス・アシシ校小学部(左)とベスキ小学校(右)。校舎上の丸屋根はオバマの通学時代にはなかった。(いずれも著者撮影 2009年)

母さんが心から愛した国に住んでいたのですから。バリー、あなたのような人をみんな求めていたのです」

スーリヤクスマ邸の「アンの部屋」には民族衣装で微笑《ほほえ》むアンの遺影が飾られている。私がスーリヤクスマ手製の春巻きに手をつけていると、夜がいつのまにか更けていた。サラサラと音をたてる南国の木陰の下で、虫の音が響きだした。

「バリー、お母さんが天国で見ています。正しい政治をしなさい」アンが生涯をかけて愛したインドネシアの島の神々が、遺影を通して、そう叫んでいるかのようだった。

第2章　「ハパ」の大統領

――太平洋のバイレイシャル

1973年、ホノルル市プナホ・スクール7年生のころ、教室でピラミッドをつくるオバマと同級生たち。下段中央がオバマ(12歳)。
(Punahou 1973 Yearbook, 79年卒業生提供)

「アメリカ人種混合。タムラでもチンでもオバマでも同じ世界の住人だ」(Punahou 1973 Yearbook, 79年卒業生提供)

ハワイ時代の同級生たちと。
(Punahou 1973 Yearbook, 79年卒業生提供)

高校最終学年、卒業アルバム用に撮影されたホームルーム写真。仮装のテーマは「上流階級のパーティー」。左下で給仕に扮しているのは担任のエリック・クスノキ教諭、最後列中央の白いジャケットがオバマ。同列にはブライアン・ノブナガ、ディーン・アンドウ、ジル・オキヒロなど日系人同級生の姿も。(Punahou 1979 Yearbook,79年卒業生提供)

オバマの母の指導教授、アリス・デューイ博士。ハワイ大学人類学部研究室にて。2017年に惜しまれつつ物故した。(著者撮影 2009年)

バスケットボールのチームの仲間と。
(Punahou 1979 Yearbook,79年卒業生提供)

アメリカ最長の「遠距離通勤」

シカゴのオヘア国際空港から約九時間。ハワイ諸島オアフ島のホノルル空港までの飛行時間だ。パイロットや客室乗務員など航空関係の職業以外で、飛行時間の合計が世界平均でも異常に長い人たちがいる。ハワイ州選出の四人のアメリカ連邦議員だ。

首都ワシントンの連邦議会で議事が動くのはウィークデーのみ。金曜日から月曜日までの週末は「選挙区での活動」のために地元に帰るのは、日本の国会議員と同じだ。圧倒的に違うのは移動距離である。日本でも首都圏の議員に比べると、北海道や沖縄の議員は地元に帰るのが大変だが、アメリカはその比ではない。なにしろ東海岸から西海岸まで大陸を横断するだけで六時間ほど。その距離をカリフォルニアなど西海岸の議員は毎週「通勤」している。しかし、ハワイ州選出の議員を上回る遠距離「通勤」は世界にも例がないだろう。一般の航空会社には、首都ワシントンからの直行便がない。シカゴやサンフランシスコなど経由地を経ると、乗り換えを含めて丸一日潰れる。とても同じ国とは思えない。議会開会中は毎週帰省することは難しいにしても、ハワイ州の上院議員二人、下院議員二人の合わせて四人、なかでも在勤が長いダニエル・イノウエ上院議員の人生における「機中」延べ時間は尋常ではない。

そもそも、なぜこのような世界にも例を見ない「遠距離通勤者」を生むことになってしまったのか。太平洋、北緯二〇度に位置する火山帯の諸島が、北米大陸にあるアメリカ合衆国の州となった経緯は複雑だ。ハワイの歴史は、アメリカの他の州の歴史とはあまりにも異質だ。

バラク・オバマの自邸があるシカゴから、生まれ故郷のホノルルまで飛ぶユナイテッド航空の直通便はUA1便だ。アメリカ人にとってハワイを象徴する言葉は「パラダイス」である。客室乗務員もハワイ便の機内では、貝殻のレイを首から下げ、髪にハイビスカスの花を挿し、「アロハ」と声をかけてはヴァカンス気分を盛り上げる。九時間は長い。シアトルからアラスカ、北極圏経由で飛べば日本に着いてしまう時間だ。日本からハワイに飛ぶほうが短時間だ。

機上前方の眼下に真珠湾とホノルルの高層ホテル群が見え始めたら、いよいよオアフへの着陸態勢だ。在米経験のある日本人が初めて「本土」側からハワイに降り立ったときに、共通して感じることがある。まるで「日本に帰って来た」とでも言うべき不思議な感覚だ。とりわけ日常的に日本と縁のなかった中西部や南部の在住者には、そうした印象が生じる。

何より「景色」が違う。懐かしい日本語と日本人、そして本土と比較にならない東アジア系アメリカ人の多さ。ホノルルのアパートの造形は、本土のそれと比べてとても日本的に映る。ハワイ語でベランダを意味するラナイが出っ張ったアパート群を高速道路H1の車窓から眺めていると、ふと日本の景色を想《おも》い起こさせる。「ここは本当にまだアメリカ合衆国なのか」と呟《つぶや》きたくなる。日本側から訪れても抱《いだ》くことのない独特の感情だ。

しかし、アメリカ本土からハワイを訪れるときの素朴な違和感にこそ、ハワイの実像に接近する思いがけない近道が潜んでいる。「本土」とハワイの特殊な関係をめぐる歴史がそこに象徴されているからだ。

アジア系初の大統領？　アフリカ系初の大統領？

アジア太平洋諸島系の公民権保護などをおもな活動とするアメリカの法曹団体に「アジア系法曹コーカス」がある。一九七二年に設立されて以来、移民問題から労働問題まで、アジア系の公民権保護のために尽力してきた。

そのアジア系法曹コーカスのブログ「arc'72」に興味深い記事が投稿されたのは、バラク・オバマが大統領に就任してから間もない二〇〇九年一月末だった。投稿主の名前はジューン・シー。二〇〇〇年にニューヨーク州の民主党選挙（上院選、大統領選）を私とともに闘った中華系アメリカ人で、クリントン政権時代には大統領夫人の専属スピーチライターを務めていた。

「バラク・オバマ――アメリカ最初のアジア系大統領？」と題されたシーの記事は、就任式でオバマの後ろに座っていた人物への言及から始まっていた。それはオバマの姪《めい》で三歳のスハリヤとスハリヤの母親でオバマの妹のマヤ、そしてマヤの夫コンラッドのことだった。

一〇年前にノーベル賞作家トニ・モリソンがビル・クリントンを「私たちの最初の黒人大統領」と呼んだことにシーは立ち返る。「片親の貧しい家庭に育ち、労働者階級、サックス吹きで、マクドナルドとジャンクフードが大好きな少年でアーカンソー出身」であるクリントンをモリソンは、黒人のあらゆる特徴を満たしていると述べた。クリントンは黒人に好かれ、黒人に自然に溶け込んでいたことをもって、モリソンはクリントンを「初の黒人大統領」と称したのだ。

シーはモリソンのクリントン論をなぞるかたちで、近い親族にアジア人がいるアメリカ大統領が誕生したことを祝し、オバマを「アジア系初の大統領」と名付けた。オバマの妹のマヤ・スートロ・インには、インドネシア人の血が半分入っている。また、その夫のコンラッド・インは中華系カナダ人で、顔つきが東アジア人そのものなので、日本人と勘違いする人もいたほどだ。映画やビデオに見る中華系アイデンティティの変容を研究して、ハワイ大学で政治学博士号を取得している研究者だ。ハワイ大学の創造メディア・アカデミーで助教授として、映像表現論やアジア系の映画文化を教えていたが、二〇〇九年秋からは首都ワシントンのスミソニアン博物館でアジア太平洋系アメリカ人のプログラムに研究者として参画している。

マヤは、兄バラクにならってニューヨークの大学に進学したのち、故郷のハワイ大学で比較教育学の博士号を取得し、ホノルルで高校教師をしてきた。母アンがオバマ・シニア、ロロ・スートロという二人の夫と出逢《であ》ったように、マヤも夫のコンラッドとハワイ大学のキャンパスで知り合った。このオバマの妹一家に全米のアジア系が注目したのは、言うまでもない。シーの寄稿はアジア系の歓喜をそのまま表現したものだった。

一方で、オバマの就任から遡ること二年近く前、二〇〇七年にオバマが大統領選に向けた活動を本格的に始動して「いよいよ初の黒人大統領か」という報道が盛り上がったころ、オバマの古い友人、とりわけ非アフリカ系の友人のあいだに、ちょっとした困惑が生まれていた。

「ねえ、いつのまにバリーはアフリカ系になったわけ？」

オクシデンタル・カレッジ時代のある同窓生は呟いた。また、プナホ高校の同級生はこう振り返った。

「黒人だと思ってバリーのことを見たことはないのですが……」

なぜ彼らが素朴な困惑を示したのか。大統領選という「公」の舞台で、メディアによる「この候補者はアフリカ系です」という名指しが行われ、アイデンティティが外部から固定されるさまに、オバマをめぐる旧友の記憶が重ならなかったからだ。

彼らが知っているハワイのオバマは、人種的な属性をめぐって固定的な「定義」を持つ存在ではなかった。幼馴染《おさなな じ》みや古い友人たちの自然体のオバマ観は、二〇代後半以降のコミュニティ・オーガナイザーとして働いた「シカゴ以後」のよく知られたオバマ観とは異なる。シカゴでは、オバマは「アフリカ系」として見られることが圧倒的だったし、そのほうが自然だった。その後、オバマはアフリカ系の政治家として認知され、「アフリカ系初」のアメリカ大統領になった。

これはハワイからカリフォルニアを経て、ニューヨーク、シカゴに至るオバマの「旅する人生」のあいだに起きた何らかの「変化」によるものなのか。あるいは、ハワイ、カリフォルニア、シカゴといった、アメリカの地域別の人種観をめぐる文化の違いなのか。

オバマはアフリカ系に変身したのだろうか。アメリカにおける人種アイデンティティとはいったい何なのか。他者や社会から「名指し」されることで決まるものなのか。それとも、自分で「名乗れ」ば、それでいいのか。実に深い問題が横たわっている。

ハワイ出身の日系三世、カリフォルニア大学バークレー校のロナルド・タカキ教授は、アメリカ人における黒人の定義には、一滴でも黒人の血が入っていると黒人のカテゴリーに分類してしまう「血の一滴」ルールが働いていると説明する。この指摘は歴史的には正しい。どんなに肌の色の薄いムラートという白人との混血でも、黒人の血が入っていれば黒人として扱われてきた経緯がアメリカ史にはある。オバマのイリノイ州議会議員時代の同僚でアフリカ系政治家のリッキー・ヘンドンも「血の一滴ルールは現在でも健在」と述べる。一方、妹のマヤは兄のことを、自分がそう名乗るようになったのだから黒人だと思う、という言い方をしている。

オバマは何者なのか。タカキはこうリクエストする。「ハワイ出身の『ハパ』です、とオバマにはそう言ってほしかったです」。「ハパ」とはいったい何だろう。

「一部アジア人、一〇〇%ハパ」

白人と中華系の血を受け継ぐハワイ出身の映像作家にキップ・フルベックがいる。二〇〇六年にフルベックが『一部アジア人、一〇〇%HAPA』という前衛的な写真集を出版したことが、静かな話題になった。

一二〇人の老若男女のノーメイクの正面向き写真の連続。彼らの共通点は、複数の人種、民族の遺伝子を受け継いでいるマルチレイシャルであることだ。見開き右側に顔写真、左側には受け継いでいる遺伝子と、自分のアイデンティティ観が直筆で掲載されている。

最終頁《ページ》に掲載されたのは中華系、日系、ドイツ系、ハンガリー系、イギリス系の遺伝子を受け継ぐ若い女性である。彼女はこうコメントしている。

「私は有色人種である。ハーフ・ホワイトではない。ハーフ・アジアでもない。『その他』すべてである」

「ハパ（ＨＡＰＡ）」はハーフを意味するハワイ語だ。一九六〇年代以前は「ハパ・ハオレ」という言い方をした。ハオレとはハワイ語で白人を意味する。一九七〇年代以降は、白人との混血に限らず、すべての人種や民族がミックスされた人のことを指すようになり、日常的にはアジア系やネイティブ・ハワイアンとの混血のことを指すことも多い。

フルベックの「ハパ」というアイデンティティを問い直す試みは、アジア系やハワイ人のあいだで話題になり、写真集はリトルトーキョーの全米日系人博物館の書店にも陳列された。フルベック自身「ネイティブ・ハワイアン、フィリピン系、アフリカ系アメリカ人（特に頭を剃《そ》り上げているとき）、メキシコ系、キューバ系、中東系、インド系」と間違えられたことがあり、「アフリカ系の遺伝子を否定するのはけしからんと言う黒人の女性」に叱られ、「先住民の人にメンバー登録を迫られた」こともある。彼の問題意識は明確だ。

「なぜアメリカの国民意識では、多人種問題が黒人／白人のパラダイムに閉じ込められているのか。それはハパが今日に至るまで、集団アイデンティティとしての名称を持ち合わせていないからなのか。それは私たちの多くが、ずっと広い遺伝子を受け継いでいることにまったく注意を払わないからなのか」

フルベックの写真集では、後半で中華系とアイルランド系とイギリス系のマルチレイシャルの男性が次のようなコメントを載せている。

「みんな僕のことをラティーノだと思って、スペイン語で話しかけてきます。もちろん、まったくできない中国語よりも、スペイン語のほうが上手だけども」

二つのことを示唆する重要なコメントだ。一つは、フルベック自身が言うように、「名指し」については、外見で既存のカテゴリーに分類される現実があることだ。ぱっと見て「何系」「何人」に見えるかの問題だ。これは同じ家庭で育っても、「名指し」次第で、違う価値観が醸成される可能性を示唆している。

私の友人にも、台湾人の父とドイツ人の母を持つ台湾人女性がいる。彼女は東アジアの顔つきそのものだが、妹は母方の血が濃く白人の顔つきだ。彼女の母親がドイツ人であることを、私はしばらくのあいだ知らなかった。話題にならなかったからだ。しかし、妹のほうは、台湾出身であると知られれば、両親についての質問を受けやすいであろうことが容易に想像できる。

さて、先のコメントが示唆するもう一点は、血と同時に文化も継承しているとは限らないことだ。何を「名乗る」かは各自の人種意識による。度合いも千差万別だ。自分のルーツに誇りを持ち、自分が何々系だという自覚があっても、言語や祖父母の祖国に興味を持つとは限らない。往々にして、血とアイデンティティと文化はすべて一致しない。また、ルーツへの同化意識はエスニック集団でもそれぞれ温度差がある。

にもかかわらず、アメリカ人である限り、どれか特定の既存のカテゴリーに属することを強いられる。アフリカ系の血が入っていないのに、アフリカ系女性に「なぜアフリカ系であることを隠すのか！」と叱られたフルベックの体験は笑いごとではない。アフリカ系であることを誇りに思っていない黒人と勘違いされたのだろう。逆境にあって、集団の誇りや伝統を鼓舞することで、結束を強めてきたマイノリティ集団には、こうした同胞意識が特に生じやすい。

本来、マルチレイシャルの人にとっては、自分が何を「名乗る」かは、その人のアイデンティティ次第のはずだ。しかし、世間の「名指し」はそれを許さない。「ハパ」はハワイでは有名な概念だが、アメリカ全体で見ればほとんど認知されていない。

オバマの妹マヤの事例も興味深い。マヤは自分のことを「ハーフ・ホワイト、ハーフ・アジアン」であり「ハイブリッド」であるとしている。典型的な「ハパ」精神の持ち主と言える。しかし、世間は初対面でマヤの外見から勝手にヒスパニック系だと勘違いするという。

フルベックの写真集のタイトルは、訳せば『一部アジア人、ハパとしては一〇〇％』であるが、一〇〇％であるはずの「ハパ」をあえて名乗らない同書の登場人物も少なくない。「名乗り」と「名指し」が、ある程度一致することで初めて充足感が生まれるのだろうか。一九七九年にアメリカ本土に移り住んだオバマが、ニューヨークやシカゴでアフリカ系であることに安住感を得たとすれば、それは不自然だろうか。物語はハワイの歴史を少し遡る。

プランテーション――ハワイ、多様性の起源

バラク・オバマが生まれ育ったのは、ハワイのオアフ島だ。ハワイ州の人口の約八割が、州都ホノルルのあるこの島に住んでいる。

ハワイでは白人は少数派だ。二〇〇〇年の調査では、白人二四・三％、アジア系四一・六％、ネイティブ・ハワイアンおよびポリネシア系一〇％、黒人一・八％、混血約二〇％となっている。アジア人と混血の多さが特徴だ。特筆すべきは、アジア系のなか

での日系人の多さで、日系は一六・九％で一位。以下、フィリピン系一四％、中華系四・七％、韓国・朝鮮系一・九％、ヴェトナム系〇・六％となっている。

アメリカ人の大半にとってハワイは、真珠湾攻撃から突如として「歴史」に現れる。しかし、現在のハワイをつくり上げた基礎は、一九世紀以前のハワイ史にこそある。一七七八年、イギリス人のジェームズ・クック率いる二隻の帆船が到来したことで、ハワイ諸島が欧米の地図に書き加えられた。先住ハワイ人しかいなかった島に、白人が急速に流入した背景は複雑だ。ハワイ人の指導者層が、身内の政治経済上の理由で、やむをえずそれを受け入れた面があるからだ。

このころ、ハワイは統一王朝を築くまでの混乱期にあった。統一を達成するカメハメハ一世には、白人を顧問に迎え入れる十分な動機があった。西洋の軍事技術と造船技術を積極的に学んで統一と統治に利用したのだ。西洋の物資を手に入れるために、外国の商人もどんどん迎え入れた。中国に香木や漢方として売れるハワイ産の白檀《びゃくだん》の木の貿易には、アメリカの商人がこぞって参入した。

こうなるともう文化の流入も止まらない。大量の宣教師がアメリカから押し寄せた。ハワイのアロハシャツが、日系の浴衣《ゆかた》からつくられたという経緯があるが、女性用の「ムームー」というワンピースは、上半身裸だった先住民の女性たちに宣教師が着せるためにつくったという説が有力だ。

一八五〇年以降、先住民中心に急速に広まった末日聖徒イエス・キリスト教会、いわゆるモルモン教のハワイ浸透は興味深い。寺院が建てられたオアフ島の北側ノースショアにあるライエは、オアフ島内では事実上モルモン教の町である。ここにあるポリネシア文化センターもモルモン教会が、地元ブリガムヤング大学ハワイ校の学生を雇用して経営しているものだ。ポリネシア諸島の島民に、モルモン教への改宗と引き換えに、ハワイでの雇用を提供するなどの移住支援をしてきた名残りだ。

白人の商人や宣教師がハワイ政治の実権を握り、事実上の傀儡《かいらい》状態が深まっていった。見かねたハワイ王朝初の女王リリウオカラニは、一八九三年一月に新憲法草案を閣議に提出した。白人閣僚や議会から権力を取り戻そうとしたのだ。しかし、これに反発した白人支配層がクーデターを起こし、数日で新政府を樹立してしまう。ハワイ共和国である。ここにハワイ王朝の歴史は途絶える。ハワイ沖にいたアメリカ軍はクーデターに一部加担、ないしは黙認した。

一八九八年、ハワイはアメリカ合衆国に正式に併合される。それ以後しばらくのあいだアメリカの準州だったハワイが、五〇番目の州になったのは一九五九年のことだ。

現在のハワイの人口動態の基礎を築くターニングポイントは、一八五〇年に外国人の土地所有を認めたことで広まったサトウキビ栽培のプランテーションだ。白人農園主は、人口が減る一方のネイティブ・ハワイアンだけでまかなえない労働力を海外からの補充で埋めようとした。

一八五二年から入った中国人に続いて、日本からの労働者流入が始まった。一八六八年、明治元年にハワイに渡った一五三人の移民第一号を元年者《ガンネンモノ》という。船中と現地で四人が命を落としたので、一四九人と数えることもある。あまりに過酷な農作業で、四十数人が二年ほどで帰国している。

一八八五年に日本政府は「官約移民」として、ハワイ移民の斡旋《あっせん》を再開し、若者を中心に大量の移民を送り込んだ。一カ月九ドルの賃金と引き換えの毎日は、サイレンで叩《たた》き起こされ「番号《バンゴー》」で呼びつけられる生活だった。ポルトガル移民の「ルナ」という農場監督が、鞭《むち》を手に馬にまたがり労働者を駆り立てた。

日本人が増えすぎたと憂慮した農園主は、朝鮮、フィリピンなどからも移民を招いた。労働者の国籍や民族を分散させることで、ストライキなどの労働者の団結を阻止したのだ。労働者は、民族別にキャンプに入れられた。そこに出身国のミニチュア社会ができあがった。

各民族は他のグループと交流しなかったので、純度の高い各国の文化が、剝《む》き出《だ》しのままハワイに持ち込まれた。彼らがハワイに渡った理由は、三年をめどとした労働であり、「同化」しようとする意識がキャンプでは芽生えなかったのだ。一世たちは日本語で生活し、寺を建て、県人会をつくった。ホレホレ節なる民謡が畑や酒席で歌われた。

「一回二回でかえらぬものは、末はハワイのキビの肥、行こかメリケンもどろか日本、ここが思案のハワイ国、ハワイハワイと夢みて来たが、流す涙もキビのなか、雨は降り出す、洗濯物は濡《ぬ》れる、背中の子は泣く、まんまは焦げる、横浜でるときゃ涙もでたが、今じゃ子もある孫もある」

移民社会に流布する文化は、第一世代の出身国の政治や文化を反映する。ハワイではおにぎりを「ムスビ」という。沖縄からの移民の子孫であるオキナワンは、独自のアイデンティティを維持するパレードを毎年行う。明治時代、本土と沖縄人のあいだには言葉や文化の面のみならず、日本への帰属感覚でも当然ながら差異があった。移民先のハワイで沖縄出身者は、本土の日本人に日本人として扱われない差別を受け、それが独立した「誇り」に育ってハワイに根を下ろした。ビル・クリントンはハワイ訪問で沖縄フェスティバルに参加し、沖縄風ドーナッツのアンダギを頬張った。

一九〇一年からはテネシー州の黒人が約二〇〇人連れて来られた。しかし、総じて本土からの労働者はあまり入らなかった。ハワイのアジア系を中心とした非白人社会の原型は、サトウキビ農園の労働移民によって形成された。これが「アメリカのなかのアジア」の由来である。

オバマはインドネシアにいた数年以外、本土の大学に進学するまで、このハワイ州にしか住んだことがない。オバマの母一家がかつてそうであったように、開拓者的な州間転居が珍しくないアメリカで、一八歳までの青少年期を一カ所で過ごしたことによる人格形成における影響は少なくない。

オバマの祖父母は、もともとは保守的な中西部の農業州カンザスの出身だったが、カリフォルニア州バークリー、オクラホマ州ポンカシティ、テキサス州ウィチタ・フォールズ、ワシントン州マーサー島などを経て、一九六〇年にハワイに移住してきた。そのころのハワイはヒッピーブームによる移民に沸いていた。ハワイの離島に住み着いたヒッピーの暮らしを描いたドキュメンタリー映画に『テイラーキャンプ』がある。一九六〇年代末から一九七〇年代半ばまで、カウアイ島には木の上の家に住み、ほぼ裸で生活したアメリカ人のヒッピーによるコミューンもあった。

オバマの父であるバラク・オバマ・シニアは、ケニアのニャンゴマ・コゲロのルオ族出身のハワイ大学留学生だった。母アンとは一九六一年二月二日にマウイ島で結婚している。二五歳と一八歳だった。アンの両親は喜んで認めたわけではない。ハワイの多文化的な風土にあっても、白人と黒人の結婚は珍しいことだった。

オバマ・シニアはハーヴァード大学で経済学を学ぶため、ほどなくしてハワイを去った。一九六四年にアンとオバマ・シニアは離婚している。一九六五年にケニアに帰国し、一九八二年に自動車事故で亡くなるまで、政府のエコノミストなどを務めた。オバマとは結局、その後一度しか会うことはなかった。

プナホ・スクール

ホノルルにはいくつかの進学校がある。ネイティブ・ハワイアン系の子弟のみを受け入れるカメハメハ・スクールが、高台からホノルルを見下ろす「丘の上」の学校だとすれば、ホノルル市街地にあるライバルのプナホ・スクールは、ハワイでは「都会」の学校だ。一八四一年に宣教師の子弟教育のために一五人の生徒数で設立された。二〇〇九年度現在の全校生徒は三七五〇人に及ぶ。小中高一貫の共学私立校だが、インドネシア帰りのオバマは一九七一年に小学部の五年に編入した。

卒業生にはアメリカ・オンライン（ＡＯＬ）創立者のスティーブ・ケースもいる。ハワイでは有数のエリート校だ。しかし、アメリカ本土の東部にある「プレップスクール」そのものを連想するのは誤りだ。全寮制ではないし、州外からの子弟がほとんどいないハワイの地元校だ。

祖父母はカメハメハ通りの家から引っ越した。オバマは新居である南ベレタニア通りにある祖父母のアパート一〇階から、徒歩二〇分で通学できた。アイビーリーグを目指す子女が全米から集う東部プレップスクールに比べて、遥《はる》かに地元密着だし、保護者の経済階層も分散している。

オバマの祖母マデリン・ダナムは、一九七〇年に同僚のドロシー・ヤマモトとともにハワイ銀行で女性初のバイスプレジデントに昇格した。当時の銀行の部下には、ハワイ選出の日系下院議員メイジー・ヒロノもいる。マデリンは一家の大黒柱になった。一九八〇年代半ばに退職したが、オバマの母代わりとして世話をやいてきた。一九七〇年代にハワイ大学大学院の人類学部に入学するためにアンがハワイに戻ったときは、一九七〇年生まれのマヤと一緒にポキ通りとワイルダー通りの家に住んだが、そこからも徒歩でプナホに通えた。アンの奨学金が一家の生活費だったころだ。

オバマと同期の一九七九年卒業生は四〇〇人いた。プナホは無宗派を唱えているが伝統的にクリスチャンの学校である。一九七九年にプナホが保護者向けに作成したパンフレットでは、オバマの学年の卒業式の模様を載せているが、学園の哲学としてキリスト者としての生活、市民の責任や自尊心などが強調されている。

高校時代のオバマの担任はエリック・クスノキという新米教師だった。現在は多人種の度合いが強まっているプナホも、三〇年前は白人生徒が多かった。オバマは数少ない黒人生徒の一人だった。ハワイの黒人は、軍属の家庭などごく一部に限られていた。本土のアメリカ人が違和感を示すほどには、民族や人種の違いをあまり意識しない文化がこの島にはあるが、クスノキもこの点を強調する。

「違いを意識しないですね。エスニシティはあまり大きな問題ではない。ハワイ全体でも、キャンパスでも、みんなの顔を見れば我々はみなマイノリティです。みんな違うが『違い』がない。差異にこだわって観察すれば、たしかに差異はあります。他人に『あんた、違うな』と言われ『そう言えば、そうだ』と答えますが、それまで意識にのぼらないのです。争点にもなりにくい。特別に持ち出さない限り、意識されないのです。みな同じハワイに住んでいる。共存しようという姿勢です。キャンパスだけではなく、コミュニティ全体にそういうムードがあります」

ホームルームでの記念写真が、ちょうど当時のプナホの縮図だ。撮影にあたって各自が好きな仮装をしている。オバマはジョン・トラボルタの『サタデー・ナイト・フィーバー』を模した格好だ。クスノキは給仕のようなポーズで、白いドレスの女子生徒にクッキーを捧《ささ》げている。二二人の生徒のうち日系を含む東アジア系は、オキヒロ、アンドウなど六人。黒人はオバマ一人だ。残りはハオレ（白人）である。当時のプナホは、ハワイの人口比率に比べると白人が多かった。

クスノキは、新学期の数日前、出席簿を受け取った。生徒の名簿を見ると知らない名前があった。しかも、発音の仕方がわからなかった。周囲の人に尋ねても、どう発音していいかわからないという。クスノキは初日、オバマの名前を間違って発音してしまった。

「バアーラック・オバマ君いますか？」

オバマは笑顔を崩さず「バリーと呼んでください」と答えた。クスノキは発音を間違ったことを気にした。生徒に初日で嫌な思いをさせてしまった。馬鹿にするつもりはなかった。「ノー。ノープロブレム。コール・ミー・バリー」というオバマに救われたことを今でも覚えている。

「我々はみなバリーと呼んでいました。実は今でも、みな彼をバリーと呼びます。敬称として、オバマ大統領、オバマ上院議員、バラクなどいろいろな呼び方もしますが、心の中では彼はバリーです」

オバマは里帰りをすると、ハワイではバリーと呼んでもらうことを望む。クスノキは、オバマが「ルーツにつながろうとしている」のだと説明する。

「今では大統領閣下《ミスター・プレジデント》ですが、帰省するといつでもバリーです。夏休みに帰ってきたとき、私はどうしたものかなと思ったけど、向こうは立ち上がって『ヘイ、ミスター・クス（クス先生）』と叫んで抱きついてきました。いい気分でしたよ。何も変わらない。お互い年取ったし、彼は賢くなって、教育も経験も積みましたが、基本的に同じ人間です」

オバマはどんな学生だったのだろうか。クスノキは日本の高校にほぼ相当するハイスクールの四年間、ホームルームの担任としてオバマと付き合った。毎朝八時に集まるホームルームでは、役割分担も指示した。教務主任としてやはりオバマと親しかった日系のポーラ・クラシゲ（旧姓ミヤシロ）が、学校改革に熱心で、ホームルーム制度の強化を望んでいたのだ。おかげでクスノキと生徒の接触は増えた。クスノキはこう言う。

「クラシゲ主任と私たちは本当の『家《ホーム》』にしようとしていました。すべての学生が四年間一緒になる。渡辺さん（筆者）と私とタニさん（同席していた広報担当）が四年間一緒になるようなものです。主任とも卒業までの付き合い。お互いをよく知って、打ち解けないといけない。多くの課外活動を企画しました」

ゴムボールを投げ合うゲームに早朝からオバマも交じった。芝生でピクニックをすればオバマもサンドウィッチを持参した。誕生日、クリスマス、イースターなどを一緒に祝った。バレンタイン、ボーイズデー、ガールズデーでは、クッキー、ジュース、ドーナッツなどを囲んで語った。一般的なホームルームの付き合いを超えた濃密なものだった。

「家にも招きました。初めて丸々四年間の面倒を見た学生たちですから」

オバマ流の公私のけじめ

オバマは苦しみや弱さを「公」ではなるべく見せないという性質があるが、プナホ時代に早くもその片鱗《へんりん》が見える。オバマの処女本『ドリームズ・フロム・マイ・ファーザー』を読んで、プナホ関係者が揃《そろ》って驚いたのは、オバマの人種をめぐる葛藤についてだ。人種や民族が問題にならない多文化の島だからこそ、人種アイデンティティは、一人で解決しなくてはいけない問題だったのだ。また、アルコールや麻薬を試していたことにもクスノキは驚かされたという。

「バリーは自分をしっかり律していて、目上の人にちゃんと敬意を示す礼儀正しさと誠実さを備えていましたし、私の家族とも実に誠実に付き合っていましたし、他の教師に対しても。感情を荒立てることもないし、しっかりした生徒で、成績も問題なかった。ただの一度もトラブルを起こしたことがないのです。だから、アルコールとか麻薬とか、本を読んでびっくりしましたよ」

オバマは子供ながら、内面の葛藤と「社会的な自分」をしっかり峻別《しゅんべつ》する能力を備えていた。アルコールや麻薬を試したことがあるからといって、高校時代のオバマが非行に走っていたというわけではない。葛藤はプライベートで処理して「公」の場には持ち込まなかった。オバマは間違いなく快活で誠実な優良な生徒だったのだ。クスノキとの師弟愛に嘘偽《うそいつわ》りはない。ただ、オバマは、必要なときだけこっそり開ける、そんな私的空間の箱を持っている子だった。

クスノキは、あれほど親しくしていたのに、なぜかオバマは家庭の匂いを感じさせなかったと言う。祖父母が親代わりを務めていたことや、父親がハワイにいない事情を語ることで、特別な境遇の子として色眼鏡で見られ、周囲と壁ができるかもしれないと、オバマが気を遣っていたからかもしれない。インドネシアからハワイに戻って、五年生に編入したオバマは、インドネシア帰りの匂いを周囲に感じさせようとしなかった。クスノキはこう評価する。

「ずっと後になって、インドネシアにいたことを知りました。バリーは周囲とどう付き合っていけばいいかを知っている子だった。とても用心深い。自信過剰ではないが、人付き合いについては自信があった。誰とでも上手に付き合う。さりとてキャンパスの中心人物という感じでもない。人当たりがよくて、フレンドリーで、特定の集団とではなく、学校全体とまんべんなく付き合っていました。いいリーダーになる特性の一つかもしれません」

オバマはまるで読心術のように、他人の立場になってものを考え、他人に合わせて話すことができる不思議な力を一〇代から持っていた。

「感情を荒立てなかった。怒っているのを一度も思い出せないのです。かんしゃくを起こさない。いつもポジティブだった。いい聞き役でした。自分ばかり話し続けたり、知識で相手を圧倒しようというのがないのです」

オバマは処女本を出版するまで、またミシェル夫人に出逢うまで、生い立ちのすべてを特定の人物に打ち明けた形跡はない。オバマが「私」空間の複雑な生い立ちをめぐる悩みに整理をつけ、人生のエネルギーに変えることに開眼するのはだいぶ後だ。ハワイでは、苦しみや葛藤は自分だけの「箱」にそっと閉じ込められた。

日系人恩師とオバマ

ハワイのオバマは、クスノキから「ジャパニーズ」についても学んだ。

「ホノルルには日系、中華系がたくさんいますが、バリーはそのすべてに胸襟を開いていました。どんな食べ物でも好きだし、日本食と日本文化も好きです。ハワイのローカルの食べ物が好きなんです。バリーは、私が彼の名前を発音するよりも正確に私の名前を呼んでいました」

オバマは家の近くで商店を営んでいた日系人からは、カツオの刺身や米菓子をお裾分けしてもらった。オバマは、ク・ス・ノ・キという日本式の発音を知っており、正確に発音した。他の日系人の友人に対しても同じだった。クスノキは名簿を見たとき、オバマは日系だろうと思ったという。「日本に小浜っていう名前がありますから」

私が会ったオバマの元同級生の全員が、初めて名簿でオバマの名前を見たとき「日系人の子だと思った」と答えた。オバマの名前が日本人みたいだというのは、日系人が多いハワイ独特の連想だ。本土のアメリカ人は、そのようには思わない。

オバマは二〇〇八年一一月七日に日本の総理大臣との電話会談で、「日本に小浜市があることを知っている」と自ら語るなど、大統領選挙期間中から一貫して小浜市のアプローチに好意的だった。たしかに、小浜市はたまたまローマ字表記（Obama）がオバマと一緒だったにすぎない。しかし、オバマにとって「自分の苗字《みようじ》と日本」という連想は唐突ではなかった。ハワイ時代、毎年新学期に嫌というほど「日系人かと思った」と言われる経験をしていたからだ。自分の名前はアフリカ名だが日本語にも似ているらしい、そういう意識だ。

「ハワイの日系二世の多くは、第二次世界大戦中の日系人四四二連隊に関係がありますが、バリーもハワイで育ち長年ここにいたから、二世の四四二連隊と強制収容所についてよく聞かされています。ハワイでは日系人の数が多いこともあって、周囲から聞かされただけでなく、自分で本も読んで勉強していたと思います。本土の中西部で育つような人よりもこの問題に敏感になります」

こう語るクスノキは日系三世だが、その家族史はハワイの日系人史の典型例とも言える。一世の祖父母はプランテーション労働者で、両祖母は「写真花嫁」だった。「写真花嫁」というのは、ハワイにいる日本人男性に写真の交換だけで日本にいる女性が嫁ぐ方法で、女性の比率が少なかった一世はこうして結婚したケースが少なくない。太平洋を挟んでの写真だけの見合いは、必要性にかられての奇異なシステムではあったが、初期の日系夫婦に後戻りのできない運命共同体的な絆《きずな》を生んだ。

母方の祖父はプランテーションでの契約を終えると、ワイキキに出てウェイターとして働きながら、自分のレストランを持つに至った。クスノキの両親も結婚後ワイキキで暮らした。クスノキはハワイの公立ユニバーシティ・ハイスクールを卒業後、大学は本土ロサンゼルスのリベラルアーツ・カレッジ（少人数制の四年制大学）を選んでいる。同じ本土のリベラルアーツ・カレッジに進んだオバマは、無意識のうちにクスノキの若き日の選択に影響を受けたのかもしれない。クスノキは、ホイッター・カレッジで学んだのち、ハワイに戻った。

一九七〇年代当時、ホノルルでは教員ストライキが起きており、募集・採用が停滞していた。臨時教員を一年こなして生活を成り立たせていたクスノキは、正規採用で教員になれなければ諦めて商売の道を探ろうと考えた。

クスノキはプナホとオバマとの出会いを「セレンディピティ（偶然の幸運）」だと言う。クスノキは社会科か体育の採用を探していたが、空きがなかった。当時のプナホの校長が「他に何が教えられるの」と訊《き》いた。クスノキはタイピング、会計学、経営学を教えられたが、タイピングの教師が二五年勤続で退職したばかりだった。校長は続けて「何かスポーツ指導は」と訊いた。クスノキはバスケットボールのコーチができた。バスケットボールのコーチも数人の欠員が生じたところだった。即採用だった。

クスノキは新米時の教え子が大統領になった二〇〇九年現在も教壇に立っている。

「生徒から学ぶことのほうが多い」と述べるクスノキは、どこまでも謙虚だ。二五歳で採用され、翌年の二六歳でオバマと出会ったクスノキにとって、オバマと自分の青春が重なるという。手抜きを知らない新人のクスノキは、全身でオバマにぶつかり、自宅も生徒に開放した。この時期にオバマのような生徒に出会ったことは、お互いに強烈な印象を残した。

二〇〇四年、オバマがボストンの民主党大会のステージに立ったとき、クスノキらプナホ関係者は学校のボードルームに全員集合した。

「現れた瞬間に私たちは思わず叫びました。『あれ、バリーだ!』と。同じ歩き方と姿勢だったのです。昔よりだいぶほっそりしたけど、バリーでした。同じ話し方で同じ笑顔でした」

クスノキは、オバマを大統領だからといって特別扱いしない。

「昔の教え子にばったり出会い、どうしているのか知るのは嬉《うれ》しいものです。正直な人生を送っているか。地域社会のために奉仕をしているか。よき夫や妻を得て、両親を大切にしているか。生徒たちの子供に会わせてもらえることもあって、それが本当に幸せです」

社会的地位を教育の成果の基準としないクスノキからは、大統領の権力で世の中を変えてほしいとか、日本やハワイのために何か政治力を発揮してほしいという言葉は出なかった。「正直に生きているか」「地域のために何かしているか」「周囲の人を大切にしているか」。こう問い続けるクスノキは、ハワイの小さな教室に来訪した日本人に訥々《とつとつ》と語りながら、その向こう側にいる大統領に就任したばかりの教え子に、肝心なものを忘れるなと「念」を送っているようにも思えた。

ミックスド・レイシズ・オブ・アメリカ Mixed Races of America

オバマの里帰りは年末の一二月と決まっている。妹のマヤ一家や二〇〇八年に他界した祖母マデリン・ダナムらと過ごすためだった。プナホの同窓会は六月に行われるため、これまで顔を出せたためしがない。オバマの卒業した一九七九年組（セブンティーナイナーズ）の三〇回目の同窓会が、二〇〇九年六月中旬、一〇〇人以上の参加者を集めて盛大に開かれた。その実行委員を務めたのが、オバマの級友だった、日系三世のケリー・フルシマだ。

フルシマはクラスメートのなかでも物持ちのよさで有名だ。プナホ時代のすべてのアルバムや文集を大切に保管している。アメリカではイヤーブックという学年アルバムを作成する。イヤーブックのなかのオバマ少年はふっくらしていて、大人になってからの姿とはまるで別人のようだ。写真のなかでいつもオバマはふざけている。

オバマは仲間たちと黒板にこう書いてポーズをとった。「ミックスド・レイシズ・オブ・アメリカ Mixed Races of America」。意訳すれば「アメリカ人種混合（国）」。「タムラであろうと、チンであろうと、オバマであろうと、同じ世界の住人だ」と書いた。ジョーク版も作成した。「ユースレス・レイシズ Useless Races（怠け者の人種たち）」。オバマたちは「怠け者」のようにポーズをとった。高校までのオバマは、その後のオバマとまるで違う。クラスのお調子者で人気者だった。人間ピラミッドを組めば常にその中心にいた。

高校三年のとき、オバマは詩を発表した。メディアの報道では、バスケットボールの印象ばかりが強いオバマだが、プナホ高校時代は文芸誌『カワイオラ（命の水）』を発行する学内の文学サークルにも属していたほか、数年にわたって合唱団のメンバーでもあるなど文化系の顔も持っていた。

同級生のフルシマの父方は熊本県、母方は山口県の出身だ。母親は日本航空に三〇年間勤務していたので、フルシマも頻繁に来日した。今も親族が日本にいる。父親はハワイで生まれ育ったので、日本語は片言だった。母親はハワイで生まれたのち日本に戻り、一四歳まで日本で育った、いわゆる帰米二世なので日本語が完璧に話せた。フルシマは日本語の影響を母親から受けた。

フルシマがプナホに入学したのは、一二歳のときだった。小学校六年までは公立校に通った。日本でいう中学に相当する学年からの入学だ。小学校までの彼女はオアフ島の比較的貧しい地域に育った。地域内ではピイジン英語（混成英語）が主流で、その影響から英語があまり上手ではなかった。「公立学校では、ピイジン英語の俗語を話していたけど、生活の向上を目指すには、いつまでもそういう英語を話していてはいけません。だから、両親は娘の私を私学に送ることを決めたのです」と振り返る。日系一世は英語があまり話せなかった。今でもハワイの日系人は、本土育ちのアメリカ人を英語で見分けることに長《た》けている。

一九七〇年代当時、プナホのような私立学園に通う学生は白人層が多数だった。白人とアジア系が半々で、ごくわずかだけネイティブ・ハワイアン、ヒスパニック系、そしてオバマのような黒人がいた。フルシマは正しい英語を身につけるには、こうした環境は望ましかったと考えている。また、日本的、アジア的な性格も多分にプナホで補正されたという。

「ローカルのスタイルというのがあって、アジア的な影響が私の世代にはあります。寡黙に勉強する。誰かに議論をふっかけたりしない大人しい態度です。プナホは違う文化でした。自分の意見を表明して、それを周囲と議論しなさいと。私にとってはカルチャーショックでした。地元の公立学校では、挙手にしても恐る恐るが普通でしたから。プナホでは大声を出さないと駄目です。他の生徒と共同作業をするグループワークもありました。クラスの前に出て発表しなくてはならないのですが、最初そういうのが怖くてしかたなかった。高校卒業までにはようやく慣れました」

フルシマが怖がっていたプナホの授業は、私たちもよく知る自己主張を優先するアメリカ文化のそれだ。それに対して英語がネイティブ言語で、国籍もアメリカ人であるフルシマがしばらく適応できなかったのは驚きだ。ハワイの日系家庭やアジア系の比率の多い公立校は、少なからずアジア的、日本的な文化のなかで子供を育ててきたからだ。アジア人がマジョリティ感覚でいられるハワイにあって、エスニシティはおもな問題ではなかった。フルシマがプナホに入って感じた違和感もハオレ（白人）が多いことではなく、「アメリカ的」な振る舞いへの適応をめぐる文化的問題だった。フルシマの卒業後、プナホにはアジア系の学生が増えていったが、これはアジア系がハワイ社会で社会的、経済的な階級を急速に昇っていった時期と符合する。

ジャパニーズなオバマ

フルシマにとってオバマは無邪気な少年だった。水曜日の校内チャペルの礼拝で、オバマからフルシマに声をかけた。

「私はよくバリーのお腹《なか》を突ついて遊んでいて、彼は私の鉛筆を盗んで遊んでいました。

耳にこうして鉛筆をひっかけるのが流行《はや》っていて、彼は廊下ですれ違いざまに私の鉛筆を奪っては自分の耳にさして逃げるのです。『ちょっと待って、それ私の鉛筆だから』と叫んでは追いかけました。バリーはものすごい頻度で、大量に私の鉛筆を盗みました」

オバマは学年末のアルバムの寄せ書きのなかで、フルシマ宛に「ケリー、身長をからかったり、君の鉛筆を盗んだり、悪戯《いたずら》ばかりしてごめん」という親愛の情のこもった「謝罪文」を書いている。オバマは小柄のフルシマを「ショーティ（おちびちゃん）」「ショート・スタッフ（ちび）」と呼んでいた。悪意のない仲のいい子供同士の愛称だが、オバマがこうして女の子をからかうような、腕白少年だったことに意外な感じを抱く人は多い。

フルシマは陸上部で、長距離走のクロスカントリーの選手だった。シーズンにかかわらずバスケット部は練習熱心で、フルシマが走り込みをしていると必ず練習に励むオバマを見かけた。

「プナホでの勉強は私には厳しかったです。教師の質が高く、なかには一〇代の教師もいました」

恐らく飛び級の秀才だろうと、フルシマは振り返る。

「四〇〇人もいたから、生徒の質にはばらつきがありました。ロケット科学者みたいな秀才もいれば、普通の子もいました。当時のバリーはあんまり勉強には熱心じゃなかった。進学するのに、ガリ勉までする必要はない学校だったし、バリーはバスケットが上手だったから」

フルシマは、一〇代は自分の内面の不安を隠すのが当たり前だとして、オバマが葛藤を表面に出さなかったことに理解を示す。

「彼自身が同胞だとアイデンティティを感じられる人物や文化がなかったという面では、彼の書いていたとおりだと思います。韓国系は自分たちのコミュニティがあってイベントをやっているし、私たちは桜祭りでボンダンス（盆踊り）をします。でも、一九七〇年代に、彼が何かアイデンティティを感じる必要があったでしょうか。私たちは、どんな人種の血がミックスしているかすら気にしていませんでした。バリーにしても、ここでは、そういうことは問題にはならないのです」

クスノキ同様、フルシマもハワイでは人種が重要な意味を持っていないことを強調する。

「父母が、たまたまその人種だったというだけです。アイデンティティは自らがさらされる人生経験から形成されると思います。私には、バリーがハーフ・ブラックでハーフ・ホワイトというアイデンティティにもぴったり収まるとは思えません。彼は何というか、あまりにも多くの人種を抱きしめているんです。彼はマルチカルチュラル（多文化的）なんです」

たしかに、オバマのハワイ時代の仲良し六人組の男たちの内訳はあまりに多様だ。日系のバイレイシャル、ヒスパニック系、白人三人、そしてオバマ。放課後のバスケット仲間だった。『ドリームズ・フロム・マイ・ファーザー』に登場する「レイ」のモデルは、本名キース・カクガワという一つ上の学年の友人だ。プナホでは数少ない黒人仲間だった。カクガワは名前からわかるように、日系とのバイレイシャルだ。オバマは自著で黒人の同志として描いているが、バイレイシャルであることも二人の共通点だった。

オバマは、アジア文化に自然に溶け込んでいた。日系の友人の家に行けば、日系の母親と会話しなくてはならないが、そうした環境でも不自然なく振る舞えた。オバマはケンジというジャパニーズの友人の家によく仲間と遊びに行った。ケンジの母に「息子の友達がやって来ては冷蔵庫を食べ散らかしていく」と呆《あき》れられながらも、可愛《かわい》がられていたケンジの友達の一人だった。フルシマはオバマの妹のマヤのことを「ほとばしる優しさの人」と形容するが、オバマ兄妹を「控えめな人たちで実に日本的」と評する。「相手の発言をじっと聴く姿勢というか、他人が自分をどう思うようになるかに気を遣ったり、相手の意見に配慮したり、不必要に攻撃的にならないようにして、周りのすべての人を受け止める姿勢です」

日本文化の色濃い二世家庭で育ち、「アメリカ」的なるものに後天的に適応したフルシマだから、オバマ兄妹のある意味で非アメリカ的な、アジア的な感性がよくわかる。しかし、控えめで誠実な人格の基底をつくり上げたのがハワイだとしても、政治家オバマはシカゴの産物だと言う。

「もしハワイにそのまま住んでいたら、ハワイ州の州知事になろうとか、そういうことを彼はしていないと思います。彼の心の炎は、あちらのアメリカの生活で生じたのです」

プナホの仲間がオバマを久しぶりに発見したのは、黒人初の『ハーヴァード・ロー・レビュー』編集長就任を伝えた一九九〇年二月六日付『ニューヨーク・タイムズ』の記事だった。フルシマは振り返る。

「私の反応は、何でバリーが？　でしたね。正直、バリーは秀才とは思われていませんでした。元気な悪戯っ子でした。真面目なタイプではありません。だから、記事には腰を抜かしました。彼はいい意味で違う人になってしまいました。誇りに思っています。感嘆しました。そんな勇気やカリスマ性があるなんて、とても想像していませんでしたから。感嘆しました」

アメリカの学校では、キリスト教の卒業礼拝のことをバカロレアと言う。男女一組で参加することになっている。シニア・プロム（高校最終学年に開かれるダンスパーティ）のように意中の人がいれば、その日限りのエスコートを依頼する。オバマに声をかけたのはロビン・オオスナという日系の女子生徒だった。「バカロレアに一緒に出てくれない」と勇気を出してお願いしたオオスナに、オバマは笑顔で「いいよ」と答えた。

オバマとオオスナは恋に落ちたわけではない。オオスナには、タナカというステディな相手がいた。一日限り、卒業式の式典の一コマ、ひそかに憧れていたオバマにタナカ公認でパートナーになってもらった。正装で記念写真にカップルで写り込んだ。オバマの高校最後の淡い想い出のパートナーが日系女性だったことは、プナホ同窓会の女性のあいだでは語り草になっている。

オオスナは結婚してタナカ姓となった。フルシマらが主宰するホノルルのオバマ後援会「オバマ・スイーティ」の幹部を務め、グッズ製作と販売のほか、地元ホノルルのテレビにも出演してオバマを応援した。大統領選挙序盤にオバマが女性記者のことを「スイーティ（可愛子ちゃん）」と呼んだことをめぐる本土での過剰反応を逆手にとってグループ名を付けた。

「私たちはむしろスイーティなんてふうに、バリーに呼んでほしかったですからね」

二〇〇七年にオバマ歓迎のイベントを企画したタナカは、ミシェルとも対面した。日系人を中心に、フィリピン系と中華系のミックス、日系と中華系のミックスなど、アジア系の同窓女性に取り囲まれるオバマは、ミシェル夫人の隣で照れた笑顔で記念写真に収まった。その場では、同窓生の注文どおりに「スイーティ」とは呼べなかったかもしれない。

政治の世界──「ハワイ」と「本土」

プナホ高校でオバマの一学年上（一九七八年卒）に、日系三世のビル・カネコがいる。カネコはハワイ政界の民主党アジア系のあいだでは知る人ぞ知る有能な人物だ。

初のネイティブ・ハワイアンのハワイ州知事だったジョン・ワイヒのスタッフを経て、ワシントンで民主党全国委員会に勤務した。その後、ハワイ州選出の下院議員のニール・アバクロンビーの選挙を取り仕切り、下院議員に一〇年間仕えた。現在は弁護士事務所勤務と、非営利のハワイ公共政策研究所の代表を兼務している。

カネコは、一九九六年のクリントン大統領再選時には民主党全国委員会本部で、アジア太平洋諸島系担当局長を務めた。オバマ陣営でアジア太平洋諸島系アウトリーチの副ディレクターを務めた韓国系のベッツィー・キムは、全国委員会時代のカネコの右腕だった。カネコがプナホの後輩オバマを見守る視線は温かい。

「同じ学校で同じバックグラウンドだったから、オバマの人生観は、自分に似ていると思いますね。当時プナホには黒人が少なく、五人に満たなかった。彼は記憶にある二人の黒人のうちの一人です」

カネコが長年仕えたアバクロンビー議員も、オバマ家と関係が深い。オバマの父バラク・オバマ・シニアがハワイ大学イースト・ウエスト・センターに留学中、机を並べた仲であり、オバマにとっては父の畏友である。また、議員夫人のナンシーはオバマの妹のマヤと親友である。彼らはオバマがアメリカ全土で有名になる前から、大統領になるかもしれないとして目をかけていた、ハワイにおけるオバマの支援者だ。

「ワシントンは党派性が露骨な街です。オバマが目指しているのは、党派対立に橋を架けることですが、これはハワイ育ちということと無関係ではない。ハワイはものすごく多文化的で、人種も混ざり合っています。アジア文化の土地でもある。アジア系は腰が低く、他人への敬意を重視します。戦闘的姿勢を好まない。オバマはハイブリッドだと思いますね。ハワイ育ちと本土育ちには大きな差があります。ハワイで育って本土に行くと、未知の社会的、政治的なしきたりがあって、それに適応を迫られます。本土では、より断定調に声を荒らげていかないといけない。それはハワイ文化やアイデンティティを捨てることではないものの、本土で通用するリーダーシップのスタイルに慣れないといけないのです」

カネコにとって、オバマはどう見えているのか。

「オバマは腰の低い物静かな男ですよ。彼なら日本でも、アジア文化的なハワイでも、上手にやっていける。でも、それはアメリカの主流とは異質なものです。大統領を務めるには、周囲が求めるスタイルで振る舞わないといけない。より断定的に、舌鋒《ぜっぽう》鋭く。彼はプナホを出てすぐ本土に行ってしまったので、向こうに慣れたのでしょうね。その後二度とハワイには移り住まなかった。私は向こうの政治空間にあまり馴染めなかったので、ハワイに戻ったくちです。オバマは本土に馴染んだ。オバマは融和を目指していますが、手法そのものはとても（本土の）アメリカ的です」

ワシントンとハワイの双方の政治を知るカネコの言葉が興味深いのは、ハワイ的であることと、アメリカ的であることを分離して語ることだ。ハワイを「アジア文化の地」と規定し、むしろ日本とハワイの距離感が、本土とハワイの距離より、文化的には近いことを示唆する。

これは私にも思い当たるところがある。日本人がアメリカ本土の生活で感じる種類のストレスが、ハワイでは少ない。「アロハ・ステーツ」と書かれたナンバープレートを見て、あらためて自分がまだアメリカ国内にいる事実を確認する心境にもなる。日本ではないがアメリカでもない。東海岸や中西部からハワイ経由で日本に帰国すると、ホノルルに到着したときが「アジア圏に帰った」と痛感する瞬間だ。ハワイから成田に到着するときよりも、本土とハワイの感覚差のほうが大きい。

ワシントンからハワイに乗り込んでくる政治スタッフは、ハワイの政治風土で成果を出せないことがある。本土のやり方をそのまま持ち込むからだ。ハワイの政治関係者は口を酸っぱくして言う。

「ここにはここのやり方があるから、地元の私たちに任せてほしい。まず背広を脱ぎ、ネクタイを外して、アロハに着替えなさい。そうしないと、ここでは真面目に耳を傾けてもらえません」

カネコはオバマについてこう述べる。

「驚かされるのは、オバマは毎年ハワイに帰ってくるんですよ。帰らなかった年は高校卒業以来一回ぐらいしかない。Ｔシャツに草履ばき、ジッピーズに行って、ボディサーフィンをしてシェーブアイスを食べる。ハワイにしっかり結ばれているし、ある意味でハワイを超越してもいる」

ジッピーズとはオアフ島にある地元レストランで、シェーブアイスとはオバマの娘マリアとナターシャ（愛称サーシャ）も大好きなハワイ定番のおやつで、日本のかき氷である。

ノースショアのハレイワで、帰米二世の松本守が雑貨店マツモト・ストアを開業したのが一九五一年。サトウキビ畑で働く労働者の喉の渇きにヒントを得た松本が、かき氷が売れるのではないかと、かき氷機を日本から輸入して売り始めた。一杯五セントで始まったかき氷は物珍しさも手伝って、シェーブアイスという英語名でみるみるうちに広まった。これがオバマ家愛好のマツモト・シェーブアイスの起源だ。一九八一年には青木スミエが、マツモトの隣にアオキ・シェーブアイスを開店している。お祭りの出店を思い出す、あの日本のかき氷の懐かしい味そのままである。

カネコとのホノルルでのインタビューには、ダニエル・アカカ上院議員のワシントン事務所元報道官のエド・トンプソンも同席してくれた。トンプソンはカネコの盟友だ。同じハワイ出身として、ワシントン政界を泳いできた戦友でもある。ハワイとワシントンの両方の風土を俯瞰《ふかん》できる数少ない経験を持っている。トンプソンは中華系とネイティブ・ハワイアンの血を引いている。夫人は日本人である。

「オバマは娘たちにハワイのルーツを教えたいのだと思います。レインボー・ドライブに娘たちを連れて行くんですよ」

レインボー・ドライブとは、ハワイで「ドライブイン」と呼ばれるカウンター付きのレストランのことである。トンプソンは静かに語る。

「ハワイアン・バーガーを買って、アラモアナ・ビーチパークで食べる。オバマはそういうハワイでの過ごし方を今でもする。この前の帰省でも、周囲を草履でふらふらと出歩いて、シークレットサービスを慌てさせていますよね。たしかに、オバマは外見はアフリカ系なんですが、むしろ私たちは彼を地元の子と呼びたいですね。シカゴにはシカゴの言い分があるかもしれませんが、オバマはハワイの子ですよ。シカゴではオバマのルーツを強調しますが、私たちはそこまで主張しません。ハワイ出身なのは自明ですから」

二〇〇八年大統領選の末期、シカゴとハワイのあいだにはオバマはどちらの出身なのかという論争があった。ジャーナリストのダン・ナカソは、イリノイ州議会上院議員のテリー・リンクをはじめオバマの盟友だったシカゴ人脈の面々に取材して「オバマは私たちのものだ」「オバマの口からハワイのことなど聞いたことがない」という、ハワイ人を落ち込ませる発言を『ホノルル・アドバタイザー』紙で報じた。

しかし、オバマはその土地では土地の人の心情を大切にする。ハワイではシカゴを誇示しないし、シカゴではハワイを誇示しない。島と本土の文化の違いを知るオバマは、ハワイ人がシカゴを、シカゴ人がハワイを容易に理解するとも考えないのだろう。ハワイ人にはシカゴの濃密なエスニック社会は見えないし、シカゴ人にはハワイの、民族を気にしない風土は想像を絶するものだろう。

私はハワイに頻繁に通った〝ジャパニーズ〟である一方、かつてサウスサイドのシカゴに住み、シカゴの政治に関与してきたことで、両者のギャップについて比較的オバマに近い目線で捉えることができた。

エド・トンプソンは、ハワイにいた若いころ、自分をマイノリティと思ったことがない。マジョリティであって、みんな大統領になることさえ可能だと思っていた。ダニエル・イノウエ上院議員もスパーク・マツナガ上院議員もすでに誕生していた世代だ。しかし、本土のアメリカ人には、その感覚がまったく理解できていないと指摘する。
「ある会合で言いました。いつも自分のことはアメリカ人と思っていると。いろんなアジア系が混ざっているハワイ出身だと。ハワイでは主流多数派（マジョリティ）はいなかったと」

カネコの夫人も日系人だ。カネコは義理の母からこんな笑い話を聞かされたことがあるという。

「義理の兄が五年生ぐらいのときですね、彼が泣きながら家に帰ってこう言ったらしいんです。『ママ、誰かが僕のことジャパニーズだって言った！』って」

カネコは自分を「レギュラーな人」であり、「ハワイ人」だと考えている。カネコの祖父は真言宗の僧侶だった。父親は高校卒業後に朝鮮戦争に従軍した。戦線で捕虜となり三年間監禁される経験もした。アメリカを思う気持ちは深いが、アジア系への愛着も強いカネコは、オバマ政権の人事に安堵《あんど》した。日系のエリック・シンセキ退役軍人長官、中華系のゲイリー・ロック商務長官、エネルギー長官のスティーブン・チューなどオバマ政権におけるアジア系の登用がまずまずだったからだ。

ところで、本土からの出戻り組にオバマの関係者は少なくない。二〇〇七年にホノルルのハワイ日本文化センター専務理事に任命され、ハワイの日本文化継承を一身に背負うレニー・ヤジマ・アンドリューもオバマの同級生だ。オバマとヤジマは数学のクラスなどを一緒にとっていた。もう一人のアフリカ系にしてバイレイシャルのキース・カクガワも席が近かった。ヤジマの子供とマヤの子供は保育園の同級生で、マヤとは父母仲間だ。

ヤジマの半生はオバマと途中まで似ている。プナホ卒業後、本土に渡りアイビーリーグのハーヴァード大学を卒業した。夫もプナホの同窓生だが、やはり本土でスワスモア・カレッジを卒業している。しかし、ヤジマたちはオバマのように本土に残らなかった。故郷ハワイに戻り、ジャパニーズ文化継承の若き旗手となった。母リリアン・ヤジマは日系政治家の娘としてハワイの政治に貢献してきたし、ヤジマは福岡県人会の主要メンバーも務めている。ハワイで「桜の女王」にも選ばれた人望の厚さは、ホノルルの日系人社会の一致する見解だ。

ハワイには「ローカル」という独特の表現がある。ハワイで生まれ育ったアジア系、ポリネシア系などを指すことが多く、「彼はとてもローカルだ」という言い方をする。人種や民族を形容するような文脈で用いる言葉だ。白人の場合は「ローカル・ハオレ」という。プランテーション世代の祖父母を持ち、ピイジン英語を受け継ぐ文化を象徴している。新参者は、いくらハワイに馴染んでいても「ローカル」とは認められない。純粋に「地元民」を意味する英語のローカルとは、意味がまったく異なるプランテーションの歴史に根ざしたハワイ用語だ。

一見アジア系の外見で移民労働者の子孫に見えても、英語のアクセントで本物のローカルかどうかはハワイ人には一瞬で見破られてしまう。もちろん、例外もある。ハワイの地元テレビ局にニュース・アンカーとして出演しているキム・ゲンナウラは本土出身で、しかもイタリア系にもかかわらず「ローカル」を感じさせる存在として愛されている。そしてハワイ関係者によれば、オバマはこのハワイの「ローカル」の薫りがとりわけ濃厚だという。

「白と黒」のパラダイムを越境して

オバマの背景はあまりに個性的で風変わりなものなので、特定のエスニックな分類にあてはめるのは難しいと指摘するのは、ハワイ大学人類学部教授で日系人のクリスティーヌ・ヤノだ。

「オバマがどこかのエスニックな分類に仕分けされることは、理解できなくはありません。しかし、オバマの個人史をめぐってですら、あまりに多様なカテゴリーに分岐しています。同じオバマを再生することはできないし、そこにパターンを読み取ることも難しい。これが問題の一部としてあります。だからこそ、オバマとは何なのか、オバマをどう認知すべきか、オバマは自分をどう分類しているか、議論がやまないわけです」

オバマのアイデンティティの複雑さの根底には、白人とアフリカ人の混血であるということ以上に、ハワイの独特な環境が影響している。ヤノも、個人的経験から、ハワイで育つことはきわめて異質な体験だという。例えば、ハワイではアジア系の子孫ですら、お互いを同じグループと感じる必要がない。ハワイのジャパニーズは、フィリピン系、コリア系、中華系と同じ何かのグループに属するとは意識しない。ハワイにはアジア系アメリカ人という概念がないというのは、社会人類学者ジョナサン・オカムラが唱えてきた学説だ。ヤノはこう続ける。

「アイデンティティは、自分がどう認知するかによっても、状況や目的によっても変容します。アイデンティティは政治的に、特定のことがらをめぐって操作されることがあります。ある状況でXというアイデンティティが有利であれば、別の状況ではYが有利なこともある。誰もが一つのアイデンティティに属さなければいけないとは思いません。ただ、ハワイで育ち、またインドネシアで育つということは、分類に対するこだわりを薄めるように思えます。あまりにも複雑だからです。常に複雑さのなかを生きるわけです」

オバマの事例を「特異」という言葉で形容するヤノは、父親オバマ・シニアと比べて、母アンのオバマへの影響が過小評価されていることも指摘した。

「家庭での育ち方の点で、オバマの背景が非常に特異だったことに注目することが大切だと思います。母親が対抗文化《カウンター・カルチャー》の一九六〇年代、一九七〇年代の申し子だったこともあるでしょう。母親の精神を理解することが、オバマが何者であるかを知る上で、大変重要だと思います」

「白と黒」の二項対立のパラダイムに閉じ込められがちな本土の人種政治を、アジア系、そしてハワイの日系人は第三の位置から俯瞰する。「ハワイ出身のハパ」という独自の出自を持つオバマを「黒人政治家」というカテゴリーに収容することは、オバマの複雑さを見誤ることにつながらないだろうか。「私たちはバリーを黒人だと思ったことは一度もありません。バリーはバリーです」と言うプナホの仲間たちの感情は、政治的意図のない素朴なものだ。

摑《つか》むアイデンティティ、見えないエスニシティ

オバマがどのカテゴリーにもあてはまらないという現実は、旧来のアメリカのエスニック集団のカテゴリー分類が、実状に即していないという現実を逆に浮き彫りにしている。アメリカという国に存在する人種やエスニシティは、もっと多様なものではないかという議論は前々からあった。オバマの大統領就任からひと昔前の二〇〇〇年、『ニューズウィーク』誌（九月一八日号）は異人種混合のアメリカ人が、アメリカの社会に浸

透しつつあることを特集している。

しかし、現実的にはエスニック分類は相変わらずだ。選挙の現場は、アウトリーチという投票集団別のアプローチで、女性、同性愛者などのジェンダーや性的指向、退役軍人、障がいの持ち主、労働組合などさまざまな縦割りの区分を土台にする。エスニック票とは、アングロサクソン系白人のプロテスタント信徒以外を指すが、黒人、アイルランド系、東欧系、ユダヤ系、アジア太平洋諸島系という分類は相変わらずだ。そこには当然「ハパ（マルチレイシャル）」はない。

エスニック集団は、必ずしも人類学的な分類ではない。むしろ、アメリカの歴史における集団的共有感に根ざしたものだ。アメリカ先住民がいて、イギリス系、それに遅れてドイツ系などが来た。南部のプランテーション時代には黒人奴隷が連れて来られた。ポテト飢饉《ききん》でアイルランド系が到来し、二〇世紀になるころにイタリア系や東欧系、そしてユダヤ系が多く流れ込んだ。

その間、中華系や日系も入り込んできたが、ハワイや西海岸の一部に限定され、数も少なかったので、東海岸の「主流」の移民史には刻まれなかった。その後、移民法改正で一九六〇年代に、韓国系、フィリピン系などが大量に移民し、アジアからの移民数が増えた。近年ではメキシコ系を中心にヒスパニック系の数も一九八〇年代以降に、ますます増加している。

こうしたアメリカ移民史のなかで、各集団は同時代の仲間意識を築いた。とりわけアフリカ系は、奴隷制という辛酸を舐《な》めるなかで結束を増した。公民権運動でそれは結晶した。現代の人種アイデンティティにも、こうした歴史に根ざした仲間意識がある。それは、旧来的な「血の一滴ルール」で黒人として「名指し」されるからではなく、アフリカ系としての誇りを自ら「名乗る」行為だ。ハワイを離れたオバマが、本土で摑んだ道はこれだった。

オバマの特徴である「マルチレイシャル」は、共通の歴史記憶や政治利害を持った「集団」とは言いがたい。アイルランド系と黒人と日系とヴェトナム系の血が流れている、というふうにどんどん起源の数だけ無限に細分化、個別化していく。祖先のルーツに誇りは持っても、「ハパ」であることは集団意識を形成しにくい。

しかし、「ハパ」の大統領が誕生したことで、アメリカの数多くの「ハパ」の心のなかに、見えない誇りが芽生えたことも事実だ。黒人初の大統領、でも「ハパ」だからもっと誇れる。オバマのことをそう思う人もいる。「見えない」エスニシティだ。旧来のエスニック集団分類と肩を並べるものではないが、べつの次元では、まぎれもなく存在している「誇り」と「共感」である。

先に紹介したフルベックの写真集に出てくる総勢一二〇人の「ハパ」による、「自分は何者か」を綴《つづ》ったメモをあらためて眺めていると、アメリカの旧来のエスニック分類には収まらない複雑で魅力的なアイデンティティも、さらに二層、三層の構造で渦巻いていることがわかる。

オバマの意義はここにある。オバマは初の黒人大統領だが、二層目、左右には違う共鳴の仕方がある。ヤノが言うように複雑なのだ。オバマは、旧来の人種エスニック分類と、それらを斜めに横断してしまう「見えない」エスニシティの双方を体現している。

フルベックは、取材先で出会った白人と黒人のバイレイシャルの女性の言葉を記している。

「ねえ、私もハパよ。私たちは皆かつて大きな一つの大陸にいたんですから。そうじゃなくて？」

プナホ・スクールのクスノキは教え子をこう総括した。

「〝アジア系初の大統領〟と呼ぶのは、少々単純化のきらいもあるでしょう。しかし、インドネシアとハワイで育った彼が、アジア人の微妙な感情や文化がわかるのは事実です。アジア文化に明るい、稀有《けう》な大統領であることは間違いありません」

ジューン・シーがマヤの存在からオバマを「初のアジア系大統領」としたのは、的外れではない。二〇〇八年は、アジア系が大統領選で近年稀《まれ》に見る存在感を示したからだ。マヤはオバマ陣営に早期から参加し、メディアへの露出も厭《いと》わずに兄を支えた。デンバーの民主党大会では、インドネシアの血を引くマヤの演説はアジア太平洋諸島系を歓喜させた。党大会ではアジア系だけの決起集会も盛大に開かれ、オバマを表紙にしたアジア系エスニック刊行物が会場に溢れた。

「二層の故郷」とオアフのバリー

ミシェル夫人は、二〇〇四年の上院選を取材していた『シカゴ・トリビューン』のデイビッド・メンデルに、オバマのことを本当に理解したければハワイに行くべきだと勧めたことがある。いくらオバマがケニアの父をめぐる精神的ルーツを書き綴ろうと、太平洋の諸島こそがオバマの複雑な人格の背景にある答えだと考えているミシェルは「ハワイを理解できなければ、オバマを理解できない」とまで断言している。

オアフ島に帰れば、オバマはいつでも「ハパ」であり「ローカル」だ。ハワイに帰省したオバマは、すっと「ローカル」に戻る。草履ばきの短パン姿で、シェーブアイスをかじりながら、ホノルル周辺を「ちょっと出てくる」と言ってはうろうろし、シークレットサービスをあたふたさせる。上院議員時代はあまりに自然にふらふらしていて、追いかけてきた報道機関のカメラマンもその姿に啞然《あぜん》とした。オバマは気の向くままジッピーズに立ち寄り、かつてアルバイトをしていたバスキンロビンス（サーティーワン）でアイスを買う。

オバマにとって、ハワイは緊張感と無縁の土地である。土、いや海に還《かえ》るような心境になれる地だ。一九九五年、母アンの葬儀が約二〇人の近親者だけで、ハワイ大学の日本庭園で執り行われた。車列はサウスショアのハナウマ湾の先に向かい、サンディ・ビーチ北側岸壁から遺灰が撒《ま》かれた。オバマが趣味のボディサーフィンに通っていた海岸である。アンが望んだ埋葬場所だった。ボディサーフィンで海と溶け合うとき、オバマは文字どおり母なる海と溶け合う。周囲の環境によって自然に形成された人間オバマの深部は、間違いなくハワイにある。それはただの出生地ではない。オバマは心の故郷ハワイを、政治闘争の血なまぐさい戦場からかくまった。ハワイには、シカゴやワシントンの政治抗争の流れ弾はやって来ない。

ハワイ人の一部には、オバマがハワイ州から立候補してくれなかったことに、期待感と裏返しの不満もある。ある州職員は、「本当にハワイが好きなら、ここから立候補してくれたはず」と悔しがる。しかし、そうしなかったからこそ、オバマはいつまでもオアフでは「バリー」のままであり、毎年気兼ねなく帰省できるのだ。

瞬時に草履ばきのバリーに戻れる。政治とまったく無関係の空間を持つことは、政争の緊張感に圧迫される政治家にとって、心理的な隠れ家であり、エネルギー補充の秘訣《ひけつ》だ。多くの政治家にとって、生まれ故郷と政治活動の戦場たる選挙区は同一であり、心が休まらない。

オバマには、シカゴという市民活動の現場にして選挙区がある。一方でその「九時間先」に、母なる海と、いつでも両手でバリーを抱きしめてくれる真の安息地がある。この「二層の故郷」はオバマにとって強みだし、ハワイに過度に政治を持ち込まないオバマらしさだった。

ホノルルの暮らしとプナホ・スクールは、オバマにとって「日本」との再会の場でもあった。オバマは一九六七年にインドネシアへの引っ越しで、経由地だった日本に滞在している。実はオバマにとって人生で初めての外国は日本である。東京オリンピックを経て高度成長の勢いに乗る東京に、アンとオバマは飛び出した。アリス・デューイは言う。

「乗り継ぎのためであった羽田空港から出て、あちこち遠征するなんて、アンらしいです。アンは新しい土地に行くといろいろ見て回らないと気が済まないの。何があるのかしら、この国にはどんな美味《おい》しい食べ物があるのかしらってね」

アンはオバマの手を引いて湘南《しょうなん》の海を望む鎌倉を駆け回り、大仏鑑賞を堪能《たんのう》し、湖で遊覧船に乗り抹茶のアイスを食べた。「新幹線に乗ったことがある」と語っているオバマは、小田原や熱海《あたみ》の丘陵を小さな目に焼き付けたのかもしれない。

オバマにとってのジャパンは、教科書のなかの日本ではない。日本人に対するイメージは軍事的あるいは経済的な「侵略者」である以前に、サトウキビ農場で手に豆をつくり、アメリカ兵として第二次世界大戦に参戦し、収容所生活を強いられた人たちとして記憶された。その子孫が恩師であり友だった。ハワイの歴史を抱きしめるオバマはこう綴っている。

「ネイティブ・ハワイアンとの契約は破棄され、使節団によって病気が持ち込まれた。火山の肥沃な土地は、アメリカの企業がサトウキビやパイナップルのプランテーションに利用した。契約労働によって、日本人、中国人、フィリピン人の移民は、夜が明けてから日が暮れるまで働かされ、戦時中は日系アメリカ人が収容所に入れられた。これらはすべてつい最近の出来事だ」

三月のオアフ島の夕日がようやく沈みかけていた――。観光客で満席に近いトローリーバスが、アラモアナ方面からワイキキに向けてよちよち走っている。「バリーの根源を、誠意をもって探求する人ならば、私たち七九年組の一員です」と言うフルシマに導かれ、アンの遺灰が撒かれたサウスショアの岸壁で手を合わせたのち、オバマの祖父スタンリー・ダナムの墓参りを兼ねて、ホノルルを見下ろすパンチボウル国立太平洋記念墓地の高台に登った。ダイヤモンドヘッドからホノルル中心部、真珠湾まで、オアフ島の南側が一望できる。ホノルルの市街地にいるとつい忘れてしまうが、ここは太平洋に浮かぶ小さな島なのだと、当たり前のことをあらためて思い知らされる。

半年間で三度にも及んだハワイ取材でのプナホの同窓生たちとのかかわりは、日系政治やネイティブ・ハワイアンの伝統の学習にまで及んだ。しかし、ミシェル夫人の言葉を借りれば、まさにオバマを知ることはハワイを知ることであり、遠回りのようでも、ここを通過せずにオバマは見えないのだ。

オバマが育ったオアフはこんな島であり、オバマが青春をともにした島の仲間はこんな人たちである。シカゴの「初の黒人大統領」という触れ込みが先行するオバマにとって、ハワイという安息地の意味は、アメリカでも語られることはあまりに少ない。「パラダイス」と「パールハーバー」に矮小化《わいしょうか》される、ハワイ史の独自性に対する過小評価が本土にまだ残っているのだとすれば、ことオバマ理解に関しては由々しきことかもしれない。オバマほど、ハワイの産物たる「ハパ」はいないからだ。ケニアの血を受け継ぐアフリカ系であるとともに、文化的にはアジア太平洋人である。父オバマ・シニアのアフリカ文化とアジアに生きた母アンのリベラルな生きざまを大きく抱擁したオアフの海とアロハ精神が、バリーの原点にある。

しかし、それは「バラク」ではなく「バリー」であることも忘れてはならない。バリーが「バリー」のままで島の仲間たちの記憶に脈々と生き続ける一方、オバマはいつのまにか「バラク」へと進化を遂げていったからだ。目指す先は、ハワイ人が「メインランド」と呼ぶ本土のアメリカにあった。

第3章　「詩人」の大統領

――「知」をめぐる覚醒

オクシデンタル・カレッジ正門。ロサンゼルス郊外の住宅街にある同大学の2年間で、オバマは国際交流と学問の喜びを知る。（著者撮影 2009年）

マンハッタン西109丁目のアパート。オバマたちの部屋は3階だった。1981年撮影。
(Phil Boerner 提供)

1981年秋、コロンビア大学編入直後のオバマ（左）とルームメイトのフィル・ボーナー。
（いずれもPhil Boerner 提供）

1980年オクシデンタル・カレッジ時代のオバマ（19歳）。撮影した友人エリック・ムーアは、オバマを愛称Barryではなく実名Barackで呼び始めた。
（Eric Moore 提供）

オクシデンタル・カレッジの図書館でのオバマ。(Thomas Grauman 提供)

1981年、ハッサン・チャンドゥー(左)とオバマ(右)。当時の親友には外国人留学生が多かった。作家オバマ青年の作品が掲載された学内文芸誌の創刊者グラウマン撮影。(Thomas Grauman 提供)

1981年、マーゴ・ミフリン(右)とオバマ(左)。ミフリンはのちに文芸からジャーナリズムに転じた。作家オバマの理解者にして良きライバルだった。(Thomas Grauman 提供)

オクシデンタルという世界との接点

二〇〇八年八月、デンバーの屋外競技場インベスコ・フィールド──。花火が夜空に打ち上がるなか、民主党大統領候補として受諾演説を済ませたバラク・オバマは、一目散に競技場の真下にある一室に向かっていた。

階下で待ち構えていたのは、スティービー・ワンダー、ハービー・ハンコック、オプラ・ウィンフリーなどアフリカ系のセレブリティに交じって、特別招待で集まったオバマ夫妻の学友たちだった。オバマのハワイ以来の同級生たちに加えて、ミシェルもプリンストン大学の旧友などを招待していた。そのなかでひときわ目立っていたのは、オバマのオクシデンタル・カレッジ同窓生の「多民族グループ」のテーブルだった。

一九七九年、オバマはカリフォルニア州ロサンゼルス郊外イーグルロックのオクシデンタル・カレッジに入学した。伝統的に留学生の受け入れに熱心な大学で、この時期にできたオバマの親友も国際色豊かだった。この日のスナップに仲良く写るのは、地元カリフォルニア出身の白人弁護士ポール・カーペンター、コロラドでIT関係のビジネスを成功させているインド人のヴィナイ・サマラパリー、アラブ首長国連邦出身でボストンの銀行家イマッド・フセイン、そしてロサンゼルスで不動産業を手がけるアフリカ系のエリック・ムーアらだ。

白人、南アジア人、黒人——、プナホ時代は日系人などアジア系が大半で、ハオレ（白人）とごく少数の黒人と付き合いがあったオバマの多文化的交友関係は、オクシデンタル時代に国際的な幅を広げた。

オバマが駆け足で次のイベントに向かったあとも、夫妻の学友はその場に残り、交流を深めた。デンバーはオバマ夫妻の旧友一同が集う、文字どおり「大同窓会」の場となった。このころになると、私や周囲の民主党関係者も競技場を後にし始めていた。マケイン陣営のサラ・ペイリンの副大統領候補起用の報《しら》せが流れ、オバマ陣営と民主党が蜂の巣を突ついたような騒ぎになる数時間前、つかの間の晩餐《ばんさん》だった。

オクシデンタル時代、オバマにアフリカ系としてのアイデンティティをめぐって、覚醒的な影響を与えた黒人が、右に紹介したエリック・ムーアだ。不動産会社の重役を務めるムーアと私は、ロサンゼルスのオフィスからほど近いレストランで食事を囲んだ。

「ワタナベさん、ようこそロサンゼルスにいらっしゃいました」

流暢《りゆうちよう》な日本語で迎えてくれたムーアは、日本と浅からぬ縁がある。ムーアは空軍勤務の父の転勤で、生後六カ月で日本の横田基地に引っ越し、そこで四年を過ごした。ムーアの母親が日本の暮らしに馴染《なじ》もうと日本語を熱心に勉強していたことが、幼いムーアの親日性を育《はぐく》んだ。

私も横田基地のある東京・福生市で生まれ、小学校入学までを過ごした。ムーアと時期はずれるが、基地のフェンスの向こう側で行われる一年に一度のフェスティバルや街を闊歩《かっぽ》する米兵の記憶は消えない。ムーアが幼少の原風景として脳裏に刻んだように、私にとっての日本のなかのアメリカの原風景だ。オウメライン、タチカワは、ムーアと私の接点を一瞬のうちに呼び起こした。

ムーア一家は日本のあとドイツに引っ越したのち、帰国しコロラド州に落ち着いたが、のちに父はワシントンの国防総省勤務となる。白人ばかりのコロラドの街に違和感を持っていたムーアは、多様性を求めて国際的な大学を志望していた。オバマよりも一年早くオクシデンタルに入学したムーアにとって、ロサンゼルスはフレッシュな街だった。

ムーアも他のオクシデンタル生と同じように、平均的アメリカ人のなかでは国際派に属する家庭環境だった。ハワイに欠落していた黒人文化をオバマが求めていると直感し、瞬時に打ち解けたという。非黒人が多数派の環境で高校までを過ごしてきたティーンとして、お互い同じようなアイデンティティを探しているような気がしたのだ。

ムーアの母は医師一家のアッパーミドル階級として、ルイジアナ州バトンルージュで育った。人種隔離時代の南部では、黒人社会のリーダーはホテルに宿泊することができなかったので、医師や弁護士など黒人社会の有力者の家にかくまわれるように滞在した。ムーアの母の実家も、アフリカ系作家として著名なラングストン・ヒューズを常連客として泊めた。夜明けに目を覚ますとキッチンテーブルにヒューズがいて、ムーアの母にいろんな話をしてくれたという。

人種隔離時代の黒人コミュニティの逸話を母親から聴かされて育ったムーアは、アフリカ系文化への愛郷心を醸成し、確かなアイデンティティを渇望していたことで、同じ思いを抱《いだ》いてきたオバマの気持ちをすぐに理解できた。ムーア一家のルーツはカリブ海にある。奴隷貿易を通じたアフリカ人の民族離散の過程に深い興味を持っていた。

「オバマがオクシー（オクシデンタル大学の愛称）に現れたとき、彼の文化的基盤はなんというか、むしろアジア人というかハワイ人でした。少なくとも、いわゆるアフリカ系アメリカ人ではありませんでした。彼はとにかく〝本土〟に来たかったのです。〝アメリカ合衆国〟の経験を欲していました。だから、お互いすごく似たものを感じました」

ムーアが当時撮影したものに、エキゾチックな緑のシャツでポーズをとるオバマの写真がある。袖の部分の模様はアフリカ風だが、身頃の模様はインドネシアのスラバヤなどに伝えられるデザインだ。普段のオクシデンタル時代のオバマの身なりは、ハワイのサーファールックそのものだった。同級生で当時写真家を目指していたリサ・ジャックが、肖像写真のモデルをオバマに依頼したことがある。オバマは「いいよ」と快諾した。このころまでのオバマは、煙草《タバコ》をくわえていてもどこかあどけなさが漂った。

「バリー」が「バラク」になったとき

ムーアは、オバマに会ってすぐこんな質問をした。

「君はアフリカ系のブラザーなのに、バリー・オバマなんて名前なのは、いったいどういうことだい?」

オバマとムーアは、アフリカ系意識への目覚めから「ブラザー」と呼び合っていた。質問は、ちょっとしたからかいのつもりだったが、オバマが真剣な眼差《まなざ》しで訥々《とつとつ》と語りだした。

「実は、本当の名前はバラク・オバマというのだけど、あまりにも呼びにくいから使っていない。お父さんの名前だということをたまには説明するよ。お父さんはケニア人で、お母さんはカンザス州出身なんだ。お父さんもアングロサクソンの欧米世界ではバリーと呼ばれていたから、自分もずっとそのバリーで通している。常に自分の名前の由来を説明しなくていいし、純粋にシンプルだから、バリーだったんだ」

それを聞いたムーアはこう言った。

「あのな、いいか、バラク・オバマってのは力強い名前だ。それは君のアフリカの名前だ。僕はアフリカ文化を誇りに思うし、君の本名も誇りに思う。君さえ嫌じゃなければ、ぜひバラクと呼ばせてほしい」

それ以後、ムーアはバラクと呼び続けた。大学時代、オバマのことをバラクと呼ぶのはムーアぐらいだった。ムーアは「バラク」を浸透させるため、わざと大きい声で「バラク！」と遠くから呼んだり、知人にも「彼はバラクだよ」と紹介してまわった。

オクシデンタルは、私学のリベラルアーツ大学である。日本と異なり、アメリカの大学には多様な選択肢がある。大学院の学位が最重視されるアメリカでは、大学までは地元色が優先されることも少なく、必ずしも学力順に日本でも有名なアイビーリーグのような大学に入るわけではない。州立大学やリベラルアーツ大学にも優秀な学生は多い。

しかし、リベラルアーツ大学が他と違うのは、私学ゆえの学費の高さだ。誰でも払える金額ではない。フランス、ドイツ、インド、パキスタン――留学生の受け入れに熱心で国際性豊かなオクシデンタルの唯一の弱点は、経済的環境が似通っていたことだった。留学生を含め、多くの学生が出身地域内のアッパーミドル階級だった。その点、オバマとムーアは奨学金組なので自費組とは異質だった。

寮は小さな二段ベッドの部屋だった。オバマは白人でニューポートビーチ出身のポール・カーペンターとアラブ首長国連邦のドバイからの留学生イマッド・フセインとの相部屋だった。大学付近でアパート暮らしをするようになってからも、夕食は誰かの家に集まり、各自がお国自慢のエスニック料理をつくり持ち寄るポットラック方式だった。オバマはここで南アジアの親友からカレーのつくり方を学び、のちにニューヨークのアパートで知人に振る舞った。寮の友人を訪ねては、廊下に座り込んでビールを飲んだ。パーティは頻繁だった。しかし、オバマは恋愛の駆け引きよりも、プラトニックで知的なディスカッションを好む学生だった。

ボブ・マーリーな日々

オバマとムーアはレゲエを愛好し、とりわけボブ・マーリーに執心した。ポップ音楽としてではなく、世界の社会正義、平等と自由を歌うマーリーの詩の力に惚《ほ》れ込んでのことだった。マーリーは一九三〇年代に、ジャマイカの農民や労働者から発生した、ラスタファリズムというアフリカ回帰運動の中心人物だった。

オバマとムーアは一九七九年のアルバム『サヴァイヴァル』の詩の意味を解釈すべく、キャンパスに座り込んでは熱い議論を交わした。『サヴァイヴァル』はアフリカ解放が主題である。二人は歌詞カードを熟読し、マーリーのメッセージを少しでも逃すまいと吸収に努めた。ムーアは「マーリーの音楽はオバマの人生、政治観に絶大な影響を与えている」と断言する。

スティービー・ワンダーもオバマたちのお気に入りだった。ある日、ダウンタウンにあるシビックセンターで、ワンダーの無料コンサートが開かれるとの情報が舞い込んだ。興奮したオバマたちは、一目ワンダーの姿を拝もうと大騒ぎになり、友人の小さなポンコツ車に押し合いへし合いして乗り込んで、郊外にあるオクシデンタル・カレッジからワンダーのコンサート会場まではるばる足を運んだ。ハワイや世界各地から集まった、出会ったばかりのオバマたちにとって、絆《きずな》を深める小さな旅だった。

そのスティービー・ワンダーがオバマの大統領選を応援し、オバマを恭しく表敬する情景を指して「これぞまさにシュールリアルだな」とムーアは呟《つぶや》く。

一九七〇年代末から一九八〇年代冒頭のオバマの青年期の音楽シーンは玉石混淆《ぎよくせきこんこう》で、ムーアが言うところの「ゴミのような音楽」も多数存在したが、オバマたちは取捨選択しながらジャズ、R&B、ソウル音楽などに深入りした。マーヴィン・ゲイ、アース・ウインド&ファイアーも好きだった。

ムーアとオバマはキング牧師やマルコムXについて深く議論をしなかった。一つは、それらは高校時代までに読み尽くされた当たり前の通過儀礼であり、彼らの胸の内にすでに浸透していたこと。そしてもう一つには、目の前に学生の注目を喚起する内外の社会変動があったからだ。

海外では、南アフリカのアパルトヘイトをめぐる、ネルソン・マンデラの闘いに注目が集まっていた。国内では、共和党のレーガン政権の始動前夜だった。ムーアは、学生運動員としてエドワード・ケネディの予備選をキャンパスで応援した。一九八〇年の大統領選では、イランのアメリカ大使館人質事件で現職のカーターが苦戦を強いられ、民主党からカリフォルニア州知事のジェリー・ブラウンとマサチューセッツ州上院議員のエドワード・ケネディが予備選に名乗りをあげ、民主党の予備選は混戦模様となっていた。再選に臨んだ民主党のカーターは敗れた。レーガンの勝利は、リベラルにとっては深刻な挑戦と危機として受け止められた。

レーガン政権はソ連への対抗を強めるために、反共産主義勢力を支援した。ニカラグア革命派政権のサンディニスタに対抗する武装集団コントラへの訓練支援などだ。一九八三年にはグレナダに軍事介入した。こうした「強いアメリカ」のレーガンに抗《あらが》うように、また南アフリカのアパルトヘイト問題に呼応して、オクシデンタルの学生たちも政治色を増していった。もちろんそれはオクシデンタル特有のものではなく、当時の全米各地のリベラルなキャンパスと足並みを揃《そろ》えたものだった。

一九八〇年二月一八日、思いがけずオバマの人生初演説の機会がやってきた。二月の南カリフォルニアは暖かい。事務局棟クーンズホール前でアパルトヘイト抗議集会が、パキスタン留学生のハッサン・チャンドゥーとオバマの企画で開かれた。ムーアに続いてオバマも壇上に登ることになった。三〇〇人の学生と教授からなる聴衆の熱気が立ち込めていた。演説にはこれといった統一性がなかった。ヒスパニック系のレベッカ・リベラは、人種差別について感情を込めて話した。アパルトヘイトとはあまり関係がなかったが、後方にいた黒人女学生二人は飛び跳ねて喜んだ。

オバマは、多文化教育に力を入れるべきで、南アに投資すべきではないと訴えた。この日のオバマは数多くのスピーカーの一人にすぎなかった。白人に言論を封鎖される黒人という筋書きの寸劇が始まり、オバマの演説は二人の学生の乱入によって短く打ち切られた。しかし、オバマはここで初めて人々とつながる実感と感動を得たとムーアは言う。

「力強いディープボイスで、今と変わらぬ演説能力でした。バラクは聴衆の目をじっと見据え、聴衆は聴き入りました。並外れた存在感があったのです」

同級生のマーゴ・ミフリンは、オバマの大統領就任二日前の『ニューヨーク・タイムズ』に〝その日のこと〟を寄稿した。

「オバマは自著であの抗議集会は何の変革も生まなかったと書いているが、オバマは間違っている。オクシデンタルの集会開催はあまりに遅すぎたが、それでも三〇〇人の学生が集まった。地理専攻からアート専攻の学生まで、役者に運動選手、留学生から砂まみれの髪の毛のカリフォルニア人までが、肩を組んで笑い、そして演説に怒鳴り返した。それは政治的に啓発されたある同志の誕生であり、あのオバマの二〇〇八年の選挙集会にあまりに酷似していた」

オバマが〝その日〟無意識のうちに目覚めたのは、演説能力ではなく、演説で世の中とつながる共振のパワーだったのだろう。

ルオ族

オクシデンタルが普通のアメリカの大学とは毛色の違う国際大学だったことは、種々の海外プログラムに表れている。週末だけメキシコに入って、ホームレスのメキシコ人家族のためにワンルームのキャビンを建てる「プロジェクトアミーゴ」には、オバマと同世代の多くの学生が参加した。学内の国際交流サークルも盛んだった。

また、北米全体から集まる学生がアフリカの地域開発ボランティアに派遣される「クロスロード・アフリカ」の中心的な主催大学だった。書類選考や面接を経て二〇〇人ほどの学生が選ばれる。ムーアが参加した一九八〇年の夏、プリンストン大学で一週間のオリエンテーションが行われた。ここでどの国に派遣されるかが告げられる。発表されたムーアの派遣先は、オバマの父の故郷、ケニアだった。まったくの偶然である。

六、七人の小さな班に分けられ、藪《やぶ》のなかにある小さなクリニックで働いた。ケニア西部のヴィクトリア湖に近いキスムから一一二キロメートルほど奥地である。電気も水道もない土塀の家に滞在したが、現地の人々は温かかった。ムーアにとって二度目の偶然は、この地域がバラク・オバマ・シニアの出身部族ルオ族の居住地域だったことだ。当時存命だったオバマの父もムーアがちょうど現地にいた時期、ケニアにいた。ルオ族はナイル語族に属し、スーダンやタンザニアにかけての広い地域に存在する。ケニアでは、キクユ族、ルヒャ族に次いで三番目の規模の部族だ。

オバマ自身は当時まだケニアに行ったこともなければ、ルオ族に会ったこともなかった。オバマの身代わりのように一足先にルオ族との出会いを果たしたムーアとオバマの絆が深まったのは、言うまでもない。しかし、オバマはケニアについて多くを質問しなかった。オバマがケニアについて覚醒するのは、もう少しあとになってシカゴ時代に異母兄弟に会い、一九八八年にケニアを初訪問するときのことだ。

アメリカの国際派の学生の海外体験には、外国文化へのエキゾチックな憧れ以上の動機がしばしばある。世界中にルーツが分散する多民族国家アメリカ特有の「ルーツへの好奇心」だ。ルーツへの好奇心の発芽の濃度には個人差、地域差がある。ユダヤ系は、イスラエルへの旅を特別なものとして重視する。足を運ぶことによって文化や歴史とのつながりを体感する。

アフリカ系アメリカ人の若者が、アフリカやカリブに旅するのは、そこが約束された土地、ユートピアだからではなく、現地の人と触れ合うことでルーツとの絆を体感する素朴な経験を求めてのことだ。ムーアは、アフリカの民芸細工などアートの山を背中いっぱいに背負って帰国した。アメリカの移民文化は、時とともに薄まるどころか、出身国や地域との同時代交流によって再活性化することがある。

しかし、このころのオバマは黒人以外の友達にとっては多元的な存在で、必ずしも「黒人」ではなかった。オクシデンタルの同窓生のなかに「え？ いつからバリーは黒人になったの？」という錯乱にも近い困惑の声がわっと漏れたのは、「初の黒人大統領」誕生を懸けた二〇〇八年大統領選報道が始まってからだ。マーゴ・ミフリンはこう振り返る。

「当時の友人から電話を受けました。彼女は立腹していました。バリーは黒人であるのと同じくらい白人だったのに、と言うのです。彼女はバリーを批判していたわけではありません。彼を黒人としか描かないメディアを批判していました。とにかく理解できないと。それで私たちのあいだでも、白人、黒人、ミックス、どう彼を認識していたかについての議論が花開いたのです。私は個人的には、彼を黒人と思っていました。バリーのお母さんが白人だと知らなかったからです。人種の話をあまりしなかったのです」

ムーアのような「ブラザー」仲間がいた一方で、オバマはすべての親しい友達に、複雑な生い立ちや人種のことを語るわけではなかった。周囲は「バリー」について、白人、黒人、ミックス、あるいは人種を意識しない存在として、思い思いのオバマ像を描いていた。オバマのアイデンティティは、周囲の「名指し」に委ねられたとき、万華鏡のように変幻するものだった。

メインランドの日系人との邂逅《かいこう》

オバマはオクシデンタルでも日系人に出会った。しかし、本土の日系人はハワイの「ジャパニーズ」とは少し違う歴史を持っていた。ハワイとインドネシアに限定されていたオバマのアジア観、日系人観は一気に幅を広げる。

オバマの同期生の日系人に、現在母校オクシデンタル・カレッジで助教授を務めるマーサ・マツオカがいる。マツオカの専門は都市計画である。オクシデンタル・カレッジ卒業後、カリフォルニア大学ロサンゼルス校で博士号を取得した。オバマが一般に広めたコミュニティ・オーガナイズによる地域活性論も専門で、オクシデンタルのクラスでは、コミュニティ・オーガナイズとリーダーシップ育成の実践プログラムも授業に取り入れている。

二〇〇九年五月、私がマツオカに会ったとき、マツオカはラスベガスからロサンゼルスに戻ったばかりだった。母方の一家は日系人収容所の同窓会を毎年欠かさず開いているが、その年も四〇〇人ほどの収容者の子孫たちがラスベガスに集まっていたからだ。

「日系人は一人残らず皆収容所行きで、全員が一からの再スタートを強いられました。収容所では、日本での出身階級やアメリカにどれだけの資産を築いていたかなどということは意味を持ちませんでした。父方の一家は苦い思いをしました。日本には財産もあったし、移民としての成功もありました」

階級や富による格差が収容所で強制的に解体されたことで、移民は平等にゼロになり、このことが独特の結束力を強めた。強制収容所の経験がなければ、本土の日系人のアイデンティティは、少し違った道を歩んでいたかもしれない。

マツオカはサンフランシスコ湾岸エリアのリッチモンドとバークリーに挟まれたエルセリトで育った。リッチモンドは人種によって分離された街で、白人層は丘陵地帯に住み、アンダークラスのアフリカ系が丘の下に住む。バークリーはリベラルで人種的に混ざり合った街だ。一九六〇年代のマツオカの近隣は比較的多様性に富んでいた。隣は中華系の一家で、後ろにメキシコ系一家がいた。

マツオカは公立学校に通った。公立に行くということは、バス通学をすること、そしてバスで黒人の子供たちと同乗することを意味した。なかには丘陵地帯の白人の生徒もいた。彼らの両親はみな、専門職階級だった。街ごとに階級で分離していたが、公立学校内でのマツオカの友人関係は多様だった。

マツオカの仲良しグループは、フィリピン系、黒人、白人、そして日系人のマツオカの四人組だった。マツオカたちは自分たちのグループを「国連」と名付けた。オバマたちがプナホで結成した「アメリカ人種混合国」のようだ。マツオカ世代のカリフォルニアの日系人は、公立学校内で個人単位では多様なエスニック集団と交わり、家族単位では地域の野球大会、教会、バザーなどの行事を通じて、日系コミュニティに包含されるという「両輪」で育った。

そんなマツオカにとって、オバマとともに過ごしたオクシデンタル時代はカルチャーショックだった。公立エルセリト高校が三〇〇〇人規模だったのに比べると、オクシデンタルは学生数が少なく白人率も高かった。有色人種の学友と出会うまでは、キャンパスに文化的魅力を感じられなかったという。わずかに存在した日系人の大半も、オクシデンタルが提携を結んでいるハワイからの学生だった。オバマの高校の先輩のカネコが言うように、ハワイの日系人と本土の日系人にはさまざまな文化差がある。オバマがそれまで馴れ親しんできたのはハワイの日系人だった。

さらに、マツオカが疎外感を感じたのは公立校出身という「階級差」だった。肌の色や国籍こそ多様だが、他の学生たちが自分とはどこか違う階級の人間に思えたのだ。

「バリーやエリックにはとにかく驚かされました。私なんかよりも、仲間とうまくやっていく術《すべ》を身につけていました。バリーたちは、郊外のミドル階級の出身に思えました」

マツオカから公立学校出身組にとっては、オバマですら違う階級に見えた。マイノリティ系の彼らがのめり込んだのは、マルチレイシャル、マルチカルチュラルがいったいどういう意味なのかを探り、アイデンティティ探しをすることだった。しかし、アイデンティティ探しは、あるレベルから深くは進まなかった。キャンパスを取り囲む地域社会に、人種やマイノリティをめぐる現実の問題がなかったからだとマツオカは言う。

政治思想への目覚め、ニーチェを超えて……

二〇〇八年一一月、大統領選のさなか『ニューヨーク・タイムズ・ブックレビュー』は、オバマ陣営とマケイン陣営に好きな作家や愛読書を質問した。両陣営の回答は興味深い違いを示した。マケインの愛読書の大半が戦争関連であったのに対して、オバマのそれは哲学書や文学が多かった。E・ヘミングウェイの『誰《た》がために鐘は鳴る』だけ、両者の回答が偶然に重なった。

オバマは筆頭に、独立宣言を起草したジェファーソンのほか、ハミルトンらの『ザ・フェデラリスト』を挙げた。オバマが大学に入学して最初に受けたクラスの冒頭で扱った二作だったことを、ロジャー・ボエシェ教授は瞬時に思い出した。

ボエシェ教授が最初にオバマに政治学を教えたのは、一九七九年の秋学期だった。「アメリカの政治と法」という科目で、アメリカ革命から憲法議論までを辿《たど》るものだった。リンカーン、ポピュリスト、進歩主義などを概観し、ニューディール時代までを振り返るものだ。一〇〇人規模の大講義だったが、討論は小さなグループに分けられた。ボエシェは言う。

「オバマは、参加民主主義というジェファーソンの哲学に明らかに影響を受けていました。『ザ・フェデラリスト』も憲法の意義を説明するものですが、オバマ自身が憲法学者になってしまいましたね」

オバマの討論グループでの雄弁さは当時から際立っていたが、まさか大統領になるとは教授は想像しなかった。多くの優秀な学生のなかで、とりわけオバマをめぐる記憶で教授陣の間で鮮明なのは「バリー・オバマ」という耳慣れない名前だった。ハワイ時代と同じように、カリフォルニア時代のオバマはおおむね「バリー」で通っていた。オバマはボエシェが言うところの「中くらいのサイズ」のアフロヘアだったが、流行を追っていたからではなく、髪型に頓着していなかったからだ。「当時としては少し時代遅れだった」と周囲はオバマのヘアスタイルを回顧する。

ボエシェ教授との知的な縁は一九八一年の冬学期に引き継がれる。オバマはたった二年間しかいなかったオクシデンタルで、二度もボエシェ教授のクラスの門を叩《たた》いた。

「ニーチェから大統領まで」というゼミでは、トクヴィル、デュルケム、ニーチェ、フロイト、ガボール、サルダー、ハーバーマスなどを扱った。オバマが最も好きだった授業と語るこのクラスが、後のコロンビア大学時代の猛烈な読書につながる。「オバマは本格的にニーチェを読んでいた」とボエシェは言う。教科書として目を通すのではなく、じっくりと味わうことに目覚めかけていた。

プラトンから始まり、マキャベリ、ホッブズ、マルクスまでが一つの流れだった。エドマンド・バークには触れたが、ラッセル・カークなど同時代の保守思想家は扱われなかった。締めくくりはハーバーマスで『*Knowledge and Human Interests*』（一九六八年）や『*Toward a Rational Society*』（一九七一年）などハーバーマスのなかでも比較的初期の作品を課題とした。

ボエシェが「ハーバーマスのすべてを扱うことはできない。ごく一部を擦《かす》ったにすぎず、オバマにもその時点ですぐ影響を与えたわけではない」と言うように、ハワイから本土に来たばかりのオバマの網膜と大脳に急に押し寄せた思想と哲学の数々を、彼がオクシデンタルの二年間で消化したわけではない。オバマにとってオクシデンタルは「知」との邂逅の場であり、その「消化」はコロンビア大学時代を含むニューヨーク時代に持ち越された。

ボエシェの教授法は、古典思想を扱う講義にしては日本の常識から比べるとかなりアメリカ流であった。思想家の理念を紹介したのち、あえてそれらに対する異論を引き出して戦わせる。

「例えばある週、ルソーがテーマだったとします。私がルソー役になり、学生に質問させ、私がルソーに成り代わって反論します。翌週はエドマンド・バークなら、学生にバーク批判をさせるわけです」

マルクス、プラトン、アリストテレス、マキャベリ、すべて同じような手法でボエシェはオバマたちに議論を投げかけた。

「学生は、先生はどう思いますかとこちらの考えを窺《うかが》う逆質問をします。しかし、学生がどう思うかしか重要ではありません。学生の思想を無理やり方向付けようとする教授もいましたが、私は違います。オクシデンタルにも何人か、学生を左派リベラルにしたがるような教員がいました。意味があるとは思えません。それより私は、学生に思い込みを捨てる癖をつけさせたかった。その上で思想転向したいのなら勝手です。元の思想に拘泥したければそれも勝手です。ただ、再考のプロセスを通過させたかったのです」

ニーチェに共鳴する必要はなかった。思想は自己の思索を深める足がかりとされた。マルクスを読んでも、マルクスに共鳴する必要はない。反証の知的トレーニングをオバマは大学教育の初期に受けた。ニーチェはあらゆる信念に挑戦を仕掛ける。保守であろうが、リベラルであろうが、社会主義者であろうが、キリスト教徒、ユダヤ教徒、ヒンドゥー教徒、仏教徒であろうが。ボエシェはオバマたちに書籍の余白に同意点と異論を書き込むように指導した。

「ニーチェが求めているのは反論を仕掛けてくる挑戦的な読者です。幻想にこそ価値があるのかもしれない。神は死んだ。善悪の道徳基準を与えてくれるものなどない。オバマたち二〇《はたち》歳そこそこの学生にはとても刺激的でした。学生たちは本気で結論を出すのは少し恐ろしいと感じていましたが、ニーチェは学生に挑戦を仕掛けます。オバマは、それが好きでした」

オバマは、真反対の考えからも、あえて問題の隙間が何なのかを探る知的遊戯が好きだった。思索に役立ちさえすれば、あらゆる書物や人物から「影響」を望んで受ける。バークを読む人がすべて保守主義者でないのと同じように、マルクスを読むからマルクス主義者とラベルを貼ることはできない。オバマは特定のイデオロギーを標榜《ひょうぼう》することを好まない。既存のイデオロギー分類の妥当性すら問う。そういう思考ができる教育を少なくとも受けてきた。

オバマは「疑い」の時を過ごした。神は死んだ。この問いへの回答を自ら見つけるための知的営為である。ボエシェは、オバマの愛読書、ラインホルト・ニーバーやパウル・ティリッヒなど神学者の思想は教えていない。のちにオバマが自力で摑《つか》み取ったものだ。「オバマはニーチェを超えていったわけです」とボエシェは微笑《ほほえ》む。

ユニオン神学大学でキリスト教倫理を講じていた神学者ニーバーは、個人の限界を強調した。ニーバーは『人間の本性とその社会』で「人間の自由の範囲というものは、人間の想像力の産物よりも、常に遥《はる》かに限られたものである」と述べている。この考えは国家の限界と驕《おご》りへの警句にもつながる。シカゴ大学教員の大先輩である現実主義の泰斗ハンス・モーゲンソー、また外交官のジョージ・ケナンにニーバーの哲学は受け継がれた。オバマはニーバー的現実主義を理解する数少ない民主党大統領である。

トクヴィルとアメリカの民主政治

長年途絶えていたオバマとボエシェ教授の絆は、二〇〇四年のイリノイ州の上院議員選挙で復活した。ボエシェが思い立ってシカゴのオバマ陣営気付で、オバマに電子メールを送ったのだ。選挙スタッフが、重要と判断して、オバマ本人に転送した。オバマは「お便りをいただき感激です。政治に親しむきっかけをあなたが与えてくれました」と丁寧な返事を個人メールアドレスから返送している。個人メールでのやりとりがしばらく続いた。

上院議員になったオバマに、ボエシェは二〇〇六年早々に「記者とカメラマンを引き連れてダルフールへ行くのだ。現地の問題に目を向けさせることができるだろう」とアドバイスしている。オバマはすでにボエシェの意思が通じたかのようにアフリカ行きを決めていた。ダルフールから逃れた人々のいるチャド・スーダン国境の難民キャンプを二〇〇六年の八月に訪れた。

オバマはなぜか、若い教師から影響を受けることが多かった。恩師の多くは、大統領就任時の現在も存命なばかりか、現役として教鞭《きょうべん》を執っている。ボエシェとオバマが出会ったときはお互い若かった。三一歳の駆け出しの大学教員は、学生たちと一〇歳ほどしか違わず、親しみをもって受け入れられた。

「オバマは六〇年代の申し子です。六〇年代を未経験だと自嘲的に言いますが、当時の若手教員の多くが六〇年代の道に進んだ。ベビーブーマー世代の私たちは、学生運動に身を投じて、研究と教職の道に進んだ。私たちに触れることで、オバマ世代は六〇年代の影響を間接的に受けています」

ボエシェの専門は哲学だ。『アレクシス・ド・トクヴィルの奇妙なリベラリズム』『プラトンからアーレントまでの圧政論』などの著作を続けて世に問うてからは、インドのカウティリヤ実利論に傾倒した。ボエシェは思想を通してアジアと出会い、中国の思想家にも関心を広げる。

博士論文のテーマに選んだトクヴィルは、一九七〇年代当時のアメリカでは、まだポピュラーな研究対象ではなかった。トクヴィルはアメリカの既存の政治思想の枠組みで処理しにくかったからだという。ある頁《ページ》では保守的に見えるのに、ある頁ではマルクス主義者のようで、別の頁ではリベラルでもある。アメリカの政治思想で分類することが難しく、そもそもトクヴィル存命の時代に、そうした分類が存在していたわけではなかった。そこでボエシェは、これを「奇妙なリベラリズム」と名付けた。

「トクヴィルの思想には、ある面では保守主義、ルソー的な共和党の精神があって、ジョン・スチュワート・ミル流のリベラルとも言い切れません」

オバマの同級生でボエシェのクラスを一緒に履修していたケン・サルザーは「オバマはトクヴィルのアメリカのコミュニティをめぐる考察に、多大な影響を受けていた」と指摘するが、ボエシェ自身も同じ感触を持っている。ボエシェはトクヴィルの思想をオバマに解説したが、それに共鳴するよう強要はしなかった。

「たいていの人は、トクヴィルがアメリカを訪れてアメリカの公共的活動を評価した姿勢に心打たれます。タウンでミーティングが開かれ、教会を築き、代表者を選ぶ。トクヴィルはそうしたアメリカを評価しました。私たちはその上で現実との対比を考えるわけです。トクヴィルはアメリカ人が個人的な富と快楽を追求することを予見していました。トクヴィルは今のテレビ時代を知りません。しかし、テレビ漬けとなり、地域社会における討議が崩壊するこの時代にあって、いとも簡単に巨大な権力に私たちの生活が支配されるさまをトクヴィルは予見していました」

オクシデンタルは小さな大学だけに、初めは心地いいが、そのうち息が詰まると言う人もいる。

「四年間も同じ空間で付き合えば、誰かがキャンパスの端でくしゃみをすれば、一〇分後にはそれが伝わるようなものだ」とボエシェは語る。

しかし、小さな大学に二年間いることはオバマにとって、濃密な教育が受けられる魅力があった。最初からマンモス校に行っていたら、オバマの知が開花したかどうかわからない。オクシデンタルの授業では、TAと呼ばれる助手がいないことが多かった。ボエシェらはそうした仕事も自ら行ったので、オバマら学生は研究室に気軽に出入りした。

コロンビア大学への「知の越境」

オバマは、アメリカの教育制度の長所が生み出した賜物《たまもの》だ。高等教育制度にその秘密がある。アメリカでは大学四年間は「知の基礎体力」をつける時間であり、専門職訓練や専門研究をやりたければ大学院でというルールが徹底している。アメリカは実学教育の印象が強いが、それはプロフェッショナルスクールというごく一部の実学系大学院においてのみだ。

アメリカの大学には日本で言う「学部」がない。大学四年間がそのまま一般教養課程のようなもので、大学の入学選抜の入り口も一本化されている。「専攻」と「副専攻」は在学中に試行錯誤して「つくる」ものだ。デパートメント（学部）は、教授の研究室と大学院に属する。大学で哲学や文学を専攻して、大学院でメディカルスクールに進学して外科医になることや、物理学を専攻してから大学院でロースクールに進み弁護士になることもきわめて自然だ。四年制課程では厳密な文系、理系の区別もない。

早急に専門を決めることを教授陣は勧めない。古典や理論に触れ、「知」の自分探しをしてから二〇代のうちに将来を決めればいいというシステムなので、入学学部で専門が決まり、後戻りしにくい日本方式との差は大きい。このころのオバマも一応は政治専攻としながらも、詩の創作クラスなどを履修していたし、推薦状を依頼するのは英文学教授だった。

さらに、アメリカには「トランスファー」という制度がある。途中の学年から別の大学に編入するのだが、編入先の大学で旧大学の単位を認めてもらい、そちらで卒業する。とりあえず入れる大学に浪人せずに入り、三年次から別の大学に編入し、移った先の大学で学位を取得して四年で卒業する。一〇代までの「学力」は、家庭環境に影響される差も少なくない。大学や社会での対人経験で、遅咲きの「知」が目覚めることもある。

オバマのように急激に乱読に目覚め、一〇代での序列を逆転させる学生は往々にして出現するし、そこに支援を惜しまないのがアメリカ式だ。そういう人には、どんどん転学してもらえばいいという発想だ。「うちの大学では見合わない芽を出したので、そっちに送り込みたい」と躊躇《ちゅうちょ》せずに推薦状を書く。アイビーリーグなどの一流校も、合格率は少ないが、遅咲きの花を外部から注入する。

オバマにとってコロンビア大学の募集は、千載一遇のチャンスだった。ムーアをはじめ多くの友人がオクシデンタルに残るようオバマを引き止めた。しかし、オバマの決意は揺らがなかった。教授にとっては、見込んでいた学生が、自分のもとを去るために推薦状を書くことほどつらいものはない。

「しかし書かなきゃいけないのです。学生のことを第一に考えてあげなければ」

ボエシェは語気を強める。オバマが履修していた「文学理論入門」のクラスで、文才を高く評価していた英文学者のアン・ハウエルズが、オバマの推薦状を担当することになった。一九八一年九月、オクシデンタル二年生を最後に、オバマはコロンビア大学三年に編入した。

自分探しのための都市空間

いざニューヨークに引っ越したオバマは、ひとりぼっちだったわけではない。コロンビア大学時代の最初のルームメートは、オクシデンタルの同級生で白人男性のフィル・

ボーナーだった。二人は示し合わせたわけではなく、別々にコロンビア大学に編入出願して合格していた。

ニューヨーク行きを控えた一九八一年の夏、カリフォルニア州のセコイア国立公園でアルバイトをしていたボーナーのもとにオバマから連絡があった。一足先にマンハッタンで住むアパートを見つけたオバマが、オクシデンタルの同期生だったボーナーにルームシェアの誘いをかけたのだ。快諾したボーナーがニューヨークに到着したとき、オバマはすでに新しい部屋の住人になっていた。マンハッタンの西一〇九丁目一四二番地、アムステルダム通りとコロンバス通りに挟まれた五階建て、エレベーターなしのアパートだ。隣は焼けこげて空き屋になった建物だった。部屋は三階の３Ｅだった。

二〇〇九年現在、その部屋は月に約二〇〇〇ドルする。マンハッタンや首都ワシントン市内の家賃の高さは、日本人の想像を絶する。文字どおりベッドも満足に置けない汚い独房のような部屋でも、一五〇〇ドル以下で住むことはできない。東京の一等地に賃貸で住むほうが、遥かに安くて奇麗な部屋にありつける。オバマが住んでいた一九八一年、家賃は一カ月三六〇ドルだった。ボーナーとの折半で、オバマは一八〇ドルを家賃として支払った。オバマは真面目なルームメートだった。料理や洗濯の分担をしっかりこなした。

オバマたちにはプライバシーがなかった。廊下がなかったからだ。キッチンからオバマの部屋を通らないと、ボーナーの部屋に行けない。そしてボーナーの部屋を通過しないと居間に辿り着けなかった。二人はテレビを買わなかった。この時期のテレビ番組にオバマは疎い。お湯が出にくかったので、大学のジムにシャワーを浴びに行った。アパートの暖房は不安定で、ついたり消えたりした。消えると凍えるほど寒かった。オバマたちは寝袋と毛布を巻いて寝た。逆に、温度が急上昇すると、真冬でも窓を開けていなければ耐えられない暑さだった。快適さを求めてオバマは、コロンビア大学のバトラー図書館で深夜まで過ごすようになる。

アパートの玄関のドアベルもよく故障した。一足早く帰宅したオバマは「部屋にいるから、下から大声で怒鳴ってくれ。バリー」という貼り紙を一階の玄関外に残すこともあった。貼り紙を見たボーナーは「俺だよ、ドア開けてくれ！」と下からオバマに大声で叫んだ。

コロンビア大学はハーレムと隣接するモーニングサイド・ハイツ地区の小高い丘の上にある。二人のアパートは、大学キャンパスまで徒歩一〇分程度の立地だが、エスニックな商店や空手教室などが立ち並ぶエリアだ。オバマがそれまでいたオクシデンタルの閑静な住宅地とは異質の猥雑《わいざつ》な界隈《かいわい》だった。ボーナーに当時の写真を見せてもらう限り、付近の様子は現在とあまり変わらない。アパート自体も当時のままで健在だ。オバマとボーナーの行きつけは一一二丁目とブロードウェイの角にある「トムのレストラン」だった。二人は一ドル九九セントの朝食セットをよく食べた。このレストランはその後一九九〇年代にアメリカで一番ヒットしたコメディ『サインフェルド』で「モンク（修道僧）のカフェ」という名で、主役たちの溜《た》まり場《ば》として登場し、全米で有名になる。「修道僧のように生活していた」と自称するニューヨーク時代のオバマを象徴するかのようなネーミングだった。

オバマたちは、お金を節約するために散髪もお互いに部屋のなかで行った。ボーナーの髪の毛は、パキスタン人の友人ソヘイル・サデッキが刈った。同じカラチ出身のハッサン・チャンドゥーを頼ってロサンゼルスに来ていたころにサデッキとオバマは知り合った。『ドリームズ・フロム・マイ・ファーザー』にサディックとして出てくるキャラクターだ。ニューヨークでサデッキは観光ビザが切れ、違法労働者としてウエイターをしていた。

ニューヨーク時代のオバマは、パークスロープ、ブルックリン・ハイツなど、これまでのどの時代にも見られないような頻度で引っ越しを繰り返している。結局、お湯が出ないアパートは学期末には出るはめになり、ボーナーは父親の知人を頼ってブルックリンに転がり込み、オバマはオバマで、ステュディオというワンルーム型のアパートをなんとか見つけていったんそこに引っ越した。

大学四年になったオバマは、サデッキと東九四丁目三三九番地6Aのアパートで暮らし始める。このアパートの隣に友人が住んでいた私は、二〇〇〇年の選挙活動中、空き時間を見つけてはここに遊びに行っていた。オバマがかつて住んでいたアパートと知って驚いたのは最近のことだ。スパニッシュハーレムと呼ばれるこの地域は、一九八〇年代当時は治安が悪く、銃声も日常茶飯事だった。

サデッキとオバマは正反対の同居人だった。当時のサデッキはパーティを好み、オバマにも遊びを強いた。喧嘩《けんか》っ早く、散歩中に乱暴な運転の車と一触即発状態になったときにオバマが仲裁に入ることもあった。サデッキはオバマに逆の効果を与えた。オバマは当時のことをこう自著『ドリームズ・フロム・マイ・ファーザー』で振り返る。

「私はドラッグでハイになるのをやめ、一日に三マイルのジョギングをして、日曜日には断食をした。数年ぶりに、勉強に身を入れ、日々の考えと下手な詩を日記に書きとめるようになった」

オバマの修道僧ぶりはますます深まり、この時期、タオル二本、皿三枚の質素きわまりない生活だった。一九八二年の夏、母アンとマヤがニューヨークに遊びに来たとき、オバマのストイックさに驚いている。オバマは「溢《あふ》れ出る欲望を我慢していたわけでも、感覚が麻痺《まひ》してしまったわけでもなかった。街の騒音や動きの下で、世界が徐々に崩れかかっているのを感じていたのである」と書いている。

サデッキに「お前、つまらない人間になってしまった」と言われても、サデッキとバーに行く気にはならなかった。じきにオバマはサデッキと別々に住むことになる。本音ではオバマの冷静さと知性に尊敬を抱いていたサデッキに、ニューヨークの友は人生を変える何かを残した。西海岸ワシントン州に移り住み、シアトルで演劇関係の仕事に汗を流しているサデッキは、久しぶりにニューヨーク時代の仲間に電話をした。オバマの大統領就任を心から祝っている。

詩人として、文学青年として

ボーナーとオバマは、オバマがシカゴに転出する一九八五年まで、週に一度は夕食をともにし、夜はアパートの床でごろ寝する友情を維持した。その絆はお互いが「文学青年」だったことだ。オバマはコロンビア大学では国際関係論専攻で学位を取得したが、知的関心や森羅万象へのアプローチは哲学者や文学者のそれであり、日本で言えば文学部の学生のようだった。文学作品や哲学書を中心にした読書遍歴がそれを端的に表している。

オバマの愛読書には、デュボイス『黒人のたましい』、トニ・モリスン『ソロモンの歌』など黒人としてのアイデンティティ追求をうかがわせる作品もあるが、哲学や神をめぐる信仰をテーマに扱った作品も少なくない。ラルフ・ウォルドー・エマソン『自己信頼』、ハーマン・メルヴィル『白鯨』、グレアム・グリーン『権力と栄光』のほか、パウル・ティリッヒ、ラインホルト・ニーバー、ニーチェ、マハトマ・ガンジーなどだ。

異質な書として興味深いのは、ロバート・ペン・ウォーレン『すべて王の臣』だ。ルイジアナ州知事、上院議員などを二〇世紀初頭に歴任したヒューイ・ロングがモデルの小説だ。ロングは大衆煽動《せんどう》的な政治家だと言われるが、民衆には愛された。オバマは、権力と民衆をめぐる問題に関心が深い。二〇世紀初頭の反ニューディール運動に共通していたのは、貧困に苦しむ労働者や大衆が、社会主義や共産主義ではなく、デマゴギー的民衆ポピュリズムに魅力を感じたことである。これがアメリカの土着保守、あるいは土着リベラルの根底に流れる一つの型ともなっている。

オバマは、実利的な技術を身につける勉強をした気配が大学時代にはない。自らのアイデンティティに悩み、世の中の不正義に憤りを感じ、作家を目指していた。大学卒業後、オバマはしばらくニューヨークに留《とど》まって金融情報会社に勤務し、ハーレムで地域活動にも参加している。しかし、ニューヨークのオバマは総じて作家修業中でもあった。文学をめぐる眼力を養い、処女作へのアイデアをあたためていた時期だ。オバマは詩人でもある。プナホ高校時代は文芸誌『カワイオラ（命の水）』に作品が掲載された。


「年老いた男」

年老いた、忘れられた男をぼくは見かけた
古い忘れられた道で
光が照らされる下で、よろめきながら凍えていた
目はどんより曇っている
右から左へ、そしてまた右へとよろめいて
自分の人生を探している
浅い泥だらけの溝に
ずいぶん昔に置き去りにされた人生
ぼくが代わりに見つけられる
ひっそりとした場を探して、夜がぼくたちを重ねあわせる
一瞬の光が男の顔を照らし、ぼくの心に入り込む
男は忘れられていた誇りをよれよれのコートから取りだす
そして、曲がりくねる世界をまっすぐに歩く
バリー・オバマ

オバマとボーナーは、共通の友人のポール・ハーマンスフェルトのアパートを会場に

文学活動をしていた。いわばソーホーの小さな文学会だ。ハーマンスフェルトはソーホーのエレベーターなしの七階に住んでいた。部屋に辿り着くまでに、オバマたちは階段上りで汗をかいた。週替わりで参加者が自分の好きな作家を選び、それを皆で読んで批評会を開くというサークルだ。文学的表現論よりも、作品や作家の思想を議論する哲学議論が中心だった。地球温暖化をめぐる作品からニーチェまで縦横無尽に扱い、ジョン・ロールズの『正義論』も議論の対象になった。ボーナーは日本の森田心理療法を学んだデイビッド・レイノルズに傾倒していて、オバマにも当時その影響を与えたことがあったかもしれないと言う。

会合の日までに課題図書を読破しないメンバーが現れ、指定作品が過去に読んだことがあるという理由で、批評を記憶だけに頼るメンバーが現れ、議論があまり発展を見せなくなったころ、このサークルは自然解消した。

オバマは、次第に批評から創作に重心を移した。ボーナーとのマンツーマンで、短篇《たんぺん》の交換を始めたのだ。オバマがニューヨークを去ったあとも二人は創作を続けた。お互いに短篇を仕上げては、シカゴとニューヨークから送り合う。電子メールなどない時代だ。短篇を書いては批評を施して、郵便で送り返す。書くことが好きでなければとてもできない。

ボーナーは現在、カリフォルニア獣医協会の広報部長兼広報誌編集長を務めている。

広報誌にはコラムも執筆している。物書きであることはやめなかった。文学好きは変わらない。州都サクラメントの居間のテーブルにはT・C・ボイル、ウォルター・パーシーなどのハードカバーが山のように積まれていた。オバマと住んだニューヨークの部屋に飾っていた黒猫のオブジェを背にソファに深く座り直したボーナーは、私にこう囁《ささや》いた。

「オバマはてっきり作家になるものだと思っていました。それこそが彼の根源的な興味だったのです。もちろん、すでにベストセラー作品を世に出していますけどね。大統領の任期を終えたら、きっと創作を本格的に再開すると、ひそかに確信しているんです」

当時のオバマの文学仲間には、物書きとして大成した人物も少なくない。メディア批評家にしてSF作家のマーク・デリーは『*Culture Jamming: Hacking, Slashing and Sniping in the Empire of Signs*』（一九九三年）で有名になった。また、そのデリーの夫人は前出のマーゴ・ミフリンだ。彼女もプロの物書きとしての夢を叶《かな》えた。一九九七年に『*Bodies of Subversion: A Secret History of Women and Tattoo*』を出版してその地位を確立している。ニューヨーク市立大学のジャーナリズム大学院の教授も兼任している。

ミフリンは、ペンシルヴァニア州フィラデルフィア郊外のスワスモアで育った東海岸組だ。アメリカの東海岸の一〇代にとって、カリフォルニアは〝別の国〟だった。オクシデンタル時代のデリーとミフリン、そしてオバマは、詩の創作クラスで腕を競い合った。デリーはシュールリアルなパンク風を好み、ミフリンは古典的なスタイルで、また別のオバマの友人チャック・ジェンスボルドはネオノワール散文に挑戦していた。クラスで創作したオバマの詩が、文学仲間の一人トム・グラウマンが編集する学内文学誌『フィースト』に載った。そのうちの一作は「ポップ」と題された作品だ。

「ポップ」

大きな破れた椅子に座って
タバコの灰だらけで
ポップはテレビのチャンネルを変え、もう一杯
シーグラムジンを飲む、ストレートで、そして訊《き》く
俺にどうしろというのか、若い奴《やつ》
世間の誤摩化しがわからない奴なんかいるもんか、だって
俺には簡単なことさ
僕はポップの顔をじっと見つめ、視線は
ポップの目から外れる

僕にはよくわかる、気がついていない、自分の
暗い、潤んだ眼差しが
別の方向を向いていることを
そしてどうしてかゆるやかに引《ひ》き攣《つ》りがおきて
過ぎ去ることはない
僕は耳を澄まし、頷《うなず》く
聞くんだ、目を開けろ、しがみつくまで、ポップの色褪《いろあ》せた
ベージュのTシャツに、叫びながら
ポップの耳に叫び続ける
重い耳たぶの耳に、でもポップは言い続ける
ジョークを、だからどうして
そんなにポップが不幸せか、僕は聞いた
でも僕はもう気にしない、なぜなら
ポップはもう長年そうしてしまっていて、下から
椅子から取り出した
とっておいた古い鏡で、僕は笑う
声を出して笑う、血がポップの顔から噴き出す

僕の目が、どんどん小さくなってゆく
僕の脳みそのなかのどこかで、何かが
搾り取られていくような、そう
スイカの種のような
二本の指の間の
ポップはもう一杯ジンを飲み干す、ストレートで
そして指さす、同じ琥珀色《こはくいろ》の
半ズボンの染みを、僕のと同じ染みを
ポップの匂いが僕の匂いになる、漂ってくる
僕のなかから、ポップはチャンネルを変え、古い詩を語り出した
ポップは母親が死ぬ前に書いたんだ
立ち上がって、叫んで、そして求める
抱きしめてと、僕も小さくなり
僕はやっとのことでポップの首にしがみつく
太い、脂ぎった首、広い背中へ、なぜなら
僕は今自分を見ているから、枠のなかに
ポップの黒縁のメガネの枠のなかに

そして、ポップも笑っているのがわかる

　ポップとはお父さんという意味だ。ミフリンは、オバマが一緒に住んでいた父代わりの祖父のことだとわかった。教授のデイビッド・ジェームズは本音を書かせたがっていた。ミフリンは作品をこう評価する。

「バリーはおじいさんとのやりとりを書きました。バリーはおじいさんに育てられたことを語りませんでしたが、詩でそれを表現したのです。読んですぐ私は、バリーのおじいさんとの関係は一般的な祖父と孫との関係ではなかったことを知りました。『ポップ』以前の作風はもっと抽象的で美しいものでしたが、この一作には打ちのめされました。おじいさんだけではなく、バリー自身を深くさらけ出していたからです。子供が判断される感情をとらえているし、近づいたり離れたがったり、大人になろうとして、でも失敗したり。クラス中がこの詩を高く評価しました。あまりに個人的だったからです。そしてこの作品こそ、初めてバリーが私たちに教えてくれた、一般的ではない、彼の〝家族の物語〟だったのです」

　オバマは詩を通して、葛藤や声なき声を発信した。作品はのちに『ニューヨーカー』誌にも掲載され、文芸批評家からの好評を博した。

思想＋留学生＋帰国子女＝オバマ文学

文学の一方で、オバマの世界への関心は増す一方だった。オバマは留学生と親しかったが、アメリカ人学生のなかでは「帰国子女」と馬が合った。日本やドイツで育ったムーアもそうだが、ボーナーとの共通点も実は「帰国子女」にあった。ボーナーは外交官の子として、ワシントンで生まれて以後、ロンドン、パラグアイ、ボリビア、西ドイツを転々とし、一〇歳でアメリカに帰国した。ボーナーは、私にこう問いかけた。

「『ロスト・イン・トランスレーション』という映画がありますよね。これはぜひ訊かなきゃと思っていたのですが、あの映画は正確ですか？　すべての日本描写でなくても、部分的でもいいのですが。外国をただ訪問するのと、住むのとではまったく違いますよね。私はボリビアに住んでいて、オバマはインドネシアに住んでいたわけですが——」

住民になることと、ただ一時滞在者になることで見える「外国」の違いを二人は共有していた。オバマの文学への接近にも、国際的な問題意識はつきまとった。物事の複雑さを見抜くバランスとも言える。ボーナーはこう解説する。

「当時、南アフリカのアパルトヘイトと同国への投資に対する批判は、常に学生の間で大きな話題でした。しかし、一面的には語れない問題です。アパルトヘイトを擁護する人なんかいません。さりとて、投資を引っ込めればいいわけでもありませんでした。南アに進出していたアメリカ企業は比較的進歩的で、黒人の雇用推進や教育に熱心だったのです」

　米系企業を撤退させることは、南アの黒人を失業に追い込むことでもあった。オバマたちは、国内の視点だけでキャンペーンを張ることの底の浅さを学んだ。学生たちの議論は、ソ連のアフガニスタン侵攻、カーター大統領による選抜徴兵登録要求の再開をめぐって過熱した。徴兵反対の会場には「Draft beer, not people」というジョークの垂れ幕がかかっていた。ドラフトは徴兵の意味だ。「ビールを注《つ》げ。人をドラフトするな」という皮肉だった。

　オバマは詩人仲間のマーゴ・ミフリンと国際的な接点もあった。ミフリンが当時交際していたボーイフレンドが、オバマの親友で新ルームメートのパキスタン人留学生ハッサン・チャンドゥーだった。チャンドゥーがオバマを気に入り同居を申し入れた。「オバマのことがとにかく好きでね。面白い奴なんだ」と周囲に語った。チャンドゥーはニューヨークで金融コンサルタントとして成功し、現在に至るまでオバマと密な関係を継続している。

　もともとチャンドゥーはパキスタンで育った。両親はほとんど英語ができない家庭だったが、大学卒業前に少しだけロンドンで過ごしたことが世界に飛び出す起爆剤となった。アメリカに留学しヴァーモント州の大学からオクシデンタルにトランスファーした。ガールフレンドになるミフリンとの出会いは草ホッケーだった。アメリカは、地域によってスポーツ文化が微妙に異なる。草ホッケーは東海岸、なかでもニューイングランドの競技だ。ミフリンは語る。

「女友達とチームを立ち上げたかったのですが、カリフォルニア州では誰もやらない。それでハッサンが得意だと知って、コーチになってもらいました。アメリカでは女性の競技なのですが、パキスタンでは男性の競技としてポピュラーなんです。でもハッサンはヘビースモーカーで片手にスティック、片手にタバコを挟んだままで、芝生を走っていました」

オバマにとって、大学時代の友達の実家への旅は思い出深い。ボーナーはカリフォルニア州キャッツキルズの祖父の農園にオバマを連れて行き、葡萄《ぶどう》栽培や畜産を見せてまわった。オバマは客人として歓迎され、可愛がられる才もある。

レーガン支持者や、小さな政府を徹底して突き詰めるリバタリアンという保守系もいたボーナーの親戚《しんせき》にオバマは自然に溶け込もうとした。サンフランシスコのリベラルなイメージからはギャップがあるが、カリフォルニア州は、州南部や内陸を中心に富裕層や保守系の牙城だ。ニクソン、レーガン、シュワルツェネッガーなどの誇り高き共和党政治家を生み出してきた。オバマは掃除から薪割《まきわ》りまで、数時間に及ぶ毎朝の農場作業を黙々とこなした。
また、オクシデンタル二年目の夏休み、オバマはジャカルタに母とマヤを訪れた足でインドとパキスタンに三週間、友人のイマッド・フセインと訪れた。カラチのハッサンの実家で歓待され、民族衣装を着せてもらった。オバマはここで激しい貧富の差を目撃してショックを受ける。貧しい小作人が富裕な地主に対して這《は》いつくばっている姿が脳裏から離れなくなった。オバマがそれまでの人生で見たことのない光景だった。

オクシデンタル時代の一九八〇年の夏休みには、インド人留学生のヴィナイ・サマラパリーと共同生活をした。母アンの影響か、オバマはアジアからの留学生、特に南アジアの学生とよく打ち解けた。サマラパリーと毎朝一緒にジョギングしながら、お互いの夢を語った。このころからオバマは「ものを書く人になりたい」「困っている人を助けたい」ということを口走るようになっていた。

オクシデンタル文学組同窓会 in NYC

ボーナーとオバマの編入組を追うように、オクシデンタルの仲間の少なからずが、卒業後にニューヨークに引っ越した。チャンドゥーは卒業後ロンドンにいたが、ニューヨークに合流してきた。ミフリンはワトソン・フェローシップを獲得して、世界各地のアーティストを取材するため海外に出ていたが、一九八三年にニューヨークのブルックリンに引っ越した。イタリア人街のキャロルガーデンだ。そこに小さな文学サロンが生まれた。

アメリカの文芸知識人の四分の三がニューヨークに住むとも言われている。『ニューヨーカー』『ハーパーズ』など有力誌に寄稿できる文士になることが、この世界でステップを上ることだ。オバマにとってのニューヨークは、第二のオクシデンタルであり青春だった。ミフリンは、オバマたちと過ごしたニューヨーク時代をこう回顧する。

「あのころ、私たちは皆作家を志していました。お互いの作品を熱心に読み合いました」

オバマの文才は際立っていた。シカゴにコミュニティ・オーガナイザーとして引っ越してから、仲間の一人ビル・ムーレンに送った手紙はまるで「作品」のようだった。

「ムーレンがコピーして送ってくれましたが、それはとても美しい手紙で、シカゴで生活することがどんな様子か細かく描写していました」

オバマはシカゴに移った最初の冬に「こんな寒いところだとは思わなかった！」とボーナーに、冬の厳しさを吐露する手紙も送っている。

オクシデンタルの文学仲間は、次第にそれぞれの道を歩むようになる。オバマは一足先にシカゴにコミュニティ・オーガナイザーとして転出した。しかしオバマは、シカゴでも働きながら物書きとして二足の草鞋《わらじ》を履いていた。当時のオーガナイザーの上司の一人マイク・クルーグリックは、オバマの作品を仕事の合間に読ませてもらったことがある。アフリカ系住民たちの素朴な交流が描かれていた。これが『ドリームズ・フロム・マイ・ファーザー』に結実した。初期原稿では、登場人物が美しい存在として描かれていた。オバマにとってシカゴやコミュニティ活動は、創作意欲を掻《か》き立てられる素材でもあったのだ。クルーグリックはじっくり読む間もなく、オバマに「返してくれ」と返却をせがまれた。

「くれるものだと思ったら、あの原稿、返して、返して、とオバマに言われましてね」

一部コピーしてもらっておけばよかったと後悔している。オバマが物書きとの二足の草鞋の余裕を失ったのは、ロースクールに進学し、弁護士の道へと重心を移してからだ。

ミフリンも、作家からジャーナリストに目標を変えた。

「小説と詩では生活が成り立たないので、ジャーナリストになればなんとか食べていけると思ったのです。そうしたらジャーナリズムが面白くなってしまって。創作に飽きたといいますか、フィクションは得意ではなかったのかもしれません」

ミフリンは、ビジュアルアートを専門にした美術ジャーナリストになった。一九八〇年代末のニューヨークはアートブームに沸いていた。

「次第に、アートの世界はエリート層の空間で、一般人と無関係だと実感するようになり、プロレタリアート的で親近感のあるアートフォームに対象を移しました」

ライフワークの入れ墨アートとの出会いだ。一九八〇年代、女性の肉体をめぐる議論はメディアで盛んだった。人工妊娠中絶、摂食障害、乳がん、美容整形などだ。これらとタトゥー、入れ墨の人気には相関関係があるとミフリンは直感した。

「それで調査を開始しました。そのころの私は社会学者のようでした。一九九四年に始めた取材は一九九七年に実りました。四年もかかりました」

それぞれのトラウマや社会的背景からタトゥーを入れるようになった女性たちを写真で追ったドキュメンタリーだ。オバマは物書き仲間として、どんな感想をくれたのか。

「作品を読んでくれたのかわからないのです。ハッサンは家に飾ってくれました。ところが、ハッサンが言うには、誰かがそれを家から持ち去って、戻さないっていうんですよ。きっとオバマの仕業かもしれませんね」

オバマには、かつての文学仲間たちの作品への書評という大きな仕事が残されている。

一九八〇年代の芸術シーン

ニューヨークは、オバマにどんなインスピレーションを与えたのか。オバマ世代のオクシデンタル同窓生が集結していたエドワード・コッチ市政下、一九八〇年代当時のニューヨークは、まだ物価は安かった。二〇〇〇年代になると、不動産にコネクションがあるか、収入の高い仕事についているか、二〇年間も同じ不動産を所有していない限りマンハッタンに長期間は住めなくなった。若くしてマンハッタンでいい暮らしをしているのは、たいていが親族から相続したアパートに住む者だ。

経済的に疲弊した一九七〇年代に比べて、一九八〇年代はアートの世界だけでなく街全体が活気を増していた。アーティストはブルックリンに住んだ。コブルヒルズ、キャロルガーデン、ウィリアムズバーグ。二〇〇〇年代にはロングアイランドやサウスブロンクスに拡散し、ニューヨークの中心からどんどん遠ざかった。こうした地域にアートが持ち込まれたのはいいことだった。ミフリンは、こう当時を振り返る。

「八〇年代には、小さなナイトクラブがたくさんありました。そこで誰もがチャンスをもらえました。パフォーマンスです。私はもう年ですからクラブには行きませんが、一九八〇年代は実験的空気に満ち溢れていました。当時のようにリスクを許容するというのは、今はもう無理です。みんなお金がありませんから。ブルックリンにアートの館があります。サーフショップとナイトクラブとギャラリーが合体したような。でも、それも売りに出されています。コンドミニアムが移設することになったので――」

オバマは美術好きだった。一九八〇年代の活気のあったアートシーンを思う存分に味わい、創作意欲を高めた。オバマは日曜日の午後になると、アッパーウエストからミッドタウンまで徒歩で下り、グッゲンハイムからメトロポリタン、MoMAまで美術館を歩き尽くした。それは、教室のなかにとらわれない自主的な知的活動だった。美術館巡りの相棒でもあったボーナーは言う。

「文学批評会だって、自分たちが勝手にやりたくて開いていたものです。大学の課題じゃない。休みの日に美術館に行ってゴッホを批評しろ、なんて指示されていません。僕らはやりたくてそれをしていました。文化に純粋に興味があって。大学のクラスの課題とかではないんです」

一九八〇年代、ソーホーで一区画を歩けば、旬のアートを短時間で楽しめた。今はチェルシー、ブルックリン、ローアーイーストサイドなどに拡散しているので、一日で回るには駆け足でやっとだ。アートの「コミュニティ」が消えつつある。巨大ビジネス化し、ギャラリーが地理的に分散した。美術ジャーナリストも受難期になった。『ニューヨーク・タイムズ』をはじめ大新聞の経営難で、多くのジャーナリストが解雇され、フリーランスはその業態そのものが存続しにくくなっている。批評が衰退すれば、アートも活気を失う。当時の仲間は、オバマはちょうどいい時期にアートの空気を吸ったんだと語る。

オバマはニューヨークで、人種と社会問題についても思い知らされた。オバマは自著で回顧している。

「民族間の争いは深く、激しかった。怒りの感情は、街中だけでなくコロンビア大学のトイレにも溢れており、大学当局が何度ペンキを塗り直しても、トイレの壁には黒人とユダヤ人の明け透けな罵り合いが刻み込まれていった」

オバマは、文学と社会問題をつなぐ道を探していた。コロンビア大学の雑誌『サンディアル』に反戦運動団体を取材した記事を寄稿している。「戦争を打ち砕く精神」と題された記事は「軍拡への対抗手段」と「軍事主義に反対する学生たち」という団体へのインタビュー記事だ。「ほとんどのコロンビアの学生は戦争がどんなものか知らない」で始まる記事は団体の紹介に絞られているが、当時のオバマが物を書くことで社会につながろうとしていたという一つの痕跡である。

「外部進学者」として、ニューヨーカーとして

二〇〇八年の大統領選挙中、コロンビア大学時代のオバマのことを覚えている人が誰一人いない、という中傷があった。まるで透明人間か行方不明者のような扱いで、憶測や疑念が増幅した。ヒアリングの調査対象が、大学のクラス履修者だったからだ。ニューヨークのオバマを知りたいのであれば、聴く相手を間違えていることはもう明らかだろう。四〇〇〇人の学生と一万七〇〇〇人の大学院生を抱える都会のマンモス校で、同じクラスを履修していたからといって覚えているほうが不自然だし、オバマの本拠地はむ

しろ思索と文学の世界にあったからだ。

オバマはクラスもしっかりこなしていた。しかし、空き時間は図書館、美術館、文学批評の会に足を運び、むさぼるように読書をしていた。マンハッタンは社交に勤《いそ》しむ場ではなく、オクシデンタルでボエシェ教授が与えた「知」の宿題を自己消化していく場だった。

オバマのコロンビア時代は、少し前までの日本の都会の学生生活に似ている。四畳半アパートで自炊し、古書店巡りのあとは、名画座で二本立てを観《み》ては喫茶店で哲学談議をする。交友範囲は限定的でも密度は濃い。授業よりも酒場の議論と読書。とりわけオバマの場合、芸術家の集いである。オバマやミフリンたちのブルックリンの文学批評会も、ひとしきり書評が終われば酒がどこからともなく振る舞われ、哲学と芸術をめぐる即席「文学酒場」となり、議論は深夜に及んだ。

しかし、授業を完璧にこなすことが義務とされているアメリカ、特に社交空間が限定されがちな地方の大学では、スケジュールの中心が学内のクラスやスポーツにある。オバマの黙々と深めた知的思索の日々や、所属大学の外に求めた都市の芸術家との付き合いは、アメリカ人一般には連想しにくい。オバマをめぐるコロンビア大学時代の行方不明論は、この辺りの誤解に火がついたものだ。

また、ボーナーはトランスファーによる編入組だったことも一因だろうと指摘する。

全学生一六〇〇人の小さなオクシデンタルはフレンドリーな雰囲気だったが、コロンビア大学は少し違っていた。トランスファーの学生は寮には入れず、自分でアパートに住まなくてはならなかった。

「大学の友達というのは、だいたい一年生、せいぜい二年生までにできます。だから三年で編入すると、自分は誰も知らないのに、みんなはもう友達同士という状況です。突然そういう環境に放り込まれ、自分でなんとかしないといけない。キャンパスに住んでいるわけではないから、大学には、通学して、クラスに出て、帰るだけです」

しかし、オバマとボーナーは大学で友達ができにくいことは意に介さなかった。トランスファーの理由が必ずしも大学ではなかったからだ。煎じ詰めればそれはロケーションだった。勉強そのものはオクシデンタルとコロンビアを比較しても、同程度の大変さだったとボーナーは回顧する。

「ニューヨーク市に住むということに大きな意味があったのです。なぜって、そこは本物の都市だからです」

ニューヨークには二四時間休みなしに走る地下鉄がある。一九八〇年代当時は駅も車内もお世辞にも奇麗とは言えなかったが、地下鉄そのものがオバマにとって新鮮だった。オバマは水を得た魚のようにニューヨークを縦横無尽に歩き回った。ほんの数年前まで、オアフ島のサウスショアにボディサーフィンに繰り出していたような毎日を考えれば、オバマにとって人生のなかで居住環境が一番激しく変化した時期だ。オバマは、自分が大都市に適応性があることに目覚めた。

オバマ自身が書いているように「椰子《やし》の木が、タンポポのようにハイウェイの壁の上から顔を出している」ロサンゼルスはホノルルに似ていた。東京やヨーロッパのような、車なしで暮らせる職住接近の密集都市は、アメリカにはマンハッタンしかない。マンハッタン以外のアメリカの都市はどれもつくりが似ている。郊外に住むことを前提として設計されている。ダウンタウンの中央に高層ビルが立ち並ぶ一角があり、ゲットー的なインナーシティを挟んで、ハイウェイで郊外と接続される。ダウンタウンの中心はあくまでオフィス街で、夜と週末は早々と店も閉まりゴーストタウンのようになる。

ダウンタウンに居住者向けの高層アパートが増えてきた都市もなくはない。サンフランシスコが一例だ。しかし、これも二〇〇〇年代末からの一部の現象である。自宅アパート近くの駅から電車に乗り、地上に出ると目の前に美術館がある。そういうフットワークのいい文化的生活ができるのはマンハッタンだけだ。オバマの感性と知性が敏感に研ぎすまされていった。こうしたライフスタイルを好む人に、他の選択肢はない。それが賃貸料金を高騰させる原因でもあり、オバマやボーナーのような青年を引き寄せ続けるニューヨークの魔力でもある。

オバマはアイビーリーグに編入したのではなく、大都市ニューヨークに編入した。相対的には、プナホからハーヴァードまで、過去に通った学校のなかで、コロンビア大学への思い入れは少ない。もちろん、私が知るコロンビア大学の関係者は誰もがオバマを同窓生として誇りに思っているし、オバマの知性がコロンビアの知的環境で磨かれたのは間違いない。しかし、編入生といういわば「外部進学者」だったオバマにとって、ニューヨーク時代の帰属の中心は必ずしも大学ではなかった。文章創作を好むオバマにとって、自らをさらけ出す空間は、ノートのなかであり未来の作品だった。

私小説家オバマの「リテラリー・オートバイオグラフィ」

「第二オクシデンタル」の文学仲間のなかでもニューヨークをいち早く出たオバマは、比較的早く作家の夢を実現した。一冊目の著書『ドリームズ・フロム・マイ・ファーザー』の出版だ。

二〇〇八年の大統領選で、三〇代前半で「自伝」を出すのは不自然だとの批判が噴き出した。しかし、この批判は的外れだった。当時のオバマにとって、それは必ずしも「自伝」ではなかったからだ。自らの青年期を素材にした文芸作品だ。バイレイシャルの青年の生い立ちをめぐる葛藤、そしてアフリカ系の貧困地域で、希望を捨てずに団結していくコミュニティの人々の瑞々《みずみず》しい生きざまが描かれた感動作だ。プライバシーに配慮してキャラクターには偽名を使っているし、いくつかのエピソードは混ぜ合わされながら変形されている。オバマの貴重な日記と母アンへの取材が基本となっている異色文学で、時系列に沿った回顧録の類いではない。

ニーチェについて、南ア問題について、思想や同時代の政治について語り合うことはあった大学時代のオバマだが、二つのことを心のなかに閉じ込めてきた。家族をめぐる「過去」と、そこから派生した人種アイデンティティの葛藤だ。処女作は、オバマの内面を初めて文学的な手法で吐露した作品だ。オバマにとって、文才を生かして作家になる夢を叶えることと、自らのアイデンティティをめぐる葛藤の浄化は絡み合っていた。

ところが、この作品はオバマが政治家になったことで「自伝」として一人歩きした。政治家が宣伝で本を書いたのではなく、文学者がのちに政治家も兼ねるようになったのだが、オバマがそもそも作家であるという認識が世間にはなかった。大半のアメリカ人、また日本や世界中の人のあいだで「作家オバマ」はほぼ無名のまま埋没している。

たとえ主人公がオバマではなかったとしても、読むに値するだけのテキストの魅力に目がいかないのだ。なまじ「自伝」だと喧伝されたため、「オバマのことはもう知っているから」という熱心なオバママニアほど、本を「記念品」のように所持するだけで、未読であることが少なくない。しかし、『ドリームズ・フロム・マイ・ファーザー』は文芸作品としてじっくり味わうべきもので、政治家オバマの宣伝書ではない。『ニュー・ニュージャーナリズム』の著者として知られる作家で、ニューヨーク大学ジャーナリズム大学院教授のロバート・ボイントンは次のように分析する。

「オバマの一作目を魅力的にしているのは政治的計算のなさです。オバマは一生をかけて政治について考えていることは間違いありませんが、処女作が政治キャリアのために書かれたものだとはまったく思えません」

ボイントンによれば、オバマの『ドリームズ』は、クロード・ブラウンの『*Manchild in the Promised Land*』、マルコムXの自伝、ラルフ・エリスンの『インビジブル・マン』、リチャード・ライトの『ブラック・ボーイ』、ジェームズ・ボールドウィンの『*The Fire Next Time*』『*Nobody Knows My Name*』などと同様のジャンルに分類できるという。

「ここに列挙した類似作品には、小説もあればノンフィクションもあります。ただ、いずれも作者がアイデンティティの希求をめぐって書いたものです。もしオバマがこれらの作品を一度も読んだことがないとすれば、それはかなりの驚きですね。私は、オバマがエリスンやボールドウィンの影響を多大に受けていると確信しました。両作家ともに小説とエッセイで、黒人が〝アメリカ人〟になるということの意味を探ったのです。ただ、オバマはこうした問題を悩み抜いただけでなく、具体的に行動を起こしました。それがオバマの作品が類似作品と一線を画する点かもしれません。オバマの生きざまは、黒人が〝アメリカ人〟になることを生きる表現そのものなのかもしれません」

たしかに、ボイントンの推理どおり、オバマはエリスンやボールドウィンを愛読書リストに挙げている。さて、では文学仲間のミフリンは『ドリームズ』をどう読んだのか。

「正直、最初に読んだときは、どの登場人物が、私たちのうちの誰のことか確認したくて、興味本位で流し読みをしました。私も一カ所だけ出てくるんですよ」

ミフリンに言及があるのは、当時交際していたチャンドゥーが「新しいガールフレンドのもとに帰っていく」という恋愛絡みのシーンだ。キャラクターのモデルをめぐる憶測は同窓生たちのあいだでも喧《かまびす》しい。「レジーナ」という女性キャラクターは、エピソード的には男性のエリック・ムーアがモデルだという説もある。しかし、キャラクターの名前の由来は、オバマの親しい女友達で、学内文学誌『フィースト』編集長のグラウマンと後に結婚した、キャロライン・グラウマン・ボスの祖母のレジーナだった。「エピソードも私の祖母のエピソードに一部依拠しています」とボスは語る。政治集会の企画から文学誌の編集まで、オバマと青春を送った親友のボスは「オバマには強い感受性がありました」と才能を評価する。また、ミフリンはこう言う。

「一読したときはさほど感動しませんでした。でも、一年後にじっくり読んだら、ものすごく面白かった。あの作品の素晴らしさは内容と観察力に尽きると思います。文体の技法は抜きん出て優れているというわけではありません。もちろん上手ですけどね。私もそうですが、彼も文体や文章に凝るタイプの作家ではないのです」

オバマが得意としているのは、完全な創作よりも、経験や観察をもとにしたノンフィクションだ。その意味ではジャーナリストの才能にもつながる。ミフリンはこう評する。

「これは、ジャーナリスティック・オートバイオグラフィ、リテラリー・オートバイオグラフィというジャンルにほぼ含まれる作品です。人種と自分の家族、自己成長をめぐる観察の記録です。もちろん文学的でもあります」

聴衆とのコミュニケーションにおける反射神経や、演説の技巧に優れた政治家は多い。しかし、オバマのような本格的な文学者は、アメリカの政界にはあまりいない。オバマの演説が秀逸なのは、テレプロンプター（左右の反射鏡に映す原稿台本装置）の読み方が巧《うま》いからではない。自ら文章を書き、感情を込めて朗読する、表現のプロフェッショナルだからだ。

オバマは文章を通じて、ふだん見せない自分や本音を伝える。日記もつけて思考を深めていった。大切なことは日記に書く癖がつき、浮かんだ想《おも》いをそのつど書き留めた。オバマの近しい親友が口を揃えるのは、オバマについて見えていなかったことが、オバマの著作を読んで実によくわかったという感想だ。オバマの作品からオバマについて学ぶものはなかったという友人は、どんなに親しい人でさえ唯の一人もいない。ミシェル夫人ですら、マヤですら、オバマの文章から知らないオバマを学んだだろう。オバマは、私小説家としてまったく新しい独自の境地を切り開いた。

私小説家オバマに知的刺激を与えたボエシェ教授の自宅は、オクシデンタル大学からわずか徒歩一分の閑静な木陰のなかにあった。「午前中は体調管理のために少し泳ぎます」と指さす先には、小さなプールの水面が光っていた。エスニックな民芸品で装飾された品のいいリビングには、オバマ勝利を伝える『ロサンゼルス・タイムズ』の一面が飾られている。しかし、オバマを報じる記事のコレクションを見せてくれたボエシェは、オバマへの愛情を惜しみなく示しながらもどこか寂しげだった。大統領候補として全国的に有名になってからのオバマとは、音信不通に陥っている。

「ホワイトハウスの人を知っているのなら、オバマ宛のメッセージを預かってくれませんか。ただワシントンに妻と娘を連れて行って、再会できてよかったね、と彼に声をかけたいのです。ただ、それだけでいいのです」

オバマに政治をめぐる「知」の扉を開いた老教授は、遠い存在になってしまった教え子への大切なメッセージを初対面の外国人に預けた。リトルトーキョーの宿舎に戻る車中、防音壁から突き出た、オバマがユーモアを込めて呼ぶ「椰子の木のタンポポのような群れ」を眺めながら、一九七九年の師弟関係を修復する、思わぬ重責を背負ってしまったことを静かに噛《か》みしめた。

第4章　「オーガナイザー」の大統領

——信仰と人種の「約束の地」

職業としてのオーガナイザー

「コミュニティ・オーガナイズは、アメリカの若者のあいだでは人気の職業なのでしょうか?」

二〇〇八年の大統領選取材で、このような質問をコミュニティ・オーガナイザー経験者に投げかける諸外国のメディアが多かった。オーガナイザー時代のオバマの元同僚であるデイビッド・キンドラーはこの質問に苦笑した。

キンドラーがコミュニティ・オーガナイズの世界に飛び込んだ一九八七年当時、コミュニティ・オーガナイザーと自ら名乗る人は、ほとんどいなかったからだ。裁判所に陪審員として呼ばれれば、裁判官に「それ、何のお仕事ですか?」と尋ねられた。いちいち説明を迫られた。

アメリカでコミュニティ・オーガナイズなるものが「何やら社会に有益な活動らしい」と知られるようになったのは、つい最近、バラク・オバマが大統領選に立候補してからだ。コミュニティ・オーガナイズを育てたシカゴですら、コミュニティ・オーガナイザーになろうという人はこれまで少なかった。ましてや、アメリカのほかの地域では存在すら知られていなかった。

オバマが有名になる以前は、どんなに多めに見積もっても、オーガナイザーは全米で合わせても四〇〇人から五〇〇人程度だった。アメリカで最も大きいオーガナイザー組織とされるシカゴのガマリエル協会は、五二の地域に支部を持っているが、それぞれの支部に一人、場合によって二人しかオーガナイザーはいない。概算でも全米で七五人という計算だ。同サイズの別組織の戦力を足しても、オーガナイザーだけを職業としているアメリカ人は全米で一五〇人程度ということになる。これほどサイズの小規模な「職業」もない。

オバマの愛読書にスタッズ・ターケルの『仕事！（*Working.*）』（一九七四年）という本がある。アメリカを代表するニュージャーナリズムの旗手ターケルが、一一五の職業につく一三三人の実在の人物に、粘り強く取材して回った作品で、仕事をめぐるインタビュー・ノンフィクションである。いわば仕事を一つのモチーフにした人間論、社会論の色彩を持つアメリカのベストセラーだ。

「誰がピラミッドを造ったのか」という前書きから始まる本書は、社会の底辺から上部まで、ありとあらゆる職業を網羅する。運転手、売春婦、溶接工から会社役員、野球選手、弁護士にまで及ぶ職のなかに、変わった職種が一つだけ交じっていたことに、アメリカの愛読者もこれまで気がつかなかった。それは、第六章に登場する「オーガナイザー」という聞き慣れない仕事だ。

オーガナイザー代表としてインタビューを受けるビル・タルコットという男は「システムに抑圧されている人たちを団結させようとする」ことが自分の仕事だと語る。サンフランシスコからレキシントンまで、妻と子供三人を引き連れて労働者の団結を支えるために東奔西走するタルコットのインタビュー頁《ページ》は、やぶれかぶれ調の放言で埋め尽くされている。しかし、レキシントンで「闘争」に携わっているというタルコットは不思議と明るい。

「朝の二時から次の日の朝二時まで、週七日休みなしで働いていますよ。別に自分は殉教者というわけではないけれど、本当にしたいことを見つけたラッキーな少数の人間だと思います。人生の旬が訪れているというのかな、今まさに自分が活躍する時なんだと思う」

タルコットに触発され「自分が活躍する時」と思ったかはわからないが、ニューヨークで「抽象の世界」を究めたオバマは、一九八五年七月、シカゴで「実践の世界」へと足を踏み出した。

オバマはニューヨークで黒人政治家の事務所に職を求めて履歴書を送っていたが、どの事務所からの反応も芳しくなかった。そんな折に「シカゴのコミュニティ・オーガナイザー募集」の告知に応募したのだ。面接に現れたのはジェリー・ケルマンという三〇代後半のユダヤ系の白人男性だった。コミュニティ・オーガナイザーと名乗った。

このときオバマは、行き先となるシカゴについて何も知らなかったばかりか、コミュニティ・オーガナイズとは何であるかも正確には把握していなかった。また、ケルマンはケルマンで、ハワイ出身で「オバマ」という名前からして、会うまでオバマのことを日系人だと思っていた。一見接点のなさそうな二人の奇妙な師弟関係の初顔合わせだった。

もしオバマの人生に影響を与えた数多くの人間のなかで、家族以外で決定的な人物を一人だけ選べと言われれば、私はこのケルマンを挙げる。ケルマンに雇われていなければ、オバマはシカゴに行っていない。シカゴがなければ、その後のオバマはない。政治、そして未来の妻へとつながったのが、〝約束の地〟シカゴだった。

オバマの『ドリームズ・フロム・マイ・ファーザー』に、マーティ・カウフマンという偽名で登場するキャラクターがケルマンだ。フィラデルフィアで待ち合わせたケルマンは、私が想像していたよりも若々しかった。今でも現役のオーガナイザーだ。日系人を夫人に持つケルマンは、社会制度から黒澤映画まで幅広く日本に詳しい。東京都内の大学に留学していたことがあるという長男も、私たちの会合に参加してくれた。ケルマンは息子を訪ねて日本を訪れ、新宿観光を楽しんだこともある。ケルマンはこう切り出した。

「バラクを雇ったのは、彼が周縁の人《アウトサイダー》でモチベーションが高かったからです。周縁の人には二つの選択しかない。大多数と同じに染まってしまうか、システムからはじき出されている人と関係を持つか。バラクは自分以外の周縁の人に共感ができました。バラクにはモチベーションがありました。バラクについて重要なのは、彼に周縁での経験があったことです。それから、学習意欲が凄《すご》く高かった。彼の憧れは黒人指導者でした。キング牧師や公民権運動に精神的影響を受けていたのです。だから雇うことにしました」

オバマは、公民権運動の指導者になりたいという大胆な向上心を持ったさまよえる若者だった。年収一万ドル、車を買うための二〇〇〇ドルの手当て付きでケルマンに雇われた。

住民運動プロデューサーという仕事

オバマはコミュニティ・オーガナイズの経験を「ハーヴァード大学ロースクールで受けたどんな教育とも比べものにならない最高の教育だった」と言っている。オバマはシカゴで何を見聞きしたのだろうか。

コミュニティ・オーガナイズをめぐる一番単純かつよくある誤解は、慈善奉仕活動のボランティアのようなものだという認識だ。ソーシャルサービスと勘違いされることも多い。しかし、コミュニティ・オーガナイザーは福祉活動ではない。車椅子を押すこともなければ、清掃することもないし、炊き出しをするわけでもない。

わかりやすく言えば、教育、公衆衛生、雇用や治安などの地域社会の問題改善のために、役所、学校、企業などをつき動かすための「運動」を盛り上げる仕事だ。問題そのものを解決するスキームを持つのは、役所や企業といった「当局」である。オーガナイザーは福祉に従事するわけではない。オーガナイザーがやるのは「当局」の背中を押す住民運動のオルグだ。

一人で要求しても「当局」は相手にしてくれない。地域が結束して、組織で団交しないと効果がない。住民運動の種を蒔《ま》き、組織の活動を軌道に乗せるのがオーガナイザーの仕事だ。注意しなくてはならないのは、オーガナイザーはあくまで外野から組織をオルグする人であり、運動の中心ではないということである。旗を振って仲間を集め、当局との窓口になって団交をする「表の顔」は、あくまで地域のリーダーでなくてはならない。

オーガナイザーはアウトサイダーの黒子であり、表に出る存在であってはならない。あくまで地域社会が自主的に組織をつくって、問題に対処するというのが前提だ。いわばオーガナイザーとは、住民運動のプロデューサーなのだ。役者は住民で、主役級はコミュニティ・リーダーだ。

プロデューサーは役者を集めるために、その「公演」に意義があることを周知させる。これにかなりのエネルギーがいる。オバマたちオーガナイザーの仕事の大半は、人望と行動力のあるリーダーを発掘し、そのリーダーを励まし続け、集会や抗議を支援することだ。人に頭を下げて、運動にコミットしてもらう地味な裏方作業だ。

「バラクを理解するには、運動《ムーブメント》の組織化と地域社会《コミュニティ》の組織化の双方を理解しないといけません。なぜなら、バラクは両方をまたぐ存在だったからです」

こう述べるケルマンは、シカゴにホンダの自家用車で引っ越してきたオバマに、まずオーガナイザーになるための短期集中訓練を受けさせることにした。住民インタビューによる聴き取り訓練だ。

オーガナイズは、住民へのインタビューで始まる。インタビューの目的は二つ。一つは、コミュニティで今何が問題なのか把握すること。これは「イシュー・サーチ」と呼ばれる。もう一つは、リーダーの才能を発見すること。こちらは「タレント・サーチ」と呼ぶ。

インタビューでは、何かしたいと考えている人物に目を光らす。なぜその人物はリスクをとって参加しようとするのか、この牧師、神父、教会には何の利益があってオーガナイズに参加してくれるのか。オーガナイザーの眼は、彼らの人生の背景にまで及ぶ。

善意だけの協力など期待できないからだ。自らのエスニック集団の存在の誇示のため、地域利益のため。特定の政党や候補者を支援する背景には、必ず何らかの思惑がある。その思惑が、住民運動と「共存可能」なものであるかどうかを嗅ぎ当てる。

それゆえコミュニティ・オーガナイズでは、初期段階では人間関係の構築に大きな時間が割かれる。住民が、オーガナイザーが何者であるかを知り尽くし、信頼して一緒に働ける関係性をつくり上げることである。デイビッド・キンドラーはシカゴのコーヒーショップで私を前にしてこう語った。

「日本の風習のようなものです。インタビューするにあたって、日本ではまず、こうして直接会って人間関係をつくることから始めるみたいですね。いい習慣だと思います」

コミュニティ・オーガナイズでは「問題探し」をオーガナイザーと住民が一緒にやる。住民はオーガナイザーに長期間ともにコミュニティの一員として仲間になってくれることを期待し、オーガナイザーはそれに応える。短期滞在では務まらない。

オーガナイザーの上司や同僚が「オバマが得意だった」と口を揃《そろ》えるのが、この住民との人間関係づくりだ。訓練の模擬インタビューで、トレーナーは訓練生に住民とのあいだに利益の共通項を探すよう指導する。受講生の数人が前に出され、模擬インタビューをさせられる。

一九八七年にソーシャルワークに肌が合わず、オーガナイズの門を叩《たた》いたキンドラーをコーチしたのはオバマだった。キンドラーはオバマからシカゴ南部を学んだ。「バラクは人に好かれたし、共感力がありました。他人の感情に関心があり、理解することができました。とにかく他人に好奇心を持っていたからです。なぜこの問題に関心があるのか、あるいは何が活動することを嫌にさせてしまったのか、他人に心底興味がありました。それが、バラクの魅力を際立たせ続けているものです」

オバマは人心掌握に不思議な能力を発揮した。シカゴで活動を始めて一年ほどで、地域のリーダーを育てるようになっていた。オバマが支えたリーダーの組織した活動は多岐にわたった。

雇用対策では若年者のための就職斡旋《あっせん》をしたし、失業の根底にある労働者の技能不足を補うために、シカゴ市に雇用訓練のためのセンターも設立させた。公衆衛生では、下水道完備や道路補修などで成果を出した。また、問題を抱えている子供たちにアドバイスをするユースカウンセリング・ネットワークを立ち上げたのも、オバマの育てたリーダーの功績だ。

オバマをサウスサイドに居残らせた「アスベスト問題」

一九八三年に初の黒人市長ハロルド・ワシントンがシカゴでは誕生していたが、ワシントン市政は、市議会の白人多数派に阻まれて思うような成果を上げることができないでいた。オバマが取り組んでいたコミュニティ開発プロジェクト（ＤＣＰ）のおもな仕事は、工場の閉鎖で溢《あふ》れる失業者対策を中心とした雇用の復活のためのあの手この手だった。

オバマが行った大切な仕事の一つに、シカゴのサウスサイドの貧困地区にあるオールトゲルド・ガーデンズ公営住宅のアスベスト問題があった。オバマの担当地域の公営住宅の配管周辺にアスベストが使われている恐れがあることがわかり、そのための調査をシカゴ市住宅局に求めたプロジェクトだ。アイダ・Ｂ・ウェルズ住宅プロジェクトでもアスベスト問題への抗議が起きていた。オバマはガーデンズでもできないはずはないと考えた。

オバマたちの市への手紙による申し入れは、聞き入れられなかった。業を煮やしたオバマたちは、主婦たちを動員し、スクールバスでシカゴ市住宅局に乗り込む計画を立てる。人員確保のために、小学生にも母親に渡すように頼んでビラを配った。バスでオバマはバスガイド兼プロデューサーとして、住民たちにかけ声をかけてボルテージを高めた。オバマたちを相手にしようとしない当局に腹を立てた住人は、役所のなかに居座った。幸運にもその抗議活動が地元テレビの取材を受ける。オバマは躊躇《ちゅうちょ》する住民代表をカメラの前に立たせ、インタビューを受けさせた。

すべての計画がうまくいったわけではない。ガーデンズに七〇〇人の住民を集めて、局長を呼びつけての団交集会も組織したが、押し問答のうちに集会は混乱のままに終わり、リーダーの多くを失望させた。運動のプロデューサーたるオバマは徹底して黒子として支え、泣きだすリーダーに「責任があるとすればそれは自分だ」と励ました。オーガナイザーはカリスマであってはいけないと、オバマは常々考えていた。

アスベスト抗議の一件は、オバマにとってターニングポイントになった。地域社会の住民と家族のような連帯を結んで何かを成し遂げる充実感を感じた契機となったからだ。ハワイから絶えず何かを求めて動いてきた「移動の人」オバマは、ここで安心できる仲間とホームを見つけた。

それだけではない。このアスベストをめぐる抗議活動は現実的な効果をもたらした。シカゴ市議が公聴会の開催を約束し、弁護士と集団代表による訴訟の話が始まるなど、アスベスト問題はオバマの育てたリーダーたちの活躍で一気に広がりを見せる。一九八九年にアスベストの撤去が行われた。オバマがシカゴを去った後のことで、アスベスト問題のすべてをオバマが解決したわけではないが、オバマが蒔いた種は根付いた。これはケルマンら当時の上司、同僚が認めていることだ。オバマは一人でできることの限界を知るとともに、人を動かす喜びを学んだ。

オーガナイズで一番大変なのは、リーダーや住民の興味関心を維持させることだ。職業として問題解決に取り組んでいるのは、オーガナイザーだけだ。地域住民は、日々の仕事や暮らしがある。そのなかでプライベートの時間を切り崩して、オバマらが呼びかける運動に参加するのは並大抵のことではない。仕事や子育てで忙しい住民は、いつまでも学生運動ごっこのようなものに参加しようとはしてくれない。オバマも苦労した。オバマが自著で回顧しているように、住民はとかく今すぐ見える具体的な成果を求めた。ある住民は、このようにオバマに弱音を吐いた。

「ごめんなさい、バラク。あなたが悪いわけではないの。正直言って、私たち疲れてしまって。私たち皆、この活動に取り組んでもう二年になるけど、何の成果も得られていない」

オバマは試行錯誤のなか、オバマ流のオーガナイズの極意に到達する。それは住民を粘り強く運動に留《とど》めるには、「実利」という短期的成果や、問題改善というニンジンをぶらさげるだけでなく、オーガナイザーが地域の一員となって最後まで一緒に戦い、骨を埋《うず》めようとすることによる心理的一体感と安心感を住民に与えることだった。

自分をさらすことを好まなかったオバマは、リーダーたちとの付き合いのなかで、自分の過去についても次第に口を開くようになる。オバマは自分の変わった出自について知られてしまうと、シカゴの黒人社会から遊離してしまうのではないかと恐れていた。しかし、それは杞憂《きゆう》だった。オバマはこう振り返る。

「トゥート（母方の祖母の愛称）やロロ、母、そして父についての私の話や、ジャカルタで凧《たこ》を飛ばし、プナホで学校のダンスに参加した話をすると、彼らは頷《うなず》き、肩をすくめ、笑ってくれた。（中略）そして、どうしてワイキキビーチで日光浴していられたのに、わざわざ冬の厳しいシカゴにやって来たのかと不思議がった。それからというもの、彼らも、亡き父親、犯罪にまみれていた青年時代、落ち着かない心、小さな喜びを見いだす瞬間など、私と似たような話を語ってくれるようになり、それが私たちの過去の経験を重ね合わせる結び目となっていった」

「物語」が人と人を取り結ぶことを、オバマが初めて実感した瞬間だった。自分の生い立ちを包み隠さず堂々と話すようになったきっかけでもある。オバマはこのときのことを「コミュニティ・オーガナイズの世界にも詩は存在するのだ」と少しキザに記述している。

オバマと師匠のケルマンは、この点においてやや考えを異にしていた。ケルマンはオバマに人の心に入り込むことを指導していたが、必ずしも「人に好かれるかどうかを気にしてはならない」とオバマを諭していた。心の傷や人種問題などコミュニティの住民が抱えるヒューマンな次元の問題をいっさい棚上げして、雇用などの目に見える問題改善に専心することを指導した。

しかし、オバマは次第にこうしたケルマンの指導にうっすらと疑問を抱《いだ》くようになる。

オバマの脳裏を離れなかったのは、むしろ住民とのかかわりのなかで生まれるヒューマンな次元だったからだ。オバマは地域住民の心に入り込み、彼らと一蓮托生《いちれんたくしょう》であることを示すことが、何より長期的な成果につながるという信念をリーダーたちとの心の触れ合いのなかで獲得していく。それはオーガナイズの効果を目指した仕事の動機以上に、複雑な生い立ちのオバマを両手で受け入れてくれる、黒人社会との出会いへの歓喜だったかもしれない。

オバマをシカゴに連れて来たユダヤ系のケルマンは信念の人だったが、白人であるがゆえにサウスサイドの猜疑心《さいぎしん》の強い黒人たちに理解されないことがあり、黒人社会に信頼関係を築く上で壁に当たっていた。だからこそ、アフリカ系のオバマを部下に求めたのだ。もちろん、人種が必ずしもオーガナイズの障害になるとは限らない。同じく白人オーガナイザーだったキンドラーは言う。

「同じ人種であることは時には助けになります。しかし、同じ人種というだけでは信頼してくれません。人種は最重要の要素ではありません」

キンドラーは、黒人やメキシコ系、プエルトリコ系のオーガナイズも担当したことがある。しかし、ケルマンはその真面目で誠実な性格ゆえに、サウスサイドの黒人社会に入り込むことに壁を感じ、燃え尽き症候群に陥る。

人種問題の障害が多いサウスサイドを避けて、労働問題に絞った機能的オーガナイズに専念しようと、ケルマンは破綻したインディアナ州の工業都市ゲーリーに活動拠点を移す。そのさい弟子のオバマについて来るように誘うが、オバマは「自分はここに残ります」とケルマンの誘いを断った。オバマの決断は、自分を信じている住民の側《そば》に居続けたいというサウスサイドへの愛着の芽生えだったが、そうすることが一番オーガナイズにとって大切なことなのだという信念でもあった。

地元に愛着を持って住民の心に入り込むことで、人は動く。そうすれば成果が出なくても、人は諦めないし、運動に幻滅を感じない。こうしてオバマは住民心理の動かし方を体得していく。ケルマンにオーガナイズの技術指導を受けたオバマは、ケルマンから多くを学びつつも、自己流のオーガナイズをいつのまにか編み出していた。それは、人の「心」にこだわる文学者オバマでなければ到達しえなかった心理を重視したオーガナイズであり、常にアウトサイダーとして、他人の心の痛みを共有できる帰国子女の辛酸を舐《な》めてきたオバマでこそ開眼できたことだったかもしれない。

オバマは、住民の自尊心に火をつけることを重視した。ある日、オバマと先輩のクルーグリックは、その日のリーダーとの会合をそれぞれ終えて合流し、ハイドパーク五三丁目のカフェでささやかな反省会をした。その後、帰宅しようと二人が駐車場に歩いていくと物乞いがいた。物乞いはオバマに忍び寄ると「カネをくれ」とせびった。

「オバマはその若い男をじっと見つめて言いました。『いいですか、お若いの。こんなことしていてはいけません。自分を惨めにして、私たちのコミュニティも惨めにしています。お金はあげません。自分でどうしたらいいかよく考えて、自分でなんとかしなさい』。それで男は立ち去りました」

そう当時の出来事を思い出すクルーグリックは、オバマは愛の鞭《むち》の人だと言う。オバマにはすべての人が等しく尊厳を持って生きるに値するとの信念があった。物乞いに物を恵むことの是非ではなく、その男が持つポテンシャルを殺すことを忌み嫌ったのだ。クルーグリックは言う。

「オバマは働かない人に、ただお金をばらまく福祉改革はろくでもないと考えていました。交通や託児所など、貧困から抜け出すために仕事ができるシステムづくりをこそするべきだという考えです」

ケルマンはフィラデルフィアのコーヒー店で、じっと私を見据え、オバマの自著『ドリームズ』のなかにカウフマン名で登場するキャラクターの言動について「自分の今の考えは、オバマが本に書いている時代とは変わったものになっています」と率直に話した。ケルマンは、住民の心に長期的に入り込んでいくことの意義を、二〇年越しに弟子から逆に学んでいたのかもしれない。

ヒラリーが卒論で扱ったソウル・アリンスキーとは

オバマと離れ、給与の半減を承知の上で、一人インディアナ州のゲーリーに乗り込んだケルマンは、その経済格差のあまりの酷《ひど》さに衝撃を受け、信仰の世界への目覚めを経験する。ウォルター・ブレッグマンの『予言的想像』という一冊の本が、ユダヤ人のケルマンを感動させ、ついにカトリックに改宗させた。かつてのオーガナイズの方法も反省した。コミュニティ・オーガナイズと信仰の結びつきはとても深い。

そもそもオバマたちが取り組んだコミュニティ・オーガナイズは、教会を活動の拠点とする「教会ベース型」と呼ばれるオーガナイズだった。宗教の教区単位に会長を据えて、地域を組織化してもらう。カトリックの力を借りる場合は、シカゴ司教区との提携が大切だった。異なる宗教や人種を巻き込み、経済、教育、住宅、大企業とコミュニティの力関係などの改善といった共通目標を追求する。ケルマンは言う。

「教会の力を借りたオーガナイズの多くは、低所得で荒れ果てた地域で行われました。教会以外に何もない。政府のプログラムが途絶えると、産業は途絶えます。産業が停滞すれば、地域のビジネスも立ち行かなくなる。営利組織は止まるのです。すると、教会だけが唯一の組織として残る。まるで爆弾が投下されたかのようでしたよ。辺りを見回すと爆弾が落ちたかのようです。でも、それは爆弾じゃない。工業の停滞です」

もっとも、教会を軸としたオバマ世代のオーガナイズが完成するまでには、オーガナイズの歴史にも紆余曲折《うよきょくせつ》があった。コミュニティ・オーガナイズは、労働運動の延長としてソウル・アリンスキーという人物によって生み出されたものだ。

アリンスキーはシカゴ出身のロシア系ユダヤ人だ。一九三〇年にシカゴ大学で考古学の博士号を取得したのち、炭坑連合のジョン・L・ルイスの労働運動に参加する。ルイスは、自動車、鉄鋼、ゴムなど労働者をとりまとめ産業別組合会議（CIO）をつくり上げた人物だ。ルイスは対立姿勢を好んだ。ケルマンは説明する。

「日本の初期の労働争議のように、戦闘的だった時代もあります。それがアリンスキーの出発点です。自己利益と、対立姿勢です。アリンスキーはこの手法を地域社会に適用しようと考え、シカゴで始めました」

一九四〇年、アリンスキーは工業地域協会（IAF）をシカゴに設立する。活動の拠点はバック・オブ・ザ・ヤードと呼ばれるシカゴのサウスサイドで、アプトン・シンクレアの小説『ジャングル』の舞台にもなった。伝統的にはアイルランド系が集住していた精肉加工地区だ。

アリンスキー以前のアメリカの市民組織は、近隣住民の自主性に依存していた。しかし、近隣型オーガナイゼーションは、幅広い住民の声を代弁しているとは限らなかった。

膨大な数のごく一部の市民だったかもしれない。アリンスキーは、近隣型オーガナイゼーションをグループや組織ごとにまとめた。退役軍人、女性、教会、学校、職場別などだ。ライオンズクラブやPTAなども対象だった。

アリンスキーはエスニック集団であろうと宗教であろうと、既存のコミュニティのなかで、絆《きずな》を深めることを目指した。異なる背景を持つグループが存在するコミュニティのなかで、何か共有できる利益と関心を生み出すことができれば、民主社会をめぐるアメリカの理想主義に根ざした組織をつくることができると考えたからだ。人々が責任を負い、自分たちで物事を決める。

オバマの元同僚キンドラーは、コミュニティ・オーガナイザーになった理由を「民主社会はいかなる政治組織よりも大切だし、アメリカの民主的理想は全員参加でなければ実現できない、という強い信念があったからです」と語る。オバマ世代の学生や若者にとり、シカゴはオーガナイズの伝統を打ち立てた先人の街であり、彼らを惹《ひ》き付けてやまなかった。

アリンスキーの試みによる変化の第一は、グループ別組織化により、以前よりも幅広い層の声を拾うことができるようになったこと。第二は、動員力のアップだった。為政者は組織を無視できないようになった。コミュニティ・オーガナイズが産声を上げた。

アリンスキーが一九四六年に出版した『*Reveille for Radicals*（市民運動の組織論）』は、

オーガナイザーのバイブルとして読み継がれている。アリンスキーの仮想敵はファシズムだった。独占大資本に対抗した一九世紀末の農民のポピュリズム運動になぞらえ、都市版のポピュリズム運動をやろうとしたのだ。また、一九七〇年代以降のアリンスキーは、貧困層ではなく中流階級の組織化こそが社会全体を変えることにつながるという考えにも到達している。

オバマより一足早く、このアリンスキーの組織論に惹き付けられた人物に、ヒラリー・クリントンがいる。ヒラリーはウェルズリー・カレッジの卒業論文に「ソウル・アリンスキー論」を選んだ。「アリンスキー・モデル」と呼ばれるコミュニティ・オーガナイズの手法を詳細に分析し、優等論文で表彰されている。ヒラリーは論文のために、アリンスキー本人にもインタビューを行った。一九六八年、マーティン・ルーサー・キング牧師とロバート・ケネディが暗殺され、ヴェトナム戦争がエスカレートの一途を辿《たど》っていたころだ。

アリンスキーはヒラリーの優秀さと情熱を見抜き、工業地域協会に採用しようと口説いたが、ヒラリーは首を横に振ってロースクールに進学した。ヒラリーはコミュニティ・オーガナイザーとしてオバマの大先輩になる道のすれすれを歩きながら、そちら側に踏み込まなかった。コミュニティ・オーガナイズは、オバマとヒラリーをつなぐ数奇な「縁」でもある。

オバマの先輩たちの改革

数回の再婚を繰り返し、私生活では浮き沈みの激しかったアリンスキーは、一九七二年に志半ばにして心臓発作でこの世を去る。アリンスキーの死後、オバマの先輩オーガナイザーによる改革が続いた。一九八〇年代にアリンスキーの後継者たちが断行した改革は、教会だけをターゲットにする新たな手法を取り入れることだった。オーガナイズの対象から、他の組織を切り離したのだ。扱う社会問題は変わらない。雇用、教育、治安、ゴミ問題などだ。なぜアリンスキーの後継者らは「教会型オーガナイズ」だけに特化したのか。

ノースウェスタン大学教授で、オーガナイザー時代にオバマの上司だったジョン・マックナイトはこう説明する。

「何十もの異なる組織を束ねて、それぞれ丁寧に対応していくことが、組織ごとに異なる関心事の多様さからして難しくなったのです。それから、オーガナイザーに資金提供もできるような独立した力が、地域の組織側にも求められたからです。アメリカの地域社会で、集金力と言えば教会に尽きます」

教会はメンバーシップの数が、女性組織、退役軍人組織、ボウリング愛好会など趣味の会などに比べて、圧倒的だった。一〇の教会を組織化すると、それぞれが五〇〇人のメンバーを抱えているので、それだけで五〇〇〇人が確保できる。ヒトとカネがあった。「後継者の判断は正しかったと思う」とマックナイトは言う。オバマをリクルートしたケルマンも改革の中心にいた。

「教会は人の数がずば抜けていました。そこで影響力を拡大するために教会型オーガナイズを始めました。最初、私はいくつかの教会でやってみました。シアトルでオーガナイズをやっていた同僚のグレッグ・ガルゾが、ちょうどシカゴに戻ってヒスパニック系地区でヒスパニック・オーガナイズを始めようとしていて、誘われました」

ケルマンは近隣オーガナイズ連合（ＵＮＯ）のスタッフの訓練を担当していたが、それをグレッグ・ガルゾがガマリエル協会という全国組織に育てた。

「教会に深く入り込んでいこうと思ったら、教会の実態的側面とともに精神世界にも関心を持たなくてはなりません。それで私たちは教会の信仰生活が、教会の地域社会へのコミットと、社会正義へのコミットという意味でいかに深く関係しているかを知るようになったのです。オーガナイズの基本は変わっていません。個別インタビュー、関係構築、聴き取り、そして人をまとめます」

当時、ブラジル人教育者のパブロ・フェラーリが教会で影響力があった。フェラーリ自身はさほど信心深いわけではなかったが、多くの聖職者や関係者が協力した。彼らは対話をして人を巻き込むことで、特定の状況に神をあてはめてリアリティを与えていった。そうすることで、「あそこに火事に遭った家があるから、一緒になんとかしよう」と呼びかければ、より深いコミットが得られるのだとケルマンは言う。

根本的なオーガナイズの理念は変わらなかったが、オバマの上司世代は、民主社会の理想をめぐるアリンスキー精神を保持しつつ、手法を大胆に変えていった。アリンスキー型の常道だったピケや座り込みといった攻撃的な示威行動に、教会関係者が尻込みしたからだ。

教会は、叫び声や拳を振り上げることに関心を示さなかった。教会の協力を得られなければ、オーガナイズは実現できない。旧手法に依存しない別の組織化の方法を編み出さなければならない。教会には正義への責任感があったし、コミュニティ内外への愛が存在していた。また、教区内の人々は多くの場合、教会絡みの行事には参加する義務感を感じていた。

脱アリンスキー世代が求めたオーガナイズは、対決姿勢の緩和で、より組織化されたオーガナイズだった。オーガナイザーは、住民を闘争に放り込むだけではなく、教会という住民のための組織を支える必要が出てきたのだ。

教会の最終目的は、信者数を増やし、より多額の集金をし、指導者を輩出できるような教会に育てることだ。オーガナイザーは、教会の利益を満たしてやる必要があった。

そのためオバマたちは、オーガナイズのためのリーダーを育てるだけでなく、教会の利益になるリーダーを育てるために、それぞれの教区内部で莫大《ばくだい》な時間を費やした。キンドラーはこう言う。

「アリンスキーはリーダーを育てることはするでしょうが、個々の組織のなかで莫大な時間を共にするようなことはしないでしょう。アリンスキーにとって大切だったのは、争点を見つけ、対決的な運動や交渉に邁進《まいしん》することでした。しかし、人命でもかかっていない限り、そういう行動はシカゴ司教区の理解は得られないのです」

ケルマンもこう続ける。

「アリンスキーは、牧師にキリストについて話すと放り出されるからやめておけという考えでしたが、暖房費の補助について話しかければ、きっと関心を持ってくれます。それが物事を進めるにはいい方法です。それが、バラクが参加していた活動です。私はシカゴ司教区枢機卿《すうききょう》、ジョセフ・バーナディンを引っ張り出しました」

ケルマンは、約一〇〇名の聖職者に「オーガナイズに参加しない者は、告白をしなくてはならない」と言わしめ、教会はオーガナイズになくてはならない中心的な存在となっていった。また、信仰を土台にしたオーガナイズは、ヒスパニック系社会でも成功を収めた。ケルマンは言う。

「一番のポイントは、教会がコミュニティにもともと根ざしていたことだと思います。

教会にとっての成功とは、人々がそこでほかの人々と集いたくなるような状況です。必ずしも精神世界云々《うんぬん》ではない。精神世界は、コミュニティと関係せずに一人でも持てるからです。寺院に行って、周囲が誰も知らない人でも信仰を捧《ささ》げることはできます。寺院に行くのは祈りを捧げに行くからで、コミュニティを持ちに行くわけではない。日本の伝統的な仏教はそうかもしれませんが」

そこでは、必ずしも自己利益のためにオーガナイズするわけではない。

「人助けをするのが自分の意義ある人生だというのであれば、それは自己利益かもしれない。でもそれは、この組織に協力すればこのポジションがもらえるという類いの利益とは違います。オーガナイズに参加する人は理想のために集います」

ケルマン自身、公民権運動、ヴェトナム反戦運動に深くかかわってきたが、ケルマンの言うオーガナイズは、自分の等身大の問題に置き換えて他者の感情に訴えていくことだ。

「例えば、誰かが弱者に何かを感じるとすれば、それはその人自身のなかに弱さがあるからだと考えます。人生のいろいろな面に弱さを感じているから。同じ弱さである必要はないです。でも、他人の弱さを感じるにはそういう衝動が必要です。人が子供の問題に関心を持つのは、自分の子供に関心があるからです。ですから、それは自己利益です。しかし、他人の子供への愛の行為でもあります」

こうして、教会をベースにした、オバマ世代の新たなコミュニティ・オーガナイズがシカゴで芽吹いた。アリンスキーがシカゴを拠点としていたことや労働運動の伝統があったことが、シカゴにオーガナイズが根付いたことの根底にある。しかし皮肉にも、新しいコミュニティ・オーガナイズに、アリンスキー流派の親元である労働運動は手を差し伸べてくれなかった。労働運動は、オバマたちのことを労働運動の解釈における「オーガナイザー」とは認識しなかったのだ。キンドラーは指摘する。

「労働運動は、コミュニティ・オーガナイズのことを最初に見下した集団です。まるでインドとパキスタンのような関係でした。共通利益が見いだせるはずなのに、まったく連携がありませんでした。労働運動の指導者とコミュニティ・オーガナイザーが共闘することは、ただの一度もありませんでした」

ジョン・マックナイトは、コミュニティ・オーガナイズと労働運動が離反した原因に、労組の中央集権化を指摘する。コミュニティ・オーガナイズはローカルに密着する地元主義が基本で、全国組織を大切にする労組と根本の精神が違っていたのだ。そしてオーガナイズはどんどん教会を主体とした、信仰世界との距離を縮めていった。オバマは好むと好まざるとにかかわらず、オーガナイズの過程で信仰に触れることになった。

メルヴィル的「葛藤の知」——懐疑を許容する信仰との邂逅《かいこう》

　もともとオバマは、あまり信仰深い人間ではない。母アンの影響も少なくない。マヤは母アンのことを、無神論者ではなく不可知論者と称している。もちろん、特定の宗教を盲信することと、宗教や信仰について深く考えることは違う。オバマは宗教については比較的リベラルだと思われがちだが、彼ほど信仰について徹底的に悩み抜いてきた人間もいない。懐疑のなかで信仰を問い直し続けたその姿勢は、文豪メルヴィルに似ている。

　オバマの知は秀才であることに神髄があるのではなく、むしろ「葛藤の知」とでも呼ぶべき、作家・詩人としての深い思考にある。オバマの愛読書『白鯨』を著したハーマン・メルヴィルにその精神性は酷似している。オバマの複雑な信仰心と瓜二《うりふた》つだ。

　メルヴィルの父は、精神錯乱と苦痛にまみれて無惨な最期を迎えたことで知られる。父が敬虔《けいけん》すぎるほどの信仰者であったことが、逆にメルヴィルの信仰への懐疑の引き金になった。死の床においても聖書を手放さなかった人間が、なぜあのような苦痛にもだえて惨めな死に方をするのか、と。メルヴィルの母は、「神様は不可解なやり方をする」と呟《つぶや》いた。

メルヴィル三部作の『ピエール』『マーディ』『白鯨』は、キリスト教をめぐる倫理的葛藤がモチーフだ。白い鯨にメルヴィルが投影したのは、宇宙ないしは沈黙の神の象徴と考えられる。『白鯨』でメルヴィルはその正体を暴こうとして、エイハブ船長に「ボール紙の仮面」を打ち破らせようとする。神の神秘を探る人間の越権行為である。『白鯨』の完成に近い一八五一年六月、メルヴィルはナサニエル・ホーソン宛の手紙で「私は溝でのたれ死ぬべきでしょう」と執筆と刊行への所感を述べている。

オバマとメルヴィルの共通項は二元論的思考だ。D・H・ローレンスが「小イエス・キリスト」と描写したエマソンらの近代の作家のように、人間の無限の可能性だけを信じることは、メルヴィルにはできなかった。一方、大覚醒運動という信仰復興を起こしたジョナサン・エドワーズのように、無限の絶対者を讃《たた》えるほどの強烈な信仰心はなかった。

メルヴィルは『白鯨』の結末で、エイハブ船長をイシュメール以外のすべての乗組員を巻き添えにして破滅させている。いかにエイハブが理性の力で見えない自然を征服しようとしても、この世の曖昧な領域がそう簡単に明らかになるわけがないとメルヴィルは感じていた。これはメルヴィルの懐疑の終焉《しゅうえん》でもなければ、神を全面的に受け入れたことでもない。しかし、理性の万能性と人間の無限の可能性には疑問を抱え続けた。二元論的に物事を見ているメルヴィルのことを、ホーソンは日記にこう綴《つづ》っている。

「確たる信念を手に入れるまで、彼が落ち着くことはないのだと思う。奇妙なことに、なぜ彼は砂漠のような所を、あちこち放浪することに執着するのだろうか。彼と知り合ってからずっとそうだし、きっと遥《はる》か前からそうなのだろうが、我々が座っていた砂丘のように、暗くて単調な砂漠だ。彼は絶対に信じることができない。しかし、不信を受け入れることもできない。そして、誠実で勇敢であるがために、どちらか一方に懸けるということができない。もし、彼が信仰のある人であるとすれば、真の意味で最も宗教的で、最も敬虔な人の一人と言えるだろう」

オバマが愛する「葛藤の知」の文学者に対するホーソンの最大級の賛辞は、まるで現代のオバマについて語ったかのように聞こえる。アメリカ文学の傑作『白鯨』は、懐疑主義者オバマを理解する上でも最高のテキストだ。

しかし、信仰をめぐって複雑な考えを持っていたオバマの活動を地域で手助けしてくれるのは、教会だった。バプティストやペンテコスタル派の牧師の協力をとりつけることは難しく、白人のカトリック信徒が初期のオバマを支えていた。オバマは、白人やユダヤ人の聖職者の勢力拡大の手先になっているという当てこすりと誤解を払拭しなければならないはめにもなった。教会に加わらないと黒人教会の牧師は、オバマの活動を信頼してくれないということを悟る。

そんなとき、オバマはトリニティユナイテッド・キリスト教会のジェレマイア・ライト牧師とその説教『ジ・オーダシティ・オブ・ホープ』に出会い、自分の居場所を見つけた。それは、懐疑を持ちながら神の道を求めてもいいのだという教えだったからだ。ジャカルタのアシシ小学校でカトリックの尼僧とのお祈りの時間、薄目を開けて妖精も飛んでいなければ何も起きていなかったことを確認した当時からの懐疑に、オバマは突破口を見つけたような気がしたのだろう。オバマは上院議員になってから、ある演説で次のように話している。

「私の母はさほど敬虔ではないバプティストとメソジストでしたが、母は私が知る限り最もスピリチュアルで優しい人間です。しかし、組織宗教への懐疑も抱えて育ちました。そのため、私もそのようになりました」

オバマの信仰との出会いはオーガナイズだった。教会とともに働いているとき、「信者は私のなかの一部が上の空で、離れていて、どこか傍観者だと感じていました」という。そして、オバマはコミットメントの必要性を感じる。

「数カ月後、シカゴで自分が教会とではなく、教会のなかで働いていることに気がついたのです。第一にアフリカ系の宗教の社会変革の力を信じていました」

そして、オバマは自分の信仰の原点に辿り着いた。

「信仰は疑いとは矛盾しないのです。私は、サウスサイド九五丁目のトリニティ教会で洗礼を受けました。それは選択です。教会にひれ伏したわけではないのです。私が抱いていた懐疑は魔法のようには消えてくれませんでした。しかし、十字架にひざまずいたとき、神の精神が呼んでいるように感じたのです。私は主《しゅ》の意思にゆだね、主の真《まこと》を発見することに自らを捧げようと決めたのです。この道程は、福音派《ふくいんは》、カトリック、プロテスタント、ユダヤ教、そしてムスリムのアメリカ人と同じです」

オバマ時代の宗教左派

オバマの人生を変えた重要なスピーチは、二〇〇四年のボストンの民主党大会での基調演説だとされている。たしかに、エスニシティを超越する「ワンネーション」演説は、全国にオバマの名前を浸透させた。しかし、宗教指導者たちの信頼を獲得したのは、二〇〇六年一月の宗教演説だ。オバマは「サジャナーズ」というキリスト教団体が主催する会合で次のように述べた。

「福音派のキリスト教徒や信心深いアメリカ人に手を伸ばし、私たちの心を説いていかねば、ジェリー・ファルエル、パット・ロバートソン、アラン・キーズが影響を持ち続けてしまいます。もっと言えば、進歩派が抱く宗教への嫌悪は道徳的にものを語ることを困難にさせています。（中略）『神の判断』への言及のないリンカーンの二度目の就任演説、『神の子供たち』への言及のないキング牧師の〝私には夢がある〟演説を想像してみてください。リンカーンやキング牧師の高次の真実を語る言葉は、これまで不可能だったことをもインスパイアし、国を共通の運命のもとに包み込む駆動力となるのです」

ジャーナリストのE・J・ディオンヌは、これをケネディの一九六〇年のヒューストン演説以来、「信仰と政治をめぐる最も重大な演説」とまで賞賛した。一九八〇年代のライト牧師との邂逅を経て、オバマは一九九〇年代に福音派牧師のジム・ウォーリスという人物と出会う。ウォーリスが率いる「サジャナーズ」は、一九七一年から雑誌『サジャナーズ』を首都ワシントンで発行し、貧困撲滅への啓発活動などに力を注いできた。主にリベラルな福音派やカトリックの信仰者たちによって支えられている。

ウォーリスはオバマの二冊目の著作『ジ・オーダシティ・オブ・ホープ』の宗教をめぐる記述の監修も担当している。オバマの現在の宗教観は、ライト牧師よりもウォーリスの影響が濃厚だ。ウォーリスは二〇〇八年の大統領選でオバマにムスリム疑惑がかけられたとき、オバマは世界のムスリムに手を差し伸べていくべきだという考えを持っているがムスリムではないとして、「ハフィントン・ポスト」などの有名ブログサイトで擁護の論陣を張った。

ウォーリスの運動は「宗教左派」と呼ばれることがある。一九八〇年代からアメリカの政治を牛耳ってきた、原理的な宗教右派へのアンチテーゼとしての運動だ。これは左派イコール宗教嫌いという先入観を打ち砕いた。宗教左派による宗教右派批判は、世俗派が求める「政教分離」の徹底とはまったく違う路線だ。人工妊娠中絶や同性愛など、生命と性をめぐるごく一部の問題に宗教右派がこだわるのは偽善にすぎないと切り捨てる宗教左派は、実に正攻法で闘った。

生命をそんなに大切に考えるなら、飢えているアフリカの人、戦争の巻き添えになっている非戦闘員の命は気にならないのか。神が与えてくれた地球の緑がどんどん汚されているのに、地球環境を守ることはキリスト者にとってこそ大切な課題ではないのか。こうした重大問題よりも、同性愛バッシングが重要だという優先順位は、本当にキリスト教徒のものなのかと。

二〇〇五年、ルイジアナ州、ミシシッピ州を中心に、観光地としても有名なニューオーリンズを直撃したハリケーン・カトリーナは、普段見えない貧困と人種の重なりを顕在化させた。立ち上がったのは、教会関係者や信仰心の厚い若者たちだった。必ずしも労働運動や左翼運動の延長にある活動家ではない。アメリカには連邦議会に議席を持つような社会主義政党は存在しないが、アメリカ社会が貧困にまったく無関心かというとそうでもない。

宗教左派は、宗教を社会変革の駆動力にすることに躊躇しない。最大の根拠になっているのは、公民権運動を成功に導いたのが、キング牧師を筆頭にした黒人教会とそれを支援したカトリック教会であったことだ。教会が政治や社会運動にかかわることの意義を証明した好例だ。また、貧困、環境、平和など、対象とする問題のウイングを広げた。キーワードは国際性だった。貧困問題とは、アフリカから南アジアまで広がる世界の飢えであり、アメリカのインナーシティの問題に限定されない。

この視野の広さが、同じ民主党でも、労組や各種利益団体の再分配派と違うところだ。幼少時に見たインドネシアの貧困と、コミュニティ活動で汗を流したシカゴ・サウスサイドの貧困は、オバマにとってどちらが優先かという問題ではない。等しく人類が取り組まねばならない大切な課題だ。宗教左派は、オバマに実にしっくりきた。

母アンの残した思わぬ遺産

オバマの選挙には地域社会《コミュニティ》の組織化と運動《ムーブメント》の組織化の双方の影響がうかがえる。参加者に組織化の主導権を与えるのは、地域社会の組織化がモデルだ。ケルマンは言う。

「バラクは人を興奮させる話者です。昔はそこそこでしたが、かなり成長しました。選挙運動の過程で、どんどんよくなっています。時間とともに。これは運動《ムーブメント》的な作用です。運動が組織に刺激を与え、巨大な聴衆が集まり、カリスマのリーダーを盛り立てます」

大型集会のイベント運営は、運動の組織化がモデルになっている。オバマの選挙は双方のコンビネーションだった。

「バラクはアメリカ大統領になってしまった。この状況をどう理解したらいいのか。バラク自身を含めて、今まで誰も予期していなかった状況です。チャンスの時です。バラクは再選されると思いますし、彼の眼差《まなざ》しは、経済、重要な外交課題、子供の教育、医療保険などの国内問題に向いている。バラクが好むと好まざるとにかかわらず、移民問題にも対処しなくてはなりません」

オバマが政策のすべてに目配りできない以上、オバマを支える民衆が補完していかねば、オバマが政治力を維持できないとケルマンは予言する。ケルマンは二〇〇九年現在、シカゴの西側デュペイジ郡でホームレス問題に取り組んでいる。一〇〇万人規模のだだっ広い町で、近年では共和党の影響も強まっている。ケルマンは、ホームレス問題を格差問題、経済問題として扱うことの視野の狭さを問う。

「精神を病んだり、薬物中毒、女性売買、非暴力的な犯罪に手を染めたり、多くのホームレスはそういう問題を抱えてホームレスになってしまいます。政権の優先課題からは抜け落ちる諸問題です。バラクに合理的な理解がないからではなく、理解しているから政策から抜け落ちる。こうした問題は、私たちがオーガナイズしていかないと世間の注目を維持できません。オーガナイザーは、世間一般が関心のない問題にこそ取り組むべきなのです。格差と平和には誰だって関心があります。でもそこから何が抜け落ちるのかを、考えるべきです」

ケルマンは、経済的自立という新しいアプローチをオーガナイズに取り入れつつある。

「これは明らかにバラクの遺産です。いや、バラクの母親の遺産ですね。私がバラクの母君にお会いしたとき、ちょうど彼女はバングラデシュで活動中でした。現地の人が縫製機を買ってお金が稼げるように、貧困層融資で経済を支援していた。世界には、規模は小さくても経済開発に意欲的な起業の動きがあります。これが将来の活力になると思います」

教会をベースに活動してきた敬虔なカトリック信徒のケルマンが、ここにきて辿り着いたのは、オバマの母アンの応用人類学的なアプローチだった。

「教会は疲れ果てています。カトリック教会のなかには、ヒスパニック系信者を失っている教会もあります。弱体化も著しい。プロテスタント主流派はハイドパークにも多いですが、疲弊しています。福音派の原理主義教会もそうです。あちこちあまりに手を伸ばしすぎた結果です。ギリシャ神話のイカロスのようです。飛びすぎて墜落したあの神話です」

ケルマンは、宗教右派的な一部の教会が、アメリカの公共政策を牛耳ろうとして、プライベートな問題に首を突っ込んだことが政教関係を歪《ゆが》め、ひいてはオーガナイズを歪めたという。

「性的指向の問題なんて典型例ですよ。人工妊娠中絶がそうだとは言いませんがね」

政治とオーガナイズの合流地点

二〇〇七年、大統領候補になったオバマが成し遂げたひそかな革命は、オーガナイズと政治の距離の接近だった。

「オバマの選挙の強さはフィールド作戦だった」とオバマ陣営全国共同副委員長として各州を飛び回ったジャニス・シャコウスキー連邦下院議員が語るように、オバマは組織づくりの過程で「問題探し」から一緒に考えるスタイルをとった。参加者に主導権を渡し、陣営が上からコントロールせずにあえて一歩引く。これはオーガナイズそのもので、アメリカの選挙に欠落していた手法だった。

オバマ現象に集まった若者たちは、票としてカウントされるのではない、彼らは、歴史づくりの仲間として扱ってくれているという感情を抱いた。住民の信頼を得るため、シカゴのスラムで雪のなか、ドアを一軒一軒ノックして回った経験が、オバマのキャンペーンの基本方針の底流にあった。

オバマ陣営は大胆な手に打って出た。コミュニティ・オーガナイズのプロを、キャンペーンのボランティア訓練の講師に投入したのだ。キャンプ・オバマという三日間の集中合宿で選抜された一〇〇〇人規模のボランティアのリーダーを鍛え、現場に放った。

戸別訪問などでボランティアを烏合《うごう》の衆にしないためには、彼らの手綱を握るリーダー格の養成が何より重要だ。ペローシ下院議長の娘クリスティン・ペローシが主催するキャンペーン・ブーツキャンプとの違いは、オーガナイズの経験知の利用だった。オーガナイザー手法の導入効果は絶大だった。オバマの元上司にして現役オーガナイザーのマイク・クルーグリックも、仕事を休んでキャンプ・オバマでボランティアの指導をした。アイオワ党員集会に向けては地元シカゴで、二月五日のスーパーチューズデーに向けては、カリフォルニア、ミズーリ、ニューヨーク、アリゾナ、ジョージアの各州でキャンプ・オバマが開かれ、オーガナイザーはトレーニングのために各都市を飛び回った。

オバマはコミュニティ・オーガナイザーを政治に引きずり込んだ時点で、ルビコン河を渡ったも同然だった。オーガナイザーは、これまで政治空間で活動したことなどない。よく誤解されるが、オーガナイザーは政治活動家のことではない。伝統的にオーガナイズと政治は相容《あいい》れないものと考えられていた。ケルマンも「私たちは政治にはシニカルです」と断言する。

なぜコミュニティ・オーガナイズは、潔癖症のように政治と距離をおいてきたのか。ジョン・マックナイトによれば、第一に始祖のアリンスキーが政治家を信用しておらず、政治家と決して連携してはならないと考えていたことがある。政治家は対峙《たいじ》し、追いつめる相手だった。アリンスキーは自分が育てた組織が特定の政治家を支持することも好まなかった。アリンスキーは、政治家は当選すれば、利益を代弁するためのだだっ広い選挙民を抱えるので、こちらが要求するとおりのことをできるわけがないと考えた。アリンスキーにとって政治家は戦闘相手にすぎなかった。学校、警察、政府などからもオーガナイザーは独立性を保つことがよしとされた。

そして第二に、資金的な理由だった。慈善家から非課税で資金提供を受けるには内国歳入庁コード５０１（ｃ）（３）の非営利団体としての認可を受けなくてはいけない。その代わり政治活動をしてはならない。したがって、アメリカのコミュニティ・オーガナイズは、これまで一度も組織的には「党派政治」に参与したことはない。公職者を問題解決のために動かし、候補者の立場について市民に周知させる努力はしても、「私たちはオバマを支持しています」とは言えないのだ。

だから、オバマ陣営はオーガナイズ組織に協力は依頼できなかった。オーガナイザーに個人として、本業を休んでボランティアで選挙訓練をやってもらったのだ。ここは微妙なラインだ。マックナイトは言う。

「アリンスキーがオーガナイズ手法を労働運動から地域社会に持ち込んだという言い方ができれば、オバマはオーガナイズ手法を地域社会から政治空間に持ち込んだのです」

コミュニティ・オーガナイズという飛び道具に興奮したのは若年層だった。マックナイトのノースウェスタン大学では何百人もの学生たちが「コミュニティ・オーガナイズ」に興味を示し、「キャンプ・オバマ」も大盛況であった。全米のキャンパスにコミュニティ・オーガナイズの知識が急速に広がった。しかし、マックナイトによれば楽観視はできない。

「私が思うに、若い人たちがオーガナイズに関心を持っているのは、主として、政治目的のオーガナイズに留まっています」

キャンペーンとしての政治に安易に参加して、お祭り騒ぎをすることが「社会的に責任感」のある若者なのかどうか。これは非常に難しいところだ。社会のことを本気で考え、具体的に貢献することと、選挙に参加することは、まったく別次元の話だ。コミュニティ・オーガナイザーが、政治を異質のものとして遠ざけ、選挙活動にいっさい参加しない伝統を保持してきたのも意義ある矜持《きょうじ》だった。

オバマ流「責任の時代」の真意

アメリカの若者には、地域の活動に取り組む人もいれば、福祉の仕事に携わる人もいる。もっと広く捉えれば、医師や弁護士を目指して勉強することは大きな社会貢献の第一歩だし、現実的に後々社会のためになる。

こうした人たちのなかには、特定の候補者を支持しない、投票もしない、政治も嫌いという若者もいる。倫理的理由から生々しい政治と距離をおく人もいる。「無党派」を標榜《ひょうぼう》しないと活動しにくい福祉活動もある。偽善に敏感なピュアな若年層には、選挙政治にある種の欺瞞《ぎまん》を見抜き、ビラ配りをせっせとすることが、何か大きなものに踊らされているにすぎないと感じる者もいる。アメリカで選挙政治そのものに過度に関心がある若者には、ミーハーな「ポリティカル・ジャンキー」も少なくないが、有名政治家に近づきたいという権力信仰と紙一重のこともままある。

たしかに、オバマ現象でアメリカの若者が選挙にどっと参加するようになった。フォーンバンクという電話センターで投票の勧誘を行い、キャンバシングという戸別訪問でドアを叩く。サークルのようなノリだ。しかし、特定候補への熱狂的な心酔が、そのまま社会改革への参加や責任感とイコールではない。スター候補者を応援し当選させる運動と社会改革の地道な活動は、別だ。

だからこそオバマは二〇〇九年の就任演説で「責任の時代」を呼びかけた。アメリカ人のオバマ支持層は、選挙で熱狂して沸点に達した。しかし、誰かを当選させて神頼みのように世の中をバラ色にしてもらおうとすることは、オバマが考える真の意味での責任ある社会参加ではない。各自の職業や市民生活のなかで、プロとして社会に参加していくことが貢献の本質だ。

キャンペーンは終わった、自分はおかげさまで勝利できたので、今こそコミュニティに戻って、自分の専門でこつこつやってほしいとオバマは呼びかけた。「オバマ、オバマ」ではなく、コミュニティに帰ってほしい。むしろ自分のことなど忘れて、足元を見てほしい、というメッセージだ。このメッセージを受け止められない、理解できない人は「就任演説には思ったほど熱狂できなかった」とがっかりしている。

若者が候補者を当選させることに熱狂するようになっただけで、国民総「選挙中毒」になってしまえばアメリカの民主政治は危うい。誰もが政治ミーハーであるポリティカル・ジャンキーになる傾向は、むしろ危険だ。選挙運動に参加することと、社会の一員として地道に陣地を守ることが別であることを若者が認識できるかどうか。

副作用は政党政治にも忍び寄る。共和党を中心に他の政治家たちも、オバマ陣営を真《ま》似《ね》るだろうとマックナイトは懸念する。オーガナイザーの政治進出が加速するというのだ。

「政治家はコミュニティ・オーガナイズの選挙利用に関心を持つでしょう。ノウハウを学ぶためにオーガナイザーにお金を支払うようになる。オーガナイザーをキャンペーン・スタッフにもどんどん登用するようになるはずです」

政治への接近を拒んできたコミュニティ・オーガナイザーが、そのノウハウを選挙目的に応用するようになることが、はたしてアメリカの民主主義に過渡的に必要な「チェンジ」なのかどうか。誰にもまだ簡単に答えは出せない。

　オバマは、「門外不出」とも言えたコミュニティ・オーガナイズという飛び道具を持ち込むことに成功した。選挙にオーガナイズは役立つことを証明した。しかし、やっぱり投票してよかった、キャンペーンに参加してよかった、という思いを若者に抱かせる成果を出さなければ、二〇〇八年に若者が奮い立った現象は一過性に終わり、むしろ萎《しぼ》みの逆効果をもたらしかねない。しかし、オバマとその元上司、同僚たちは、あえてコミュニティ・オーガナイズを民主政治活性化のチャンスとすることに賭けた。オーガナイズを政治につなげる一本の線は、オバマの人生そのものだからだ。

「政治家ではない」バラクの誓い

　一九八八年二月、シカゴのオバマの手元に分厚いパンフレットの入った郵便が届いた。ハーヴァード大学ロースクールの合格通知だった。オバマは三年でシカゴのオーガナイズに終止符を打つ。オバマがオーガナイザーを辞めたことについてケルマンは「バラクが伸び悩んでいたからではなく、むしろオーガナイザーとして成功したから」だとする一方で、オバマの個人的な理由もあったと教えてくれた。

「バラクは大志を抱く男ですが、家族もとても大切にします。まだあのころミシェルとは出逢《であ》ってなかったけど、家族を持って、そしてしっかり支えたいと切に願っていました。オーガナイザーは儲《もう》かる仕事じゃないんです。当時はステイタスも遥かに低かったですし」

オバマは大志と家庭サービスの双子を抱えていたと、ケルマンは回顧する。また、周縁の経験としてオーガナイズをやり、中心の経験としてロースクールに行ったと指摘する。

「中心の経験に入り込んでいくうちに、特定の政策については過敏になっていきました。私たちとバラクは、いつしか違う道を歩むようになりました。ある意味でバラクはクラブに入っていった。バラクが主流に入り込んでいったことは賞賛しています。しかし、まだ世の中には取り残されている人もいます。中心と周縁という見方で世界を見ればそうです」

これからのオーガナイザーは、オバマができない方法で周縁を代弁すべきだとケルマンは述べる。

「バラクは上り詰めました。困っている人に手を歩道から差し伸べられても、もうバラクは同じレベルには降りられません。でも、シカゴに再び戻って来たときから、その道は始まっていました。バラクの友人に成功している人が増えましたし、シカゴ大学にも勤務するようになりました。とても素晴らしい人たちですが、彼をとりまく世界は、バラクがオーガナイザーとして出発したときの世界とは少し異質なのです」

オバマがきわめて慎重な人間で、決して物事を安易に即断しないことをケルマンは強調する。

「今の立場ではどんどん決めていかないといけないのですが、もともと彼は自分に自信はあっても、慎重なのです。父親の人生のような結末になってしまうことを恐れたのかもしれないです」

ケルマンによれば、オバマには二つだけ怖いものがあった。

「バラクにとって第一の恐怖は、オーガナイザーだけで終わってしまい、お金も稼げずに家族も養えず、大成もできないこと。そして第二の恐怖は、官僚機構のなかにがんじがらめにされて終わってしまうことです」

オバマが目指していたのは、コミュニティのなかで、社会変革と政治がオーバーラップすることだ。お互いが離反し、別世界に存在するものではなく、コミュニティのために政治を使う必要があり、政治はコミュニティに尽くすための存在であらねばならない。「政治に入ってしまったら、やはり身近な問題解決とは縁遠くなる」、そうオーガナイザー仲間に苦言を呈されれば、オバマの負け。「政治と距離をおくことだけにこだわるのは愚かだ」、そうオーガナイザーたちに再考させることができれば、オバマの二〇年越しの勝利である。

ミシェル夫人が繰り返す「バラクは政治家ではありません」という不思議な発言の真意を理解するには、オバマが一生「オーガナイザー」だという意味を知らなくてはならない。それがオバマの天職だったからだ。バラクは政治家だが、政治家ではない。

オバマは法律の学位を手にし、議席を確保し、ホワイトハウスに入った。それは学位や議員バッジという「仮面」があれば、オーガナイザーの目的が深められると考えたからだ。政治を遠ざけるオーガナイズのあり方を根本的に問い直した、勇気ある革命的オーガナイザーだ。政治は毒ではない、しっかり正しく使えば特効薬になる。オバマは身をもってそれを証明しようとした。

オバマは議員事務所で働いたり、特定の選挙に入れ込んだ「ポリティカル・ジャンキー」ではなかった。アパルトヘイトからシカゴの人種差別や貧困まで、内外の問題に関心を持つ、作家志望の悩める青年だった。イシューから始まり、イシューを解決することだけに携わってきた。政治は生活の糧ではなく手段にすぎない。「政治空間」にファッション的な愛着や幻想がまるでない。

オバマを深く知るには、なぜオーガナイザーになったのかではなく、なぜオーガナイザーを辞めたかが鍵になる。オバマは一九八七年の秋口、シカゴに来てわずか二年強でハーヴァードに出願する決心をしている。

オバマの深層心理にあったのは、オーガナイズで貧困や社会問題のすべてを解決できるはずがないという諦めだけではない。この間、オバマは異母姉のオウマと会い、理想の存在だった父オバマ・シニアが、不遇のうちに亡くなったことを知った。苦悩に満ちた父の現実の姿を知ったオバマは、将来に対して言いようのない不安にかられたはずだと周囲は語る。

推薦状は先輩オーガナイザーのマックナイトに依頼した。マックナイトは一九五六年から一九六九年までシカゴでコミュニティ・オーガナイズに従事し、その経験をもとにノースウェスタン大学で市民組織論を教えていた。オーガナイズ経験をアカデミックに評価できる数少ないオバマの先輩だった。マックナイトはオバマのことを、飛び抜けて才能に恵まれているベスト・ヤング・オーガナイザーと評価していた。「どうしてオバマはオーガナイザーを辞めてロースクールを選んだのか」という私のストレートな質問にマックナイトは即答した。

「オバマが自分の本の最後に書いていますが、(ロースクールに行けば)もっと影響力が発揮できるようになると考えたのです」

オバマは『ジ・オーダシティ・オブ・ホープ』の巻末に、「ある友人」との会話を載せている。

「推薦状は喜んで書かせてもらうが、その前に法律の学位をどう活《い》かすつもりなのか、と彼は問うた。私は、公民権の仕事に関心があることと、ある時点で、公職への立候補に挑戦するかもしれないと述べた。彼は頷きながら、こう訊《たず》ねた。そういう人生に何が付きまとうのかを考えたことがあるかと。『ハーヴァード・ロー・レビュー』の編集を

1969年、黒人政治家と談話するソウル・アリンスキー。(©gettyimages)

ジェリー・ケルマン。オバマをシカゴに誘った
コミュニティ・オーガナイザーの師。
(©gettyimages 2007年)

マイク・クルーグリック。オバマのオーガナイザーの師の一人。理想主義的でロースクール進学に反対した。息子のハリー・クルーグリックはオバマ政権でスピーチ・ライターに登用された。(著者撮影 2009年)

したり、法律事務所のパートナーを務めたり、公職に当選して再選し続けるために、どんな覚悟ができているのかと。彼はこう言った。概して、法律にも政治にも妥協が必要だが、政策課題だけでなく、より根源的な、自分の価値観や理想にまで妥協が求められると」

オバマは自著で名前を伏せているが、この「ある友人」とはマックナイトのことだった。「若いころ何度も政界から誘いがあったが、自分が断ってきたのは、妥協には満足できないから」

そうやんわりと諭したマックナイト教授の言葉を噛《か》みしめつつ、オバマの現場を去る決意は変わらなかった。クルーグリックもオバマの決意に困惑したという。

「オーガナイザーを辞めてロースクールに行くのがいいアイデアだとはまったく思えなかったので、反対しました。でも、結果として正しい選択だったことをバラクが証明してしまいましたけどね。彼がシカゴに戻ったら、またオーガナイズしようって約束したのです。今度は俺がお前を支えるからって」

このオバマの決意にシンクロして思い起こされるのは、かつてアリンスキーに魅せられたヒラリーが自伝『リビング・ヒストリー』に綴っているくだりだ。アリンスキーは、ヒラリーの才能を認め、オーガナイザーになるように誘ったが、ヒラリーはイェール大学ロースクールに進む。ヒラリーは次のように回顧している。

「アリンスキーの思想に共鳴できる部分もあった。特に人々の自立を支援していく考えだ。しかし、私たちには根本的な違いもあった。アリンスキーは、システムは外側からしか変えられないと信じていた。私はそうは思わなかった。大学を卒業したとき、アリンスキーが一緒に働かないかと誘ってくれたが、ロースクール進学を理由に断ったら、彼はがっかりしていた。アリンスキーは、その選択は時間の無駄だ、と言った。だが、この私の決断は、システムは内側から変革できるという信念の表れだった」

はたしてロースクールが「時間の無駄」かどうか。ヒラリーとオバマは、コミュニティ・オーガナイザーたちに証明をする必要があったのだ。政治で何かを成し遂げることについて、二人が燃やす執念の根底の原動力にもつながっている。ヒラリーはアリンスキーに対して、一方のオバマは、自分を育ててくれたオーガナイザーの師と住民たちに対して。

二〇〇八年の大統領選で刃《やいば》を交えたヒラリーとオバマの半生が、コミュニティ・オーガナイズではなく、政治で世の中を変えることができるはずという信念に結実したのは、ただの偶然だろうか。アリンスキーは半世紀をかけて、シカゴ生まれのその思想と実践から二人の大統領の卵を生み、それぞれを二〇〇九年に大統領と国務長官にした。

アリンスキーがそれを知ったら何と言うだろうか。「君たち、まだ政治などに手を染めているのか。時間の無駄だ。オーガナイズの現場に戻りなさい」と叱るのかもしれない。オバマとヒラリーはどう反論するのだろうか。結果だけがすべてかもしれない。

オバマにとって、大統領になるチャンスを先延ばしにしながら、再選だけを重ねて長老議員になることは無価値だった。生涯一政治家として、ワシントンで権力に拘泥するインセンティブがなかったからだ。チャンスがあれば一刻も早く大統領選に打って出る義務感にかられていた。

サウスサイドの現場をあえて去り、オーガナイザーが禁句としてきた「政治」に船出した異端として、決意と責任から逃れることはできない。オーガナイズの上司や住民と交わした約束だ。アスベスト問題をともに闘ったオールトゲルド・ガーデンズでは、六〇人近くの住民がオバマの送別会に集まってくれた。その場でオバマは、学位を取得したらシカゴに戻って公共の仕事に身を捧げると言った。オバマは「政治家のマスク」をつけた永遠のコミュニティ・オーガナイザーでなくてはならない、歴史的にも稀有《けう》な「非政治家」大統領なのだ。

ミシェルは繰り返す。

「バラクは政治家ではありません――」

第5章　「プロフェッサー」の大統領

――サウスサイドの境界線

1992年10月18日、シカゴのトリニティユナイテッド・キリスト教会で挙式したオバマとミシェル。左からミシェルの母マリアン・ロビンソン、新婦ミシェル、オバマの母アン、新郎オバマ。
(©Polaris/amanaimages)

シカゴ大学ロースクールでのオバマの授業風景。オバマは通算12年間、シカゴ大学でプロフェッサー待遇の講師として合衆国憲法などを担当し、学生指導も熱心に行った。
(©Polaris/amanaimages)

サウスサイド・シカゴ55丁目高架下（
ラ鉄道「55-56-57丁目」駅入口脇）に
れた黒人壁画。（著者撮影 2009年）

ハイドパーク57丁目にあるオバマ家にも馴染みの人気レストラン「メディチ Medici」。シカゴピザの味で知られる学生と地元民の隠れ家的レストランもオバマを応援した。（著者撮影 2008年）

シカゴ大学のレーゲンシュタイン図書館方面から望む同大学キャンパスのハッチンソン・コモンズ。ミシェル夫人は1990年代半ばから2008年まで同大学と大学病院で勤務した。（著者撮影 2008年）

米法曹界の重鎮、アブナー・ミクバ。シカゴ大学にて。シカゴの知識人界と政界にオバマを迎え入れた恩人。2014年、大統領自由勲章を授かる。2016年に物故。（著者撮影 2009年）

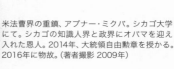

「オバマの書店」

書店の店舗の奥行きの広さは、狭い入り口からはわからない。シカゴのハイドパークは不思議な場所だ。書店の軒数は少ないのに、学術書専門書店としては北米一とされる「セミナリー・コープ・ブックストア」がある。レジでバッグを預けて木製の洗濯バサミのようなものを番号札として受け取る。洞窟のような通路はどこまでも広がる。洞窟のなかの配置を覚えて、使いこなすには多少の慣れが必要だ。

その系列店で一般書も扱っているのが「五七番街書店」である。ジャンルごとに木製の棚に囲まれた行き止まりの空間が迷路のように連なるスタイルは、本家「セミナリー・コープ」に倣っている。違いは「オバマの書店」で知られることだ。インフォメーションカウンターの壁に、オバマが二冊目の『ジ・オーダシティ・オブ・ホープ』のサイン会を開いたときの写真が飾られている。ノーネクタイで紺のブレザー。大統領選挙キャンペーンでお馴染《なじ》みとなった白いワイシャツ姿で、自著にサインをしている。「五七番街書店」にオバマは恩義がある。かつて『ドリームズ・フロム・マイ・ファーザー』を出版したとき、作家としては無名だったオバマに初めてのサイン会のチャンスをくれた書店だ。有名になってからもサイン会はこの地元書店から行う。

大規模チェーン店が地元の個性的な小さな書店をなぎ倒していく現代のアメリカにあって、ハイドパークの小さな個性派書店をオバマ家はこよなく愛してきた。「五七番街書店」の売りの一つはミシェル夫人いち押しのキッズコーナー、そして独自の品揃《しなぞろ》えだ。アフリカ系アメリカ人研究、アメリカ史、政治学のほか、文芸作品は小規模書店とは思えない充実ぶりだ。木製のミニチュアのような手づくり感のある棚が、どこか日本人に、小学校や児童館の図書室を思い出させる雰囲気がある。

このハイドパークの趣味の書店に、二〇〇八年以降、観光客が押し寄せるようになった。書店の並びにある地元レストラン「メディチ」も、オバマ家お気に入りの店とあって地元以外の客が増えた。背景にあるのは、メディアがオバマをロックスターのように扱ったことによる「オバマ現象」である。

これまでアメリカの政治家のグッズは、政治好きが求める非売品の選挙バッジのコレクションなど以外では、首都ワシントン観光土産のシャツやキーホールダーなどに限定されることが常だった。ところが、オバマは世界中で書籍やグッズの素材として急成長した。その伸びは大統領就任後も続いている。

演歌研究などユニークな日本研究で知られるハワイ大学の人類学者クリスティーヌ・

ヤノは、小浜市が二〇〇八年にオバマを応援した「現象」も研究している。ヤノが現地調査で収集して帰った小浜市で製作されたオバマ・グッズは、海外のオバマ熱の事例として注目を集めたが、デボラ・ウィリスとケヴィン・メリダは、写真集『*Obama: The Historic Campaign in Photographs*』で「日本のオバマシティのアマチュア・フラダンス」を全米に報じた。

営利目的ではなく、純粋な地元愛でつくられたグッズとして出色なのは、ハイドパークのオバマ行きつけの飲食店が、採算を度外視して善意で作成したものだ。メディチは、オバマ熱を少しでも盛り上げようと、「オバマはここで食べるOBAMA EATS HERE」と背中にプリントした特製Tシャツを作成し、三〇〇〇枚以上を完売した。地元民はこれを着てデンバーの民主党大会に乗り込んだ。記念写真がメディチのレジの横に飾られている。

また、同じくメディチは木製のまな板のようなオバマ記念オブジェも各テーブルに飾った。はりきりすぎた店は、オブジェの過剰発注のトラブルに見舞われた。二〇〇九年春、在庫一掃作戦が決行され、このような貼り紙がされた。

「半額セール！　メディチはオバマブームを見誤ったわけではありませんが、ボードをたくさん注文しすぎてしまいました！　店員にお声がけいただければ、いろんなバージョンの板をお見せします。二〇ドル。世界を救え！　ブッシュを罷免せよ！」

シカゴ市には観光客の問い合わせが殺到し、オバマが大統領に決まってからはハイドパークを案内する「オバマツアー」なるものも始まった。洪水のように押し寄せるメディアや観光客を地元民や学生は複雑な心境で眺めている。オバマを誇りに思う彼らは、オバマで街が注目されることは有り難いと思っている。その半面、ハイドパークらしい静寂と隠れ家的な街の雰囲気が壊されていくことに抵抗感がなくもない。少し前まで、シカゴが地元でなければ、「ハイドパーク」と言っても誰もわからなかった。

逆にそれがよかった。地下迷路のような書店を物色して、メディチのシカゴピザ片手に読書に耽《ふけ》るのは、最高の贅沢《ぜいたく》だ。俗世を離れた空間だからこそ、映画『チェーン・リアクション』で、キアヌ・リーヴスが演じた研究生のように実験に勤《いそ》しめる。同作で、シカゴ大学付近の裏路地は雪景色のなかで実に寒々しく描かれているが、これほどリアリティのあるハイドパーク描写もなかった。アメリカの賑《にぎ》やかなキャンパスのイメージからすると、シカゴの薄暗さは、まるでオバマ親子の愛読書『ハリー・ポッター』のホグワーツ魔法魔術学校のようだ。

元シカゴ大学教授の入江昭《いりえあきら》はその著書『歴史を学ぶということ』で「勉強以外のことにはあまり関心をはらわない学生も多く、実際に図書館や教室以外に彼らの憩いの場となるような施設はほとんど備わっていなかったから、学問が好きでなければいたたまれなくなる雰囲気があった」と回顧している。

シカゴの隠れ家ハイドパーク

オバマ的人生の象徴の一つに「越境」がある。白人社会と黒人社会の境界線を行き来する青年期。その後も、コミュニティ活動をしつつも、ハーヴァード大学のエリート社会に入り、いともスムーズに境界線を行き来する。

鍵になるのはオバマ一家の住処《すみか》にして、夫妻の職場だったシカゴ大学のあるハイドパークという街の特殊性だ。オバマ邸から数ブロック南下した五五番通りに、かつて私が住んでいたユニバーシティパークコンドミニアムがある。道を塞ぐようにそびえる二棟の平べったいビルは、その形状から通称トースタービルと呼ばれる。二〇世紀中頃の再開発の名残りで、風情あるハイドパークの景観を破壊した元凶と批判される一方、学生には家賃の安さが救いだった。

道を渡って反対側の地元鉄道「メトラ」の五五丁目に入口がある無人駅のガード下に、脳裏に焼き付いて離れない壁画がある。鎖につながれた裸の黒人奴隷が列をなした絵画だ。制作年、作者不詳の路上アートで、壁の塗料が剝げ、埃《ほこり》にまみれた壁画だが、不思議な「念」を放つ。どんな想《おも》いで地元アーティストが描き、通り過ぎる市民は眺めてきたのか。今でもシカゴを訪れる際は、必ず足を延ばして壁画に対面する。

私のハイドパークとの縁は、自宅前の黒人奴隷壁画から始まり、初のアフリカ系大統領夫妻の誕生につながっていった。「人種」を棚上げすることは、ここシカゴでは不可能である。

かつて一九世紀まで、アメリカ南部にいた黒人の大半は、シェア・クロッパーという小作農だった。しかし、農業の機械化で職を追われたのち、二〇世紀初頭から一九六〇年代にかけ、南部の黒人は北部工業都市へと数百万人規模で大量に移住した。都市では牧師が指導者の役割を果たし、教会を軸にした相互扶助制度的な〝村〟が誕生する。ジャズや黒人文化も花開いた。

しかし、黒人が白人と交わることはなかった。北部の白人は、黒人の流入によって地価が下落することを好まず、さまざまな政治的手段を用いては黒人をゲットーから出られないような囲い込みを行った。シカゴはアイルランド系からユダヤ系、アジア系まで多様性に富んだ都市だが、一方で、最も人種ごとに分離された都市とも呼ばれる。伝統的にアフリカ系、近年ではヒスパニック系の増えているサウスサイドに対して、ノースサイドは白人中心の中流階層の郊外住宅だ。

白人の郊外移住が進む一方、黒人はインナーシティに閉じ込められた。一九八〇年代以降、全米の都市で市長など黒人地方政治家が多数生まれたのは、黒人が集住を迫られたことにより、都市選挙区内の黒人の比率が一部で異常に高くなった皮肉な結果でもあった。人種隔離撤廃を訴えるキング牧師の公民権運動が、北部のシカゴでなかなか受け入れられなかったのも、人種の分離が、ある意味で徹底され、定着してしまっていたからだ。

ハイドパークもかつてはユダヤ系を中心にした白人居住地だった。一八五三年にニューヨークの法律家ポール・コーネルが、南部の五一丁目から五五丁目までの三〇〇エーカーの土地を購入したことが始まりだった。一八八二年にはケーブルカーが敷設され、発展が加速した。一八九〇年のシカゴ大学の設立は、ハイドパーク史にとって決定的節目となった。ミシガン湖沿いの絶好のロケーションからリゾートホテルの立ち並ぶ避暑地ビジネスの中心としても発展した。

一九四〇年代以降、アフリカ系の流入にともない白人居住者はシカゴ中心部から転出した。都市部とインナーシティからの、シカゴ南部全域への黒人の移住の波がハイドパークにも押し寄せた。ハイドパーク史家のマックス・グリネルは「よりよい生活を求めて大量のアフリカ系アメリカ人がハイドパークに流れ込んだのは、当時のシカゴのアフリカ系が屋内に水道配管もない、劣悪な住環境にあったことを考えると納得できるものだ」と指摘している。

ところが、その地にあったシカゴ大学は移転しなかった。そのため、大学キャンパスは浮き島のようになり、黒人ゲットーにドーナッツ状に囲まれた。キャンパス付近を少しまたいで五分も歩けば、向こう側には最低レベルの貧困と、銃撃事件が頻繁に起きる最悪レベルの治安環境がある。

ハイドパーク四万九〇〇〇人の内訳は黒人約四四％、白人約三八％、アジア系約一二％、ヒスパニック約四％、その他約三％。貧困地帯に出る際には「境界線」をまたぐ。しかし、鼻持ちならない高級住宅地というわけではない。サウスサイドのなかでは比較的所得レベルの高い大学関係者など、中間層の住む地域でもある。

一方、ハイドパークは黒人指導者の聖地でもある。オバマ邸から数ブロック以内にネイション・オブ・イスラムのルイス・ファラカン邸、かつてのモハメド・アリ邸が立ち並び、アメリカ初の女性黒人上院議員キャロル・モズリー・ブラウンもハイドパークの出身だ。

ミシェル夫人が一九九〇年代にシカゴ大学でやっていた仕事は、学部副部長、大学地域奉仕センター部長という兼職で、大学生が地域に奉仕するプログラムを運営した。二〇〇二年からのシカゴ大学病院での仕事でも、地域社会との摩擦を緩和することに手腕を発揮した。

日本でハイドパークが馴染《なじ》み薄だったのは、サウスサイドには駐在員も外交官も住まないことと観光地がほとんどないことによるが、ハイドパークと日本の交流が盛り上がりかけたことも過去にはあった。一九九〇年代末に、日本のシカゴ総領事館と大学の提携で、地域の子供たちを集めて折り紙を教え、日本食を味わってもらうなどの交流をはかっていた。

一九九九年五月、公式訪米でシカゴに立ち寄った小渕恵三《おぶちけいぞう》総理大臣がハイドパークを訪れ、ソネンシャイン学長も交えて、学生とタウンミーティング式の会合を持ったこともある。大学付近のフランク・ロイド・ライト建築のロビー邸を会場とした。私は日米双方の立場で準備から当日の現場まで担当した。小渕は丁々発止と対話を盛り上げた。大統領顧問のアクセルロッドもかつて記者をしていたシカゴ大学新聞の『マルーン』紙は一面で、「日本の総理大臣がシカゴ大学を訪れたのは史上初めて」と伝えた。シカゴ大学とハイドパークは同義だ。同紙のジェシカ・リーはこう書いている。

「オブチはワシントンを三〇年前に訪れたとき、ロバート・ケネディに会うことを望んだ。司法長官が面会を許してくれたことにいたく感激したことを覚えている。そこでオブチも、彼に会いに来てくれる人にはなるべく会う流儀を継承している。ただ、オブチはシカゴ大学生に、なるべく早く来るようにと呼びかけた。日本の（総理大臣の）在職期間はとても短いからだそうだ」

官邸写真室のカメラマンによる総理と大学関係者との記念撮影の終了後、総理の車列は、あるアフリカ系のロースクール教員と大学職員の夫妻の自宅近くを走り去っていった。小渕はハイドパークの歓待に感激し、シカゴ大学関係者を官邸に招くこととハイドパークとの交流を約束して、リグリーフィールドでのシカゴ・カブスの始球式に向かって行った。

数年後に「シカゴ大学関係者」としてではなく、総理番記者として官邸に私が赴いたとき、執務室にいたのは小泉純一郎だった。クリントン元大統領の回顧録『マイライフ』にも追想される小渕総理は、ハイドパーク訪問から丸一年後に他界した。シカゴ大学との約束を果たす残り時間が限られていることを自らジョークで伝えていたかのようだと、シカゴでは惜しまれた。一方、「車列」付近に自宅を構えていた大学の職員夫妻は、あれから一〇年して、ハイドパークからホワイトハウスに引っ越していった。オクシデンタルでオバマの親友だったムーアの言葉を借りれば、私にとってハイドパークは「シュールリアル」な運命の交錯地点である。

「サウスサイド・ガール」の父と病と絆《きずな》

マージナルな空間に身を置き、その両サイドに自由に「越境」するオバマ流は、政治姿勢にも見てとれる。上院での議会行動、リベラルと保守に分裂した状況への憂いは、どちらかのサイドに安住するスタイルでは払いがたいものだ。越境のポリティクス、越境ライフのパートナーは、シカゴ・サウスサイド出身のミシェル夫人だった。

二〇〇八年を通して、民主党大会、勝利祝勝会、二〇〇九年の就任式典まで、節目の演説に現場の内側で生で触れるなかでもっとも印象深かった演説を訊《き》かれることが多いが、私の答えは、実はオバマの演説ではない。夫人のミシェルが、八月の党大会初日にデンバーで行った演説だ。

演説前に放映されたビデオのタイトルは、ミシェルの生い立ちを強調した「サウスサイド・ガール」。単に「街の南側の少女」という意味ではない。アメリカでサウスサイドと言えば、シカゴのことであり、貧困と隣り合わせのアフリカ系が集住する黒人ゲットーを連想する。

ミシェル・オバマは、このサウスサイドで暮らし、そこから這《は》い上がった。地元愛は人一倍だ。「私はサウスサイド・ガール」と言うミシェルに涙を流す人は少なくない。黒人も白人もなく「サウスサイド」からイメージするのは、人種をめぐる問題の長い道のりだ。

一九五五年、アラバマ州モントゴメリーで白人にバスの席を譲らずに逮捕されたローザ・パークスを支援するかたちで、マーティン・ルーサー・キング二世は公民権運動を展開した。一九六三年には二〇万人のワシントン大行進を行い、有名な「私には夢がある」演説で人種統合を呼びかけた。大統領夫人ミシェルの誕生をもって、この公民権運動の「出口」と捉える人もいる。

ミシェルのことをファッションリーダーやアメリカのよき母の象徴、あるいはキャリア女性の憧れという、旧来のファーストレディの評価基準で眺めることが間違いとは言わない。しかし、それらとはまったく異質の政治的な重要性がミシェル・オバマにはあることを見逃してはならない。

ミシェル・ラヴァン・ロビンソンは、アフリカ系アメリカ人の娘としてシカゴのサウスサイドに一九六四年一月一七日に生まれた。第四四代アメリカ合衆国大統領の夫人として、初のアフリカ系ファーストレディになるミシェルは、幼いころから優秀さを絵に描いたようなキャリアを築き上げた。その輝かしい経歴は、オバマすら上回るものだ。

アイビーリーグの一つのプリンストン大学を卒業し、二一歳でハーヴァード大学ロースクールに進学した。わずか二一歳で大学院生になったのは、小学校時代に飛び級をしているからだ。

ミシェルの両親のロビンソン家は、飛び抜けて裕福だったわけではない。むしろ、生活は苦しかった。サウスサイドのハイドパーク近くにある、寝室が一つしかないバンガローがロビンソン家の城だった。

ミシェルを語る上で鍵になるのは、父親のフレージャー・ロビンソン三世の存在だ。その祖父はノースカロライナ州からシカゴに移住し、後に郵便局で職を得た。その息子にしてミシェルの父フレージャーは、水道局のポンプ担当だった。ブルーカラー労働者の家庭だ。

しかし、経済的な豊かさへの渇望がミシェルの原動力ではなかった。ミシェルの不屈の精神力を養ったのは、父の病気をめぐる家族愛だった。それはのちにミシェル経由で、オバマにも受け継がれる。オバマ夫妻にとって目に見えないエネルギーの根底にあるパワー。それは、人種的な怒りでもなければ、野心に満ちた欲望でもない「家族力」だった。

一九三五年生まれの父フレージャー・ロビンソンが多発性硬化症を発症したのは三〇歳のときだった。ミシェルが生まれた翌年のことだ。つまり、ミシェルは生涯、記憶にある限り健康な父を知らない。

多発性硬化症は、癌《がん》や白血病などほかの深刻な疾患と比べると、まったく違う意味で、家族に長期的に精神的、肉体的に負担を強いる難病である。神経を覆う膜が破壊されていく中枢神経系の疾患だが、身体《からだ》のどの部位の神経が壊れるかは個人差があり、患者の数だけ発病の仕方が異なる。

視神経が侵されれば視力が失われ失明に至るし、歩行障害など運動麻痺《まひ》に陥ることも多い。問題は原因不明で治療法がないことだ。通常はビタミン剤や血管拡張剤などを投与し安静をはかるが、発作時にはステロイド投与しか具体的な方法がない。血液製剤のインターフェロンなどの新薬は、発作率を低下させる効果も一部認められているが、副作用で悪化する症例もあり、根本治療になる薬は現在も開発されていない。そもそも、ミシェルの父親が発病した一九六〇年代には、こうした試験薬の開発すらされておらず、病気そのものについての知識も蓄積されていなかった。

多発性硬化症がつらいのは、外見的には健常に見えるケースが少なくないことだ。発作と安定状態を繰り返すので、安定期には視力や体力の弱体化の度合いにもよるが普通の生活ができる。ミシェルの父も病気を発症してからも、足を引きずりながら仕事を続けた。しかし、この病気は疲労や精神的負荷に人一倍弱い。抵抗力が弱まり、ちょっとした風邪でも引けば発作につながる。割れるような頭痛に、身体全体がピリピリと焼かれるような痛みに苦しめられる。

発作の苦しみと、いつ悪化して完全失明や言語障害、車椅子状態になるかもしれないという恐れは、外出時の元気なときだけしか知らない友人、隣近所には理解されず、病気の本当の深刻さが伝わりにくい。普段元気に見えるのに、病気のふりをしているのではないか、という誤解を招くことがある。家族が孤立し、精神的に追いつめられることもある。

問題なのは、すぐさま死に至る病気ではないということだ。長い時間を通して神経が侵されていき、五官の一部が欠損し、歩行や排泄《はいせつ》が自分でできない状態になりつつも長寿の場合もある。早期に発病した患者を持つ家庭は、ほぼ一生、何十年にもわたって家族ぐるみで介護していくことになる。ミシェルの父の場合は、手足の神経が侵され歩行に二本の杖《つえ》が必要になり、着替えでボタンをはめるのにも時間がかかるなど、日常生活の隅々に困難がともなった。

どうしてなるのか、どうしたら治るのか、何もわからないまま、障害が発生して徐々に弱っていく。家族が目となり手足となって介護しなくてはならない。ミシェルにとっての家族関係とは、まず何よりも多発性硬化症を患う父親を物理的、精神的に支えることであり、これが通常の家族には見られない心理的な結束を育《はぐく》んだ。

兄のクレイグとの兄妹愛や協力関係も自然と強まった。不治の難病の親を幼少時から持つことほど、自立心と緊張感を子供に与える環境はない。ロビンソン家の子供たちが規律正しい生活とスポーツや勉学への驚異的とも言える集中力を発揮したのは、潤沢にお金をかけた英才教育があったわけでもなければ、教育の仕方に秘訣《ひけつ》があったわけでもない。

ハーヴァード大学ロースクールの恩師オグリトリー教授は、プリンストンとハーヴァードで最善の努力を尽くすという、父との約束がミシェルにあったことを教えてくれた。

「多発性硬化症を患いながら、懸命に働いて家計を支え、ミシェルと兄クレイグに教育を与えた父がどれだけ大変だったか、ミシェルは知っています。ミシェルは、いつもその話をしていました。ミシェルにとって、父はまさに理想の父そのものでした。不平不満を一度も言わず、痛みや身体の不自由に耐えながら家族のために働いた。ミシェルの責任をめぐる考え方に多大なる影響を与えています。高い教育を得たならば、他者に尽くす仕事につくこと。父親の労働倫理と多発性硬化症の病魔との闘いは、法律家、母、地域のリーダーなど、ミシェルのすべてに指針として深い影響を与えているのです」

理不尽な病に苦しむ父親をともに支えた鉄の絆は強い。健康な大黒柱というものに永遠に依存できないという現実に、幼少時から当たり前のようにさらされる緊張感が家庭内にあったことが、兄のクレイグと妹のミシェルの自立を早め、飛び抜けた優秀さを生み出した。

オバマとミシェルの教育論

それゆえに、ミシェル夫人は教育の重要性を信じる。ハイドパークのオバマ家の躾《しつけ》は厳しい。むやみに物を与えない。オバマから娘へのお小遣いは教会の聖歌隊に参加した週は一回につき一ドルだった。オバマ家では、お父さんとお母さんから娘たちへの誕生日プレゼントとクリスマスプレゼントがない。お誕生日会で十分だという考えだ。オバマは「物事には限度があることを教えたい」という。テレビは一日一時間まで。これはミシェルの子供時代のルールと同じだ。消灯時間は午後八時半だが、読書のためならば三〇分だけ延長許可というのも、ミシェルらしいルールだ。

シカゴ大学でメインクアドラングルと呼ばれるキャンパスの中央から、国際学生寮と「メトラ」のシカゴ大学駅方面に歩くと、蛍光色のリュックサックを背負った子供たちに毎日ぶつかる。オバマ夫妻の娘、マリアとサーシャが通っていたシカゴ大学附属小中高の生徒たちだ。ちょうど放課後の時間に当たると、はしゃぎ回る子供たちのおしくらまんじゅうの波をかき分けないと前に進めない。歩きながら本を読みたい学生は、保護者の送り迎えが殺到する午後三時前後は附属小の正面出口を避ける。

シカゴ大学職員には学費の減額措置があるので、大学関係者の子弟はこの大学附属校に入る。正式名称はラボラトリースクール、つまり実験学校だ。シカゴ大学教授で哲学者だったジョン・デューイによって教育学の実験の一環として、一八九六年にわずか一五人の児童と借家で始まった。子供の生活経験を重視するデューイの教育哲学を実践として研究する場だった。

幼稚園から高校まで合わせて一七〇〇人もの生徒が学んでいる。マリアとサーシャが通っていたのは、幼稚園と小学校だ。カリキュラムは実験教育の名にふさわしい意欲的なもので、高校にはジャーナリズムの科目がある。ジャーナリズムの大学院が存在しないシカゴ大学にあって、附属校にはジャーナリズムの科目があるのは面白い。

ちなみに、このラボスクールの創設者デューイの実孫が、オバマの母アンの指導教官のハワイ大学名誉教授アリス・デューイだ。デューイの研究室を訪れたとき、私がジョン・デューイの話を出したために、祖父デューイの裏話にしばらく花が咲き、脱線がなかなか戻らなかった。ハワイから遠いという理由で進学しなかったものの、オバマの母アンが最初に合格したのはシカゴ大学だった。シカゴ大学とオバマ夫妻の不思議な縁の源流は深い。

ミシェルの育ったロビンソン家では、父親が病身にもかかわらず大黒柱を務めていたことで、母のマリアンは専業主婦として子供たちの教育に集中できた。土曜日のロビンソン家は、ボードゲームの日だった。チャイニーズ・チェッカーやモノポリーで家族団らんを楽しんだ。ミシェルはホイットニー・ヤング高校に進学したが、特別に有能な学生にチャンスを与えるマグネット・スクールという方式の学校で遠距離通学だった。

ミシェルの弁護士としてのキャリアや肝の据わった芯の強さをヒラリーにたとえる者にとって、ヒラリーとミシェルは似て見える。しかし、オバマ夫妻の周辺は、ミシェルには双頭大統領を目指す気も、政策決定に加わる気もまったくないことを繰り返す。

ミシェルは何より愛娘のマリアとナターシャ（愛称サーシャ）にとっての母であり、その務めが最優先である。両親が幼い子供に与える影響と家庭の力を、身をもって体験しているミシェルは、子育てに手を抜かない。ミシェルは、オバマが州議会の仕事で忙しくなり始めたころ、オバマに子育てを一緒にやってほしい、押し付けないでほしいというメッセージを送り続けた。

ともすれば仕事人間になりがちなオバマに、ミシェルは大きな一つの宿題を課した。よき父であり続けること。どんなに議員として出世しようが、憲法学者として有能であろうが、大統領になろうが、父親としての役割を放棄することだけはミシェルにとっては認められないことであり、それは、ミシェルの父がミシェルに与えた無形財産のもとに今のミシェルがある、という感謝の継承にほかならない。オバマはこのミシェルにとっての父親の大切さを知っているからこそ、いかに多忙になろうと、パパの役割を放棄することだけはしないようにしているという。

プリンストン大学とミシェルの卒論

ミシェルがプリンストン大学に入学した一九八〇年代は、W・E・B・デュボイスらに起源を持つブラック・ナショナリズムが、マルコムXの運動などを経て開花した時代でもあった。一九六〇年代以降、公民権法、アファーマティブ・アクションなど差別撤廃措置によって、黒人の地位は確実に向上した。しかし、底辺には「アンダークラス」が取り残されていた。黒人の少なからずが、貧困、失業、麻薬などで絶望の淵《ふち》にあり、福祉依存体質の負の循環のなかにあった。ハーヴァード大学ロースクール以降、ミシェルの同胞愛の強さは、黒人高学歴者として、残された層への責任感に向いていく。プリンストンはその前哨戦《ぜんしょうせん》としての、彼女の内的葛藤の時代だった。

大学でミシェルは社会学を専攻した。「プリンストン大学で教育を受けた黒人と黒人コミュニティ」という卒論をウォルター・ウォーラス教授の指導のもとに書き上げた。白人が大多数のプリンストン大学で過ごしたことで、黒人学生のアイデンティティがどのように変質したかをテーマにしたものだ。

二〇〇八年の大統領選では、この論文が人種主義的だとしてやり玉に上がった。批判は「はし書き」のミシェルの弁をもとにしていた。ミシェルは論文冒頭で、次のように述べていたからだ。

「プリンストン大学で、白人の教授やクラスメートが、どんなにリベラルに胸襟を開いて私に接しようとしてくれても、キャンパスで私は訪問者のように感じさせられた。まるで大学に属していないかのように。白人たちとのかかわりにもかかわらず、私はまずもって黒人で、そして学生であることは二の次であるかのように感じた」

しかし、これをもってミシェルを人種主義者と批判するのはおかしい。第一に、彼女が人種に敏感になってしかるべき状況が現にあった。ミシェルが入学した一九八一年のプリンストンのアフリカ系学生は、一〇％にも満たなかった。プリンストンの卒業生で、ミシェル伝記の著者でもあるライザ・マンディは、プリンストン大学の排他性を学内のクラブ「イーティングクラブ」で例示している。クラブの学生だけが食事をともにするクラブだ。

また、ミシェルのルームメートになったキャサリン・ドネリーの母親が、娘の部屋を黒人学生との相部屋から替えさせようと大学関係者に電話をかけ続けるという、手厳しい「歓迎」もミシェルは受けた。こうした経験をしてなお人種を意識しないのはよほど鈍感な人間だろうし、人種に過敏だったのは周囲に溶け込もうとしたミシェル側ではなく、むしろ周囲のほうなのだ。

一九八〇年代以降のアイビーリーグで黒人学生が増え始めたことをめぐる議論には、「割り当て」でマイノリティを入学させるアファーマティブ・アクションの是非がある。しかし、ミシェルの当時の社会学的な関心は、そうした制度論から一歩踏み込んだ、心理的なアイデンティティの問題にあった。

ミシェルは高学歴の黒人が、たとえ白人文化に同化しても「社会の周縁」になるだけで「完全参加」にはならないと感じていた。ミシェルは、プリンストン大学がどう自分を変えてしまうかに終始関心があった。オバマ流自分探しのミシェル版だが、大学生のミシェルは社会学に解を見いだそうとした。白人との対立を政治的に煽《あお》るものでもなければ、分離を謳《うた》う黒人中心主義でもない。

論文の特徴の第二は、論文のきわめてアカデミックな性質だ。私はミシェルの卒論を取り寄せ、何度も熟読した。客観的で控えめな論文で、ミシェルの個人的な意見はほとんどない。ダブルスペース六六頁《ページ》に及ぶこの論文は、前半二五頁は先行研究もふまえた「仮説」と「方法論」の詳述で、その後はアンケート結果が報告され、「結論」に一〇頁を費やす。アンケートの現物とミシェルが黒人卒業生宛にアンケート依頼をした手紙など、本文とは別に二七頁の「資料」が添付されている。

二次資料への依拠を先行研究に限定し、自主調査で仮説検証を試みた、学部生にしては独自性の高い研究に思える。「黒人と白人との付き合いの時間と心地よさを大学入学前後で問う」など一八項目の質問を四〇〇人の卒業生に出し、九〇近い回答を得ている。アンケートの性質上、サンプル数に限界があるが、プリンストンの黒人卒業生に限定された調査で、一般化は難しいことはミシェルも断っている。ミシェル論文はネガティブキャンペーンの一番の「犠牲者」だった。ハーヴァード大学ロースクールのオグリトリー教授も言う。

「ミシェルの卒論に批判的な論者の大半が、論文をろくに読んでいません。ミシェルの論文は彼女の意見ではありません。プリンストン大学の黒人卒業生を対象にした調査で、アイデンティティがプリンストンに根付いていたか、黒人でありながら優秀であるということの両立は可能なのかを探ったものです」

論文はプリンストン大学のみならず、黒人同窓生に大学との関係性を考える契機を与えた。黒人学生が大学に馴染む過程で経験する問題を知る手がかりとして、ほかの大学にとってもきわめて有用なデータとして第一級のリサーチと言える。時代を先取りした論文であり、プリンストン時代の彼女の苦悩を反映したものでもあった。オグリトリーは付け加える。

「ミシェルが人種問題にこだわっていると言う人は、ミシェルがルームメートに適さないと言ったのは、ルームメートの母親だったことを忘れています。一九五〇年代の話じゃない。一九八〇年代です。サウスサイドのシカゴからやって来た労働者階級出身のアフリカ系の若者が、プリンストンで最初に学んだことは、知識でも頭脳でも経験でも才能でもなく、人種だけで他人と違う存在に見られる現実だったのです」

ミシェルは、プリンストン教育の価値はおおいに認めている。黒人卒業生で回答者の七一％が両親の社会経済階級より上の職業についている。また、ライザ・マンディが指摘するように、回答者の多くがプリンストン在学中に黒人意識の高まりを感じていたことは興味深い調査結果だ。ミシェルは実家から通う学生と親元を離れた一人暮らしの学生の違いに仮説を立てる。

学校で白人のなかで疎外を感じても、実家からの通学なら放課後の黒人家族との団らんでアイデンティティを回復できる。しかし、アメリカでは多くの場合、大学は親元を離れての二四時間キャンパス生活なので、疎外感を癒《いや》し、アイデンティティを維持する家族空間が不在だ。だから、在学中にとりわけ黒人意識が高まるのではないかとしている。地方出身者、帰国子女、階級の越境など、すべての「トランセンド（越境）」と「適応」をめぐる議論に示唆的な推論である。

アイデンティティ補完型のパートナー

ミシェルはオバマにも多大な影響を与えている。夫人とオバマの関係を表現すれば「相互補完型」。いわば二人で一人だ。ビルとヒラリーが、有能な似た者同士の「ダブル」、キャリア上のベストパートナーだったとすれば、オバマ夫妻のコンビは、今の夫人をオバマがつくり上げ、夫人がオバマをつくり上げた、そのアイデンティティ形成から粘土細工のように融合した関係だ。

ビルとヒラリーが、アイデンティティも目標も出来上がった完全なエキスパートとしての二人三脚だったとすれば、ミシェルとオバマは不完全な者同士が出逢《であ》い、関係のなかで相互補完的に「完全」に向けて高め合う関係だったと言える。

完全無欠の優秀なミシェルが、オバマから学んだのは国際性だった。オバマは結婚する少し前に、ミシェルをケニアに連れて行った。ナイロビの市街地を歩き回り、国立公園で自然と親しんだ。ここで、ミシェルは外からアメリカを眺め「アメリカ人であることの幸運を、今まで何もわかっていなかった」と語る。ケニアで目にしたのは、雄大な自然と気さくな心優しい人たちだけではなく、賄賂に支配された政治と部族社会の息苦しさだったからだ。

アメリカ人としての誇りを外国で再認識する行為は、オバマがインドネシアで幼少時に経験したことだ。サウスサイドから這い上がった闘士のミシェルにとって、階級バリア、人種バリアを打ち壊していくアメリカ国内での闘いがすべてだった。オバマはミシェルの視野に広がりを持たせた。二〇〇六年のケニア訪問では現地のＨＩＶ検査を促進するために、夫妻二人で検査を受けた。オバマの好みなのか、次女ナターシャにケニアで着せていたピンクのＴシャツには、アメリカで好まれる「漢字プリント」で、白い字で「世界平和」とプリントされていた。

また、一家が年末を過ごすハワイでは、オバマはミシェルを太平洋のアジア文化に招待した。ミシェルはオバマと知り合ったことで、シカゴの外、そして「本土」の外のアメリカを知った。もしシカゴで生まれ育った純然たる本土の男性と結婚していれば、ミシェルの人生は違ったものになっていた。今ではハイビスカス柄のサンドレス姿も板についていて、ホノルル休暇中のミシェルはすっかりハワイ人のようだ。

一方、アイデンティティ危機の青年期を送っていた「越境」する人生のオバマにとって、欠けていたのは黒人としての軸だった。「人のために、社会のために」を実現するには、黒人としてのアイデンティティを再構築してくれる水先案内人が必要だった。それがシカゴでありミシェルだった。

「故郷」があってないようなオバマにとって、シカゴが初めて地に足の着いた故郷となったのは、ミシェル一家との出会いがもたらしたものである。それゆえに、一九九一年のフレージャー・ロビンソンの急死は、オバマ夫妻にとってきわめて大きな意味をもたらした。ミシェルの精神的支えは、父フレージャーからそのままオバマに受け継がれた。

ミシェルの父は、地域の選挙区（プリシンクト）の民主党リーダーで、サウスサイドの地域活動家だった。ミシェルの父の葬儀で、すでにミシェルのフィアンセになっていたオバマは、「ミシェルを守る」とミシェルの父に向け心に誓っている。それと同時に、シカゴのコミュニティ活動家の意志もフレージャーから受け継いだ。オバマが政治を本気で志したことにも、ミシェルの父親の死が絡んでいるはずだ。

ミシェルもこれを機に、知的所有権を扱う弁護士というキャリアに疑問を抱《いだ》くようになる。そして、公共セクターの道へと旋回した。これが結果として、オバマの政治家への道を助けた。ミシェルがシカゴのデイリー市長の次席補佐官のバレリー・ジャレットの部下として採用されたからだ。

一九九二年、ミシェルとオバマはライト牧師の立ち会いのもと、シカゴのトリニティ教会で挙式した。チャンドゥー、サマラパリー、ハミッドなどのオクシデンタル時代の留学生仲間も駆けつけた。

オバマの親族への責任感には、独特の強さがある。インドネシアに引っ越したときのオバマ少年は、母親の手を握りしめて「何としてもお母さんを守る」と心に誓った。同世代の少年が考えることではない。その後、ミシェルの父親が亡くなったときに「ミシェルを守る」と誓ったときも、政治に入ったときに「家族を守る」と決意したときも同じだ。

普段温厚なオバマは、政敵の中傷やメディア報道が家族に向かったときに人が変わったように怒りを見せる。家族への責任というオバマの核が、そこにある。オバマにとって最大のタブー行為は、守るべき大切な人への不当な攻撃であり、これだけは絶対に許さない。もちろん、オバマ本人も出たがりではない。学友のボーナーはこう言っていた。

「彼がこんなに政治に没入するのは驚きでした。なぜって、彼はプライベート空間をとても大切にする人だからです。大統領になれば、毎分毎秒の生活を撮影されます。世間は子供がどうした、奥さんがどうしているということを知りたがります。コロンビア時代は、あれほどそうした空間を大切にしていたのに。だから、私は思ったのです。シカゴで人生を動かす何かが彼の身に起きたのだと」

オバマはシカゴ学派か、ハーヴァード学派か

アメリカのロースクールでは、スタンフォードであろうと、シカゴであろうと、ハーヴァードであろうと、学位を取得した大学名だけでは、学派的な指向性は判断不能だ。それよりも「誰に学んだか」が重要であるという。「ハーヴァードのロースクールに行きました」と言うと「どのハーヴァード・ロースクールですか」という質問を受けることがある。どの教授に師事したのかということだ。同じロースクールでも学ぶ方向性は千差万別である。

ハーヴァード大学ロースクールはマンモス校だ。教員、学生数ともにシカゴ大学の三倍である。シカゴでは本館一つに収まっている教授の研究室も、違う建物六つに分散している。一九八八年九月、二七歳でハーヴァードに入学した元オーガナイザーの青年は、ロースクールでどんな才能を開花させたのか。

ハーヴァードでのオバマの恩師にマーサ・ミノウがいる。戦争や紛争による民族や国家のトラウマをどう癒すことができるのか、著書『復讐《ふくしゅう》と赦《ゆる》しのあいだ』で、南アフリカの事例などをもとに真相解明委員会という斬新なアイデアを提示している人権分野の実力派である。家族関係の定義をめぐる議論にも積極的に参与し、同性カップル、同

性愛結婚、子供の親権などについてリベラルな視点から問題提起をしている。ミノウは、オバマのハーヴァード時代についてこう語った。

「彼は、優秀な集団と対等にやっていける自信をここで摑《つか》んだと思います。それが公の人生でも続いていきました。周囲に追いついて行けるだけでなく、抜きん出ることができるという自信を摑んだのですね」

オバマは、ミノウの「法と社会」を受講していた。個人と社会の関係性を探るのが主題だった。

「オバマとは数年来、このことについて話しているのですが、どうも、彼が一番学んだのは責任の概念のようです。責任とは、誰が責めを負うべきか、という問題だけではない。問題の原因であろうとなかろうと、責任を問われる存在であろうとなかろうと、問題を引き受ける能力があるかという、そういう責任の概念ですね」

ハーヴァードの法律教育は、対立する議論を理解し、問題の所在を妥当に過不足なく指摘するオバマの能力を補強した。単なる妥協だけではなく、相反する立場との重複点の発見である。

オバマは授業以外で週に五〇時間を『ハーヴァード・ロー・レビュー』の編集長として、生活の大半を雑誌づくりに費やした。アメリカの一流の法律ジャーナル誌に特徴的なのは、ロースクールの現役学生の手で編集されることだ。自分たちの指導教官にあたるような高名な学者が投稿してくる論文を、学生が編集する。一見すると奇異なシステムだが、これが長年の伝統となっている。ミノウはこう強調する。

「『ハーヴァード・ロー・レビュー』の編集長に選ばれるということで知っておくべきことは、もっとも野心的な集団のなかから選ばれるということです。ライバルたち全員が、誰が編集長になるかについて同意しないといけない。五時間以上もかかるような会議のなかで選ばれるということは、誰が見ても能力的に優れ、編集長として望ましいと思われないといけないわけです」

八〇人の編集者が朝まで議論して、オバマに決めた。オバマの前任は中華系のピーター・ユーだった。女性初編集長はすでに誕生していた。一九七七年のスーザン・エストリッチだ。エストリッチは一九八八年の大統領選で、民主党デュカキス陣営の選対本部長を務めている。

オバマが編集長になった一九九〇年、ハーヴァード大学ロースクールの学生数一六二〇人のうち一二・五%が黒人だったが、一年生の黒人比率は一四%と伸びつつあった。アフリカ系学生の期待を背負っての就任でもあったことは間違いない。しかし、選考の決定打はオバマの能力だった。オバマ夫妻と親しいオグリトリーもオバマをこう評する。

「オバマは、ハーヴァードに来る他のどんな学生よりも社会経験が豊富でした。シカゴでコミュニティ・オーガナイズをしていたわけですから。彼は創造的天才でした。法律がどう機能するかその効果について、大きなアイデアを探し求めていました」

一九九〇年三月号から担当したオバマ編集長は、『ロー・レビュー』で三つのことを心がけた。第一に、リベラルなハーヴァードにあって保守とのバランスをとることだった。当時のハーヴァードは一部の教授陣と多くの学生が足並みを揃えて、保守とリベラルが激しく争っていた。アファーマティブ・アクション（積極的差別是正措置）の是非など人種問題が論争の中心だった。アフリカ系の編集長のもとでは当然、マイノリティ系論文の躍進の期待が高まった。ところが、オバマは保守系の論文も毛嫌いせずに載せた。このことでかえって保守系の信頼を勝ち取った。編集長の権限をイデオロギー攻撃の武器にしない人物であるということを示したのだ。

第二は、広く門戸を開放することだった。アイビーリーグ以外の法学者の論文も採用した。学術誌は掲載した論文の他での引用件数が評価基準になるが、オバマは引用件数アップにこだわらなかった。そして第三に、編集に徹することだ。オバマは自分の論文を載せる功名心を捨て、編集だけに汗を流した。編集長の座にあるあいだ、合計八号の『ロー・レビュー』が世に出た。新人から巨匠まで、この八号に論文が掲載された法学者にとっては、オバマは大統領である以前に彼らの法曹キャリアに大きな影響を及ぼした人物として記憶されている。

シカゴ大学との「雇用条件」

ロースクール後のオバマには、あらゆる選択肢があった。一九八九年のサマージョブ先のシドリー・オースティン法律事務所には、指導教授マーサ・ミノウの父ニュートン・ミノウがいた。彼はオバマに本格採用を提示したが、オバマは「申し訳ありません。公の仕事を目指したいので、お誘いを受けられません」と断った。ミノウはそれを理解し、喜んで支援すると答えている。

一九七九年から一九九四年まで連邦控訴裁の判事を務めたアブナー・ミクバもオバマに判事助手のオファーを袖にされた。当時、法曹の世界では、ミクバの部下になることが最高裁への登竜門と言われていた。オバマは最高裁の地位にも、高額収入にもまるで興味がなかった。ミクバは首をかしげた。黒人の下でしか働きたくない黒人に違いないと。しかし、オバマはシカゴに戻りたいという意向をミクバの助手のシェリル・キャシンに告げた。シカゴは、出逢って数年のミシェルとオーガナイザー仲間との誓いがある約束の地だった。

『ロー・レビュー』で保守系論文をバランスよく載せていたことが、結果としてオバマを助けた。後にジョージ・W・ブッシュに連邦裁判事に任命されることになる保守系の憲法学者、マイケル・マコーネルの論文が、オバマ編集長時代に『ロー・レビュー』に掲載された。オバマの仕事ぶりに感嘆したマコーネルは、母校シカゴ大学のロースクール学部長ダグラス・ベアード教授に連絡をとった。大学にオバマ採用を推薦したのだ。

ベアードがオバマに電話したとき、オバマはまだハーヴァード・ロースクールの最終学年在学中の三年生だった。ロースクール当局は、オバマ家がシカゴ大学に種々の縁があることも調べて知っていた。ベアードは電話口のオバマに「法律を教えることに興味ないかい?」と単刀直入に誘った。オバマはあっさり「ありません」と答えた。

「じゃあ、君は大学院でいったい何をやっているの?」

ベアードの質問にオバマは静かに答えた。

「投票権について本を書くつもりなのです」

「では、それをシカゴで書けばいいじゃないか」

ベアードは、オバマにシカゴ大学ロースクール六階のオフィスを与えた。その日から、オバマの「仕事」は投票権の本を書くことだった。

「我々はオバマに法律フェローという肩書を与えました。戦略はこうでした。彼が働き者で、投票権の本を仕上げるような真面目な若者ならば、法律学者になりたいとやる気を起こすかもしれない。我々は彼を雇おうかなと思いかけていました。物理的にロースクールの建物の中にまず囲っておけば、オバマが法律を教える気になったときに、学内なら、どうとでもしてあげられると思ったのです」

法律フェローは実務家向けの権威あるポストで、オバマの前には連邦裁判事のリチャード・ポズナー、フランク・イースターブルックらが歴任していた。結局、オバマは一九九二年から連邦上院議員選挙の二〇〇四年までの一二年間、シカゴ大学ロースクールで教鞭《きょうべん》を執ることになる。採用条件は「投票権に関する法律書を執筆すること」だった。オバマは、他の教授と変わらない広い部屋を与えられた。大きなテーブルやソファを入れて、部屋の側面をすべて書棚で埋めてもゆとりのある研究室である。秘書もベアードと共有した。オバマがロースクールのオフィスに通ってくるようになって一カ月が過ぎた。オバマはある日、ベアードに告白した。

「本を書き始めてはいるのですが。その、なんと言いますか、なんだか違う方向性になってきてしまっていまして。実は、あんまり投票権とは関係がないと言いますか。私の自伝のような本になってしまいまして――」

腰を抜かしたベアードは、目を丸くしながら平静を装ってこう言うのが精いっぱいだった。

「そうかい。うん、わかった」

オバマはロースクールに通勤し、まるで宿題をこなすかのようにオフィスで仕事として「自伝」を書き続けた。不思議な光景が続いた。ほどなくしてオバマはセミナー「レイシズムと法」を受け持つようになる。オバマゼミのスタートだった。当時のオバマの生活は、大学のオフィスで「自伝のような本」を書きながら、法律事務所でパートタイムの仕事をこなし、コミュニティの仕事をパートタイムでこなし、大学のクラスをパートタイムで教えるという「パートタイムの集積」だった。朝八時半にロースクール棟の一階のカフェで珈琲《コーヒー》を飲んでから一日がスタートした。午後は大学のジムでバスケットボールをして汗を流すこともあった。

こうしたシカゴ大学との関係が、数年のあいだ続いた。そして一九九四年、オバマは州議会に打って出ようと決意する。シカゴ大学との関係にも変化が訪れた。立候補をめぐってオバマはミシェルとのあいだで意見の相違があった。オバマはベアードに「ロースクールの仕事について話があるのですが」と持ちかけた。パークアベニュー・カフェで二人きりで食事を囲んで話し込んだ。

「州議会上院に出たいのです。ただ、ミシェルが家計の心配をしていて。もしロースクールでしっかり腰を据えて教えることができると、有り難いのですが」とオバマは申し出た。

「彼が目指した州議会上院というのは、イリノイ州ではパートタイムのような扱いの仕事です。あまり給与がよくない。だから、オバマにとってシカゴ大学で本格的に教えるのは合理的だったのです。私たちは契約の交渉をしました」

こう語るベアードはオバマにレクチャラーとして相応の金額を支払い、その代わりに大講義を任せることにした。オバマはいい教師で、この昇格はシカゴ大学側にとって成功だった。オバマは「憲法」「投票権」を含む年間三つのクラスを受け持つ教授待遇として扱われ、プロフェッサーと称されるようになった。シカゴの教授陣は郊外に住むことも少なくないが、オバマはハイドパークから動かなかった。

ハイドパークとユダヤ系

「オバマは今や大きな文化的象徴とも言える存在だが、理想主義に燃えて努力を続けながらも、同時にアッパーミドルのライフスタイルを堅実に実現しようとする人物だった。君がここで学生だったころと比べても、ハイドパークはすっかり変わったよ」

ベアードが私にこう語る背景には、ハイドパークの変遷がある。アフリカ系の才能豊かな層のなかに、努力の末に成功を手にする者が現れるようになり、アッパーミドルのアフリカ系が好んでハイドパークに住むようになったのだ。ここ二〇年の人口変容だ。一九七〇年代、一九八〇年代までに言われていたのは、地域の人口がアフリカ系ばかりになると、その地域の社会経済的なレベルも落ちるという説だった。ところが、ハイドパークに限ってはそれが起きなかった。アフリカ系が人口の大半を占めても、比較的裕福なアフリカ系だったからだ。

ハイドパーク東部の住人は、朝のジョギングで東側のミシガン湖畔にまず向かう。そして湖畔沿いに北上する。かつては四〇番街より上に行くと危険を感じたが、近年では三九番街まで北上するランナーも多い。三五番街にスケートボードが楽しめるちょっとした広場がある。巨大な低所得者層向け住宅のプロジェクトがあったはす向かいだ。二〇〇九年現在、遊んでいる子供の半分は白人に変わってしまった。以前はアフリカ系しかいなかった。

二〇〇〇年代末のシカゴは大型の建設が進み、サウスブーツ地区ではミドルクラス向けの住宅建築も加速している。シカゴで最も変容しているのは、かつての黒人ゲットーの中心だったダウンタウンとハイドパークのあいだの区間だ。ここにあった公営住宅に住んでいた貧困層は、次々とシカゴの中心から追いやられていて、サウスサイドの人口の変動を生んでいる。サウスサイド、とりわけハイドパークに住むことの意味が、アフリカ系内の格差拡大と連動して変わりつつある。

もちろんオバマ夫妻は、前々からコミュニティの一員そのものだった。ハイドパーク・コープにも買い物に来た。コープというのは、学生が自炊用の食材を買い求める五五番街にあるスーパーマーケットだ。二〇〇〇年代半ばに倒産して経営母体が変わった。シカゴの異常な冬の寒さに適応できない温暖地域からの学生たちは、必要最低限しか表に出ない冬眠生活を志す。私も冬の学期間の休みの一週間、アパートの部屋から一歩も出ない記録をつくったことがある。乳母車のようなワゴンを引きずって向かう先が、オバマも立ち寄っていたコープだった。ポリタンクの水やキャンベルの缶詰を大量に積み込んで、数週間の「冬眠」に備えた。

ハイドパークに引っ越して来たオバマはまず大学コミュニティに馴染もうと努めたが、それはユダヤ系コミュニティに馴染むことと同義でもあった。これがオバマのユダヤ系政治基盤にもなっていく。オバマに対するユダヤ支援母体は大学が出発点だ。シカゴ大学関係者には、他のアメリカの大学同様にユダヤ系が多かった。アブナー・ミクバはこう振り返る。

「学長のヒューゴ・ソネンシャインもユダヤ系でしたし、オバマにとって資金的のみならず、知恵袋としてもユダヤ系は価値ある基盤でした。『バラクはクリントンが〝黒人初の大統領〟になったように、〝ユダヤ系初の大統領〟になるぞ』と、からかったものです」

共和党寄りのユダヤ系とのあいだでも、意見の相違があろうと、オバマは自然体で接した。オバマのユダヤ票は安定している。ミクバは言う。

「オバマはユダヤ系とすべての政策で一致しているわけではありません。しかし、ユダヤ系が安全保障にナーバスなことをオバマはよく理解しているので、実に気を配る。彼は多様な文化を内在化しているゆえに、あんなに成功したのです」

オバマは「バラクとはヘブライ語で祝福（ブレッスド）を意味する〝バラク〟と一緒です。バラク・ブレッスド・オバマです」とユーモアを込めて言う。オバマは決してメッセージは変えないが、聴衆を理解する。オバマは人と交わることを好むが、決して人に媚《こ》びを売ることはない。

シカゴ大学デモクラッツ

直接的にはオバマの専門ではないが、シカゴ大学ロースクールは「法と経済」などの分野で有名である。シカゴは伝統的に共和党に投票する教授も多く、アメリカの有力ロースクールのなかでは最も保守的だ。リチャード・エプステインのような、リバタリアンもいるし、レーガン政権をブレインとして支えた教授もいる。しかし、民主党系も完全に亜流というわけではない。アメリカの法曹エスタブリッシュメント全体としては、民主党系が支配的である。

「シカゴですら絶対に存在しないのは、社会保守派だ」とシカゴのロースクールの複数の教授たちは語る。社会保守派は知識人とは肌が合わない。どんなに保守的な大学でも大学が「科学」をめぐってはリベラルな風土を維持しているのは、知識人の学問の作法として、進化論教育を完全に拒絶するような社会保守派とは親和性を持ち得ないからだ。アメリカで知識人として、とりわけ法曹人として保守派になるということは、社会保守ではなく財産権を重視する自由経済リバタリアンになることを意味する。国際政治ではニーバーに哲学的源流のある限定関与主義の現実主義者《リアリスト》を意味する。共和党員《リパブリカン》であることと保守主義者《コンサーヴァティブ》であることは必ずしも一致しない。

オバマが他の政治家と違うのは、「本当の憲法知識」を有することだ。自由市場を信奉するが、規制も必要と考える立場をユニバーシティ・オブ・シカゴ・デモクラッツと言う。その代表格であるキャス・サンスティーンは「オバマはレトリックの男ではない。オバマを長年知っている者として言わせてもらえば、彼のレトリックの能力には何も驚かない」と言う。サンスティーンによれば、オバマの凄《すご》さは人を感動させるからではなく、細かい案件の問題解決能力にこそあるという。演説でオバマの虜《とりこ》になり、言語的なインスパイアの力にオバマの魅力があると思っている人には、イメージの破壊になるかもしれないが、ほぼすべての法律専門家がサンスティーンと同様の見解だった。

サンスティーンは「シカゴ大学で、オバマは共和党支持者にも民主党支持者にも同じように好かれた」としている。サンスティーンはこう述べる。

「彼の授業に政治的な偏りは、まったくありませんでした。憲法への情熱は深いです。私がオバマと食事をしたときは、いつも話題は憲法をはじめとした法律全般と政治でした。また、オバマは議員活動と大学を両立していることに、大学当局から懸念が示されたこともありません」

その秘訣もオバマの人当たりのいい性格ゆえではなく、しっかりした独自の知を確立していたからだとしている。政治イデオロギーで好き嫌いは決まらない。ベアードもこう述べる。

「職業政治家の大半は、所詮はサウンドバイト（放送で引用されやすい端的な発言）の世界に生きています。彼らは八秒で政策問題についてまとめます。八秒以上、話をしません。オバマは一〇年以上もの長い大人の時間、第一級の秀才の若い頭脳と真に難しい問題について、深い議論を教室で交わしています。成人以後の長期間、結論の出にくい難問をシカゴ大学方式で徹底的に議論し尽くしたような政治家はアメリカに過去、存在しません」

ベアードは、そもそも判決文を実際に読み込んだことのある政治家が、ほとんど存在しないと政治家に少々辛口だ。

「オバマは憲法を読むし、ドレッド・スコット対サンフォード裁判（奴隷制に関連した一八五七年の裁判）だって全文読んでいます。女性の権利をめぐるロー対ウェード裁判（一九七三年に女性の中絶の権利を保障する判決を最高裁が下した裁判）が、なぜ難しい決断なのかへの認識もそうです。問題の複雑性を見ます。オバマは、憲法に書いてあるからそうなのだ、という言い方を決してしません。ブラウン対トペカ教育委員会の判決（一九五四年の人種分離教育を本来不平等と認めた最高裁判決）ですら、当時としては容易な決断ではなかったと理解しています」

ベアードは大統領選挙期間中に、オバマが憲法修正第二条は銃を携帯する憲法上の権利を保障していると思うかという質問を受けたことに言及した。

「オバマはすかさず、違いますと言ったわけです。憲法修正第二条は最高裁によってもたらされているものです。人民に銃を携帯する個人的な権利を保障しています。それは憲法の一部でしかありません、とね。オバマはこの質問にはそう答えるのが正しいと知っていました。問題は規制であり、銃を所持する権利をどの範囲まで合法的に規制できるかだと。オバマの能力は、議論すべきことと、議論の余地がすでにないことの厳密な峻別《しゅんべつ》ができるところにあります。一般の凡庸な政治家はこれができないのです」

同じ法律専門家でも、大学で憲法を教えていたオバマの価値がここにあるのだという。

「いつも我々ロースクール関係者が言うのですが、誰か他の人に教えてみるまでは、その問題を理解しているとは言えません。オバマは教えることで法の伝統と役割を実感して、過去の大統領について学んでいきました」

オバマの制度論、社会論は、基本的に政治イデオロギーではなく、憲法学者の思考である。保守派なのか、リベラル派なのかと、政治イデオロギーで輪切りにしても、曖昧模糊《もこ》とした「やや中道」にしか見えない。政治専門誌『ナショナル・ジャーナル』は、上院議員時代のオバマの議会での投票行動は最もリベラルだったと報じる一方で、リベラル派のブロガーは、いやオバマは中道的すぎると注文をつける。論壇でのオバマの党派ラベリングをめぐる議論は永遠に終わらない。

しかし、憲法や法をめぐる立場から透視すれば、輪郭はおのずと浮かび上がる。サンスティーンは、ベンジャミン・フランクリンの言う共和制とそれを維持する前提条件にこだわる。それはサンスティーンが言う「体験、将来の展望、善悪の価値観等の違う人たちが出会って話し合える場」である。オバマは、このサンスティーンの討議民主主義の考えを忠実に受け継いでいる。

オバマの討議民主主義の概念を知っておく上で一番わかりやすい例は、インターネットとメディアをめぐる問題だ。サンスティーンはインターネット自体の価値を「世界中で何百万もの人の視野を広げ、新しい話題や考えとの出会いを可能にしている」として評価する。一方で、自分の好むブログやサイトだけをセレクトしてフィルタリングして楽しむ「デイリー・ミー（daily me）」という使い方をすれば、視野はどんどん狭くなり、宗教的、政治的に違うグループごとに社会は分極化し、人種差別や過激主義を助長するようになると警告する。

サンスティーンは、マスメディアに一定の役割と価値があると考える。一九七〇年の最高裁判決を引いて、政府には放送局を「マスト・キャリー(must carry)」ルールに従わせる権限があるとしている。つまり、多様な意見に発言の機会を与えることを放送局に対して義務化するということだ。このように討議型民主主義を信奉するシカゴ大学デモクラッツ派は、財産権を重視しながらも「財産権を守るいかなるシステムも政府の積極的活動を必要としている」と、政府介入を条件付きで是とする。

表現の自由をめぐる問題、政府介入の問題の多くの政策について、オバマの考えを予測する上で、このシカゴ大学デモクラッツの哲学を点検することは無駄ではない。ＡＩＧ保険の幹部ボーナスに対する課税を望む議員を押さえ込んだのは、それが憲法を侵害することになると考えたからだと解説するサンスティーンによれば、オバマが重視するのは透明性とアカウンタビリティ(説明責任)だ。国論を割る医療保険改革もこの考えの延長にある。サンスティーンは次のように述べる。

「オバマの医療保険政策はコスト削減と医療へのアクセスに焦点を絞っているが、義務加入は子供だけで大人には選択肢を残しています。共和党は完全義務には賛同しないだろうとの政治的判断もあったが、これはオバマの選択をめぐる自由への強い信奉の反映でもあります」

プロフェッサー・オバマの講義哲学

アメリカの大学の特徴的な制度に、学生による授業評価がある。クラス最終日に満足度を尋ねる項目が並ぶシートが配布される。大学院大学で研究中心のシカゴでも、授業評価は免れない。オバマは学生評価が抜群にいいことで有名だった。オバマのシカゴでの力点は、研究よりも教育にあった。教壇のオバマは、学生に質問をするなかで議論を引き出すことを好んだ。オバマが多用したのは、自分を貶《おとし》めるような仮定の質問だ。

「ここに、長身で痩せた、バスケットボール好きの黒人がいるとします」

名無しだが、それはだいたいオバマのことだった。自分についてのシナリオを少し自虐的に話すことで、ケースに親しみやすさとリアリティを出そうとした。物議を醸すテーマも扱った。同性愛の権利、雇用差別、性差別、人種差別、人工妊娠中絶などを討論させた。オバマ自身はイデオロギー色を出さず、問題の構造的な複雑さを伝え、オバマと他の政治家の認識の違いを紹介した。オバマの教授法はオーソドックスなものだったが、扱うトピックの同時代性に同僚教授は驚いた。

オバマは先入観の排除を目指した。オバマが絶えずクラスで述べたのは、「一人ひとりの経験は異なっている。それゆえ、他の人の見方を正当化も否定もできない。個人の信念だけで判断に飛びつかないようにすることが大切だ」という基本だった。オバマはアフリカ系とは反対側の見方も歓迎したし、他人の立場に成り代わって話を聴く能力があった。それを可能にしていたのは、彼の出自がもたらす多文化性だけでなく、人種、社会経済などすべての異なる分野を強調することができる稀有《けう》な能力だった。

アメリカのセミナー形式のクラスでは、教授は容赦なく学生を名指しして発言させる。しかし、オバマはこれを好まなかった。クラスが静まり返っても、学生が自ら発言するまで待つのだ。時には自主的な発言を誘導することで議論を動かした。教授と学生の序列にこだわらない会話こそが大切だと、オバマは考えていた。教え子のベサニー・ラムプランドはこう振り返る。

「私が学んだ最大のものは、未来の法律家として私たち学生に何が正しく何が間違っているかというより、個人のイデオロギー的な信念が、現代の社会環境のなかでどのようにプラグマティックに適合するかを考えるようにさせてくれたことです」

奴隷の子孫への補償問題を議論したことがある。オバマはいつものように、自らの考えを前面に出さずに、補償の妥当性をロジカルに説明し、そのあと実際にそれが現代の現実世界でどのように実現可能なのかを学生に考えさせた。補償の現実面である。補償がどのような心理的な効果を生むのか、補償対象者をどのように見分けるのか。誰がどの程度の補償に値するとどう決めるのか、どの程度の世代の人ならいくらもらえると線引き可能なのか。

議論の末、学生たちはコンセンサスを得た。補償に象徴的な価値があり、社会的にそれを実際に行おうとする姿勢そのものが、金銭以上の価値だという結論だ。妥当な解決策もあれば、有害な解決策もある。オバマは複数のルートで問題を考えさせた。

期末試験は人種問題や教育問題などをめぐる微妙なケースをオバマが自ら創作し、そのケースを読ませ、「合衆国憲法に照らして自らの考えを述べよ」というものだった。ケースは二本組みだ。ワープロ打ちした解答を三〇〇〇文字一二頁以内で提出し、オバマ自身が目を通して採点する。移動や食事などの時間を入れて、全員平等に八時間一本勝負だ。

オバマのクラスだけでなく、アメリカではごく一般的なテイクホームイグザムという形式で、持ち込み可試験の自宅長時間版である。何を見ようと勝手だが、論文形式で規定時間内にとにかく形にする。その能力しか見ない。暗記は不要とされる。試験後は「メモランダム」と呼ばれる「解答解説」で、どのような憲法解釈が可能か、クラスのどの割合の学生がどのような解釈を選んだか、実例を示しながら、ケースごとに配布した。試験にはオバマのユーモアのセンスも垣間《かいま》見えた。二〇〇三年秋学期のテストの前置きは、次のようなものだった。

「ユートピア州の新知事アーノルド・ワッツザネッガーの執務室に雇われたとします。与えられた役職は重責であるだけでなく、あなたは元映画スターの知事の大ファンでした。知事の出演映画は何度も観《み》ています。今週になって知事はあなたにいくつかの微妙な政治問題を相談してきました」

作家でもあるオバマは、ケースメソッドのストーリーづくりの細部に凝るのが好きだ。架空の州や国、政治家、判事の名前を使いながらも、そのモデルがなんとなく連想できることも、ケース設定や分析の奥行きを増す。カリフォルニアはやはりユートピアなのかしらと、余計なことに気が散る学生や、オバマの美文のストーリーを味わってしまいがちな読書好きの学生は時間切れに注意だ。

クラスは大半が白人で、数人のアフリカ系、アジア系、ヒスパニック系がいたが、これは単にロースクールの人口比率の反映だ。「レイシズムと法をめぐる現代の諸問題」というクラスでは、グループごとのテーマ発表が成績評価の中心だった。

オバマが提示するケース課題には、法律家としてのオバマの関心事が透けて見える。講義要項には肯定側、否定側の土台がオバマ・コメントでしっかり示されている。オバマは肯定も否定も押し付けない。双方の根拠を話し合おうという知的遊戯だ。オクシデンタルで受けたボエシェの教育をオバマが受け継いだ。ここで、オバマが学生に宿題に出しているケースの一部を紹介しよう。

《黒人男子学校》――「自主的隔離」と呼ばれる公立教育の問題で、インナーシティの黒人男子だけの学校をつくることで自尊心を養う。アフリカ中心主義などが科目になることがある。オバマは否定側を補強するアドバイスとして、ブラウン対教育委員会の判決に反することを根拠に、白人や女性への逆差別だとの議論があることを紹介する。

《異人種間養子》――黒人の子供は黒人家族への養子に限定すべきだとの一部の州の規制をめぐる議論で、黒人のソーシャルワーカー協会による「子供のアイデンティティの強化のためには、同じ人種の養子がよい」という推進論がある。黒人の子供を養子に迎えたい白人の家族の存在から、この政策はむしろ人種差別であり、養子縁組みを待つ数千の黒人の子供にもよくないというのが反対派の意見だ。

オバマ自身の生い立ちとも関連するケースだ。黒人のアイデンティティが脆弱《ぜいじゃく》になるので、黒人は白人の家庭で育たないほうがいいという意見を鵜呑《うの》みにするとすれば、オバマの存在の魅力の根底が揺らぐ。オバマは自分の意見を決して差し挟まなかったが、特に学生にじっくり考えてほしい問題だったはずだ。この講義要項は一九九四年度ものだが、まだオバマの処女本発刊の前年というころだ。オバマの生い立ち、ましてや白人に育てられたことを知らない学生がほとんどであったなか、オバマは学生の議論に影響を与える個人情報の提示を控え、自由闊達《じゆうかったつ》な議論を見守った。

《人種ゲリマンダリング》――マイノリティの一票の重みを増すために、マイノリティ政治家が多数生まれるようにマイノリティ人口が多数派の選挙区をつくるように強引な線引きをするべきだとの議論である。オバマは肯定側への反論として、黒人選挙区をつくることで「政治コミュニティ全体から黒人を孤立化させる」との議論を紹介している。《人種と刑事訴訟》——どの程度、人種が判決に影響を与えているのか。どの程度、マイノリティの逮捕を想定した立法がなされているのか。ヘイトクライム（人種差別に基づく攻撃的犯罪）の量刑を厳しくすることは最高裁にとって正しいことか。人種プロファイリング（人種分類による犯罪捜査）はどこまで許されるのか、などの議論をオバマは提起している。

《福祉政策と子供をつくる自由》——麻薬使用歴があるような母親に、裁判所が子供をつくる自由に制限をかけられるかという問題だ。反対派の論者のなかには「人種絶滅」政策だとする過激論もあることをオバマは冷静に紹介している。

《エスニック間の緊張》——「クラウン・ハイツで起きた暴動とインナーシティでの韓国系とアラブ系商店のボイコットに見られるように『アメリカが茶色くなる（人種が混ざる）』と、人種間の対立はむしろ増えるかもしれない」と述べるオバマ教授は、アジア系とヒスパニック系の台頭をどう位置づけるかを提起する。「黒人／白人の二極モデルが、どの程度、他のマイノリティ集団の葛藤や渇望と関係しているのか」を論じることを求めるオバマは、「黒と白」の二項スパイラルだけで展開しがちなアメリカの人種問題のなかにアジア系やアラブ系の論点も持ち込む。

《アファーマティブ・アクション（積極的差別是正措置）》——オバマは「人種ではなく階級をもとにしたアファーマティブ・アクションによる大学入学選抜」という論点を挙げる。人種別ではなく階級／所得による決定に移行すべきではないかという議論だ。オバマは講義要項で「そもそもマイノリティへの人種偏見を是正するものなのか。それとも、貧困に見られるマイノリティの歴史的な窮境是正のためなのか。それとも、多様な子弟を教育現場に持ち込むためのものなのか」と述べ、制度の根源を問い直すよう学生にアドバイスを与えている。

課題図書リストも、独自性と基礎のバランスのとれたものだ。オバマ教授の読書リストは三層からなる。一つは歴史で、ロースクールのクラスにもかかわらず、オバマの講義要項によれば、インディアンの立《た》ち退《の》きから奴隷史、ジム・クロウ法まで時代背景をしっかり学ばせる。その上で第二に、公民権法、憲法修正第一四条と一五条、ブラウン対教育委員会判決などの関連する憲法や判決文をじっくり読ませる。

そして第三にこれもオバマ流だが、人種問題を深めるには、法律論だけでは不十分として、思想と文化への深い理解を目指した。課題にはマルコムXの講演録、キング牧師の獄中からの手紙、オバマの愛読書デュボイス『黒人のたましい』などを指定した。『黒人のたましい』は第二章の「自由の夜明け」が必読章だ。「二〇世紀の問題は、皮膚の色（カラーライン）による境界線の問題である」というあまりに有名な言葉で締めくくられている部分で、奴隷解放直後の混乱と解放民管理局の実態について詳述している。デュボイスを堪能《たんのう》する上で、オバマが大切だと考えている箇所である。憲法ハンドブックとしては、オバマの恩師でハーヴァード大学のローレンス・トライブ『アメリカ憲法の法』を推薦した。

オバマは、いっさい学生に意見は押し付けない。学生はオバマが民主党員であることを知らなかった。オバマは議論に自分の立場を押し出すことを好まない。教壇でも、学生が複数の立場をしっかり理解しているかどうかに主眼があったからだ。アブナー・ミクバは指摘する。

「実に相手のことをよく聴くわけです。次に自分が話すことしか考えていない大半の政治家とは大違いです。逆に、そのオバマが口を開くとき、それは本当に相手に語りかけるときです」

シカゴ大学の憂鬱とオバマ式人間教育

オバマの州議会事務所スタッフを経て、二〇〇九年からイリノイ州議会議員になったウィル・バーンズは、四年制課程をシカゴ大学で過ごし、同大学の大学院でソーシャルサービスを学んだ。シカゴ大学『マルーン』紙は二〇〇八年一〇月、オバマのかつての秘蔵っ子のバーンズを特集した。バーンズは「暗くて、寒くて、強風で、すべてがグレーで、ついでに建物のグレーさとマッチして」と、暗黒の日々を回顧している。

「たった二週間だけ平穏な週があるだけで、すぐ中間試験がやって来て、論文を書いて実験をして、科目登録の争奪戦に巻き込まれ、図書館で本が手に入らずに、資料の入手に右往左往する」

バーンズの記憶にあるつらいシカゴは、私の記憶とも、時期的にも内容的にも、ほぼ一致する。シカゴ大学の「生活」が楽しかったと回顧する人は少ない。ロースクールで学んだ前出の教え子、ベサニー・ラムプランドは、疎外感も味わっていた。

「大学時代に比べて、それがたまたまシカゴ大学だったからかもしれないけど、雰囲気がフレンドリーではないし、あたたかい学習環境をつくることに、当局があまり関心がなくて。悲惨で大変な環境であることに、むしろ大学が優越感を感じてしまっている。もっと楽しい大学にする努力をせず、それがむしろシカゴ大学のあるべき姿だとしていたことが不愉快で、その部分だけ自分には合わなかったのです。ハイドパークを去ってしばらくしてから、シカゴ大学時代が価値あることだってわかりました」

ラムプランドの悩みを気にしてくれる数少ない教授にオバマがいた。ある日、クラスが終わったあと、ロースクール棟をたまたま同時に出た二人は、駐車スペースに向けて歩いていた。おもむろにオバマは尋ねた。

「ベサニー、元気なのか？　無理して答える必要はないけども。君にとって立ち入った質問でないといいんだけど、ロースクールに通っていて、楽しいのかい？」

ラムプランドは一瞬答えに詰まった。通常、教授にこうした質問を受けたときの模範回答に沿って「もちろんです、先生。とても知的にやりがいのある日々です」と、はきはき答えるべきか逡巡《しゅんじゅん》したのだ。しかし彼女は不思議とオバマの前では正直になれた。理由はわからないという。ラムプランドは、オバマに悩みを打ち明けた。

「シカゴ大学で学べることは、本当に有り難いことだと思っています。でも楽しいとは言えません。正直、全然楽しくないと言わざるをえません。ロースクールが楽しくないことが、法律家になるのも楽しくないということになるのが怖いです。今までは、これが私のやりたいことだと思っていたのですが。法律が嫌いになりそう……」

「ベサニー、ロースクールに入る前、大学卒業後に少し間をおいたかい？」

「いいえ。私は新卒ですぐロースクールに入りました」

ラムプランドの答えを聴いて、オバマはこう続けた。

「なるほど、そうか。あのね、僕の場合はね、なぜロースクールに行くのか、法律で何ができるのかを探るために、時間を少しおいたんだよ。妻のミシェルは、時間をおかずにストレートに進学したんだけれどね。僕ら夫婦はね、僕の人生がなんでこんなにも楽しいのかについてよく話すんだけど、それは世の中を探検してまわる時間のゆとりを持ったからなんだよ。いいかい、君がとにかく感じるべきことは、このシカゴ大学での経験はそれだけで価値あることだということなんだ。弁護士になる必要も、法律家になる義務もないよ。法律学位を世のため社会のために、自分の方法で自分なりに活《い》かしていけばいいんだ。今この経験そのものに価値があるんだから。その意味で、学位は無価値なものでもないから」

　オバマらしい励ましの言葉だった。自分探しは恥ずかしいことではない。高い跳躍には助走がいるし、遅咲きの花でいいという含意があった。

「ロースクールに入ったからといって弁護士にならなくてもいいし、別の道で世の中に貢献することをすればいい。経験そのものに価値がある」というオバマの言葉は、ラムプランドに覆いかぶさっていた重荷をほぐした。オバマには特有のセンシティブな共感力があり、学生の異変に敏感だった。

「ロースクールが楽しいかと率直に尋ねてくれて、私の気持ちを親身に聴いた上で本音の回答をぶつけてくれた、最初の、いや唯一の先生でした。他の教授は私がどう思っているかまでは関心を持ってくれなかった。だから、バラクについては知識人としてもそうですが、他人の気持ちを共感できる一人の個人として、深く尊敬しています」

　そもそも、オバマは東部プレップスクールの出身ではない。しかし、ハーヴァード・ロースクールという最終学歴に到達するまでの知的栄養は常人の比ではない。オバマの学歴に強さがあるのではない。学歴を手に入れるに至った過程に強さがある。大学からの突発的な読書の嵐に加え、コミュニティ・オーガナイズという誰にも負けない現場体験をくぐり抜けた。

「社会人」にあたる英語がないアメリカでは、履歴書に空白の期間が生じることが問題にはならない。お金が貯《た》まれば平気で三〇代でリタイアするし、二、三年、次のキャリアを熟慮することもある。大卒後の「自分探し」も盛んだ。平和部隊に参加したり、海外を一年かけて回ったり、日本に英語教師として来る人もいる。バーテンダーをしながら自活し、芸術に傾倒してみる。鮮烈な実践こそ、その後の数十年の原動力になると信じられている。研究でも人類学や歴史学など長丁場の分野を中心に、対象への情熱を維持する何らかの原体験があるほうが、遠回りに見えて、実は成果が出ることがある。

『ハーヴァード・ロー・レビュー』黒人初の編集長という肩書は、作家として公人として、オバマがデビューする上で必須の勲章だった。しかし、オクシデンタル・カレッジに残っても、オバマは独自に知性を深め、コミュニティ・オーガナイズに匹敵する公共的活動に取り組んで、どこかのロースクールで頭角を現しただろう。オバマのロースクール時代を知る関係者は異口同音に、ハーヴァードのオバマは自分探しとはすでに無縁だったと語る。オバマの自著を読んで、アイデンティティ探しに熱心だったアーリー・ライフに驚きを隠さない。オバマはロースクール入学前に人生観を熟成させた。

飛び級して早期にプリンストン大学に入り、そのままストレートでロースクールに進んだ夫人のミシェルのほうが、美しいまでの完全なる秀才型だ。日本型教育でもきっと成功している。オバマは日本型社会では、ひょっとすると成功したかどうかわからない。回り道した先でのインスピレーションが持ち味だからだ。時間がかかるが、常人が決して登らない、登れない山頂を極めてしまう。

『朝鮮戦争の起源』で知られるシカゴ大学歴史学部長のブルース・カミングスは、知識人として自分はオバマ型だと言う。大学院まではアジアとも朝鮮とも無縁だった。大卒後、たまたま参加した平和部隊の行き先が韓国になった。韓国での実体験がインスピレーションを生み、独自の外交史を編み出した。アメリカの著名学者には、こういう経歴の人が意外と多い。カミングスによれば、韓国やフランスは日本型に近く、一〇代末での時限設定による選別をする傾向があるが、オバマのような人を生んだのは紛れもなくアメリカ型教育の柔軟性の賜物《たまもの》だという。

摩天楼を見下ろすガラス張りのオフィスから眺める夕日は格別だ。エンパイアステートビル越しの夕日をラムプランドは毎日のように目にするようになった。

「このビルの隣にジャパニーズの本屋と文具屋ができたの。行ってみた？　カフェもあるよ」

ラムプランドがしきりに私に行くように勧める〝ジャパニーズの本屋〟なるものは、

ロックフェラーセンターからブライアントパーク前に移設した紀伊國屋《きのくにや》書店ニューヨーク店のことらしい。ラムプランドはシカゴ大を無事卒業し、ニューヨークの一流法律事務所デカートの弁護士を務めている。ロースクールでスランプに悩まされていたベサニーとは思えない、立派な弁護士になった。

オバマが法律教育を介してやっていたのは、自分の回り道を栄養にした人間教育でもあった。オバマの教え子には、ラムプランドのようにつらい思いを抱える一方で、オバマとの邂逅《かいこう》に人生の勇気を授かった学生が少なくない。なぜ法律をやるのか、どう生きたいのか。世の中にどう貢献したいのか。原点の哲学に迷ったとき、オバマから受けた示唆にシカゴの教え子たちはいつも立ち戻る。

〝ものを書く人〟以上の存在に

「なぜオバマは国際関係から国内分野へ専門を移したのか」という私の質問を受けて、アブナー・ミクバはこう総括した。

「オバマの初期の知的関心は、君が指摘するように国際関係でした。徐々に政治に関心が移行したのです。たしかに、それからしばらくは国内案件一色だった。シカゴで州議会議員をやっているあいだも、オバマの口から外交についての発言は、ほとんどない。

イラク戦争反対の演説以外では、ほとんどないですし」

ダグラス・ベアードの回答も明確だった。

「私がオバマにキャリアの相談を受けるなかで感じたのは、彼はただ〝ものを書く人〟にはなりたくなかった、何か変化を起こしたいと考えていたことです。オバマはコミュニティ・オーガナイズを経験したことで、本当に変革を起こしたいと思うようになった、と語っていました。でも本当の変革は法律をめぐるゲームで、それに参画するには訓練がいるのです」

オバマが国際関係論から国内問題に専門を移したのは、どちらの問題が重要かという、政策の優先順位による決定ではなかった。オバマは変革を目指していた。

「現場を実際に歩いて実感したのです。現場の問題を解決するのに必要なのは、法律家になることだと。法律家になってからは、さて変革を起こすには、どうも政府のなかで権限が必要だと。それで州議会に奉職した。周囲の変な同僚とも付き合ってきた。それでようやく先が開けた。オバマが国際問題をないがしろにしてきたとは思いません。本当にステージに立ちたかったら、分野的に関係のないところで一定期間働くことも必要です。州議会での仕事もそう。この街からいずれは出て、何かするためのものだったはずです」

オバマは、シカゴ大学に示された終身在職権を受け入れることを拒んだ。連邦上院に打って出ることにしたのだ。ベアードは州議会立候補のときと同じく強硬に反対した。
「二年ものあいだ、赤の他人や知人にお金をせびる電話をかけまくるテレマーケッターになってしまうのは馬鹿げている。選挙三週間前に、八人中三位につければいいほうだぞ」

オバマは背水の陣だった。連邦上院選に負けたら、政治から手をひくとミシェルに約束していたのだ。上院選で民主党予備選に勝つまでは、普通にロースクールにも通っていた。選挙イベントが終わると一人で車を運転してきて、授業を淡々とこなしていた。ベアードの予測は途中まで当たった。三週間前にオバマは三位にしかつけられなかった。しかし、その後大きく運命は動く。ベアードは大統領任期満了後についてこう私に語った。

「シカゴ大学としては、彼を再度迎えるのは大歓迎です。彼はもっと大きな挑戦をしたいかもしれませんけれど。でも、これからワシントンみたいなところで八年も過ごしたら、そのあと大学にいったん戻るのもそう悪くはないと思いますけれどね」

自分がかつて雇用した若い法律家への敬意か、政治的勘か。いち早く再雇用を歓迎するメッセージのなかに、ベアードはさりげなく再選二期を意味する「八年」という年数を忍ばせた。

第6章　「脱党派」の大統領

――アメリカ政治のパラダイムシフト

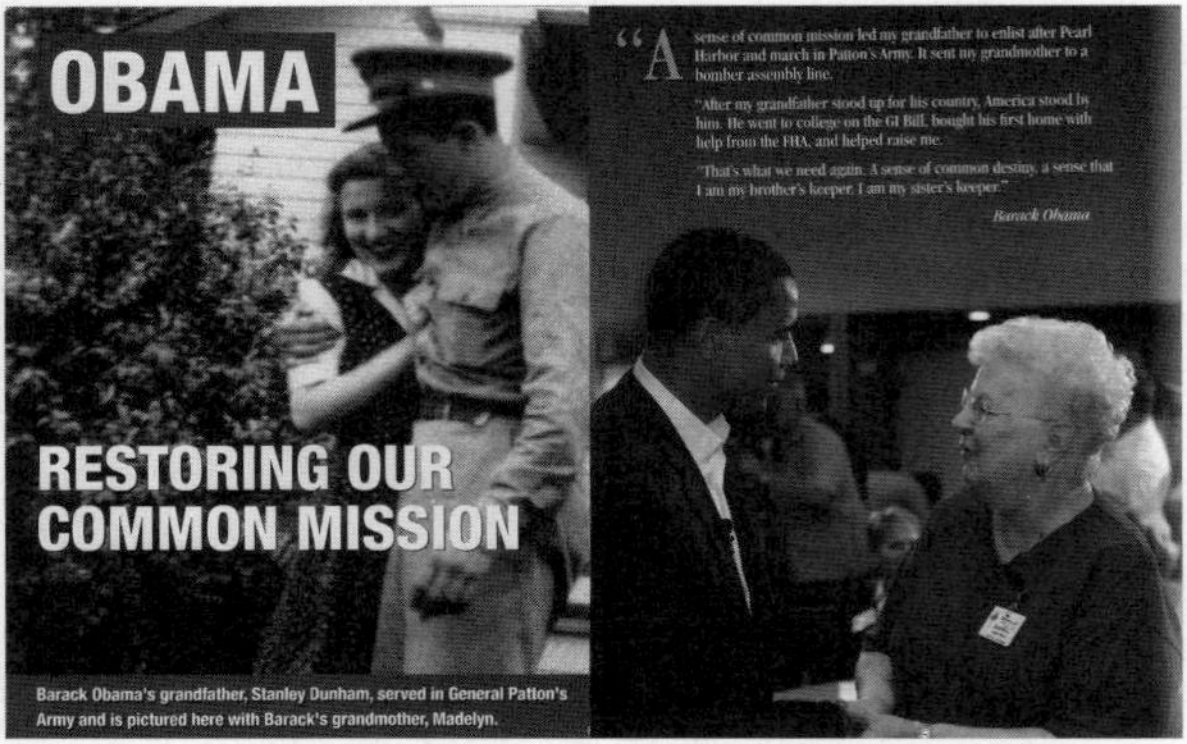

戦時中世代の祖父母を素材に母方の白人家族を強調した陣営広報物。
アイオワ州限定配布。(著者所蔵 2007年)

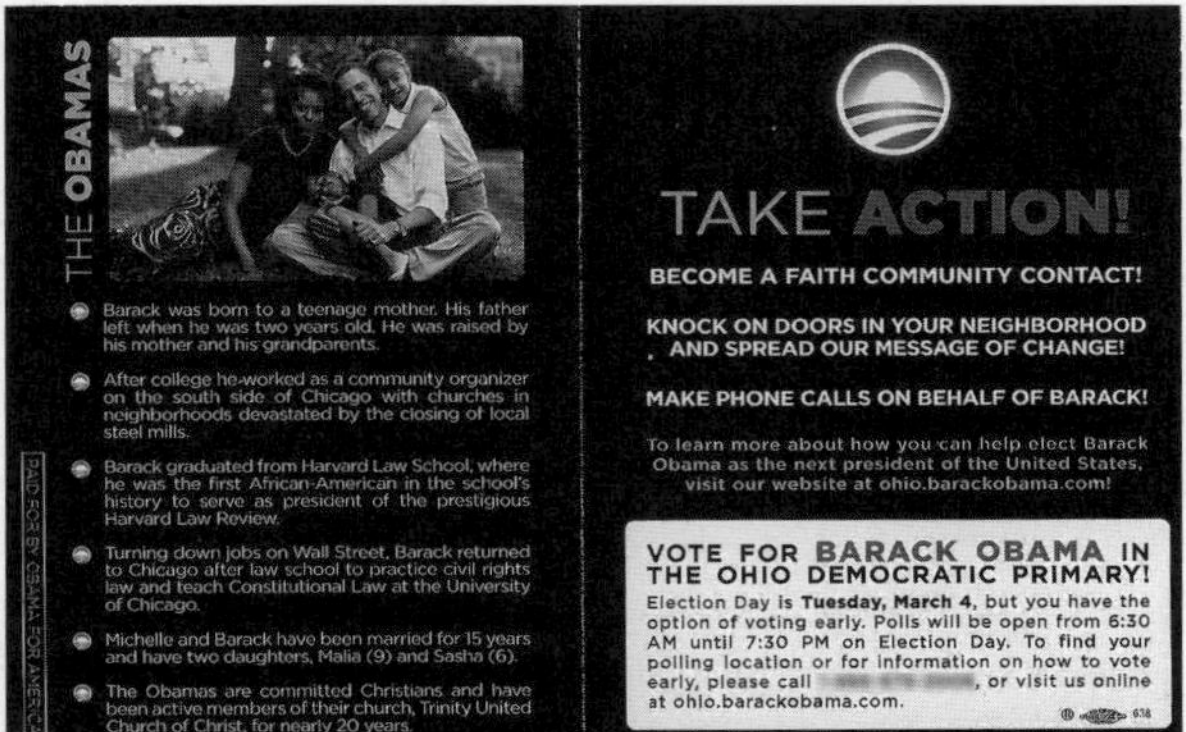

夫人と娘たちを素材に黒人家族を強調した陣営広報物。
オハイオ州黒人地域限定配布。(著者所蔵 2008年)

2007年、シャコウスキー下院議員(左端)とオバマ上院議員による移民制度改革の共同提案会見。シカゴの後見人としてユダヤ系と左派の支援に動き、オバマ政権に幹部人材を多数供給した。だが、政権の超党派路線に民主党左派は幻滅も経験する。(©gettyimages)

2008年11月4日、大統領選挙の日にシカゴの祝勝会場グラント・パークで勝利宣言を行った「ファースト・ファミリー」。左から44代大統領のバラク・オバマ、次女ナターシャ(愛称サーシャ)、長女マリア、ミシェル夫人。(©UPI/amanaimages)

「オサマ」と「オバマ」

二〇〇四年二月二六日、首都ワシントンのホワイトハウスで、ジョージ・W・ブッシュ大統領、コリン・パウエル国務長官、コンドリーザ・ライス国家安全保障担当補佐官との会談に臨んでいたのは、民主党のジャニス・D・シャコウスキー下院議員と黒人議連の議員団だった。

二〇〇四年に入って中米ハイチでは、武力衝突が本格化していた。シャコウスキーは前年、故ロバート・ケネディ夫人のエセル・ケネディとともに議員外交でハイチを訪問した。当時のハイチ大統領だったアリスティード氏と会談するなど、ハイチ外交に深く関与するなか、ブッシュ大統領にハイチへの暫定的な支援を要請しようと、ホワイトハウスに乗り込んだ。

シャコウスキーが大統領に会って、上着を脱いだその瞬間、目の前のブッシュが身体《からだ》をねじらせて飛び退《との》いた。シャコウスキーが胸につけていた大きな丸いバッジに驚いたのだ。ブッシュの目に入った文字は「Osama（オサマ・ビン・ラディン）」だった。ブッシュにはそう見えた。

「違います大統領。オ・サ・マOsamaではありません。オ・バ・マObamaです。連邦上院にシカゴから出馬している男です」

　イリノイ州議会と連邦議会の先輩として、無名のオバマを早期から見込んで地元シカゴで支えてきたシャコウスキーは、その年の一一月に控えていた上院選のオバマ応援バッジをつけていた。

「知らんなI don't know him.」

　ビン・ラディンでなかったことに安心しつつも、ブッシュは怪訝《けげん》な顔で呟《つぶや》いた。間髪《かんはつ》をいれずシャコウスキーはブッシュに微笑《ほほえ》んだ。

「必ずや、知ることになりますからYou will.」

　ブッシュが自分の後任になる人物を知った瞬間だった。シャコウスキーの予言は的中した。ブッシュはそれが誰なのか、ほどなくして思い知らされることになる。「オバマ」と「オサマ」。アルファベット五文字では、ObamaとOsamaで、たしかに一文字しか違わない。それにしても、前任の大統領が後任の存在を選挙のわずか四年前に知らず、しかも「オサマ」と間違えるとはあまりに珍事だ。

　このエピソードは、初めて前任の大統領にオバマを「紹介」したシャコウスキーによる大統領選挙の応援演説の十八番だった。必ずと言っていいほど聴衆は笑いの洪水となった。「バラク・オバマというおかしな名前《ファニーネーム》をこの子に付けた親はどこの親かと思いました」とミシェル夫人も繰り返した。アメリカ人に馴染《なじ》みの薄いオバマの名前は、かえってオバマの知名度と親しみを増す道具となった。

六年越しの必然「イラク反戦演説」

ブッシュが「オバマ」を「オサマ」と間違えた「事件」から遡ること二年の二〇〇二年秋、アメリカのイラク攻撃の可能性が取りざたされ始めていた。ブッシュ政権のイラク侵攻を牽制《けんせい》する集会がシカゴのフェデラル・プラザで企画されようとしていた。発起人の地元活動家はわずか一〇人程度の少人数のグループである。呼びかけを務めたのはベッティルー・サルツマンとマリリン・カッツという二人の女性だった。サルツマンはシカゴのミシガン湖岸地域を代表するリベラル派の活動家であり、カッツも「ノー・イラク・ウォー」というウェブサイトで侵攻を牽制していた。

シカゴでは初の純粋な反戦集会だった。それまでも宗教関連団体が集会を開いていたが、サルツマンによれば、宗教関係者の集会は、反戦に関係ない他の問題も混ぜ合わせていた。リベラル派が重視していたのは、宗教関係者が描いていたイメージとは微妙に異なる「純粋な反戦運動」だった。

サルツマンら企画者は『シカゴ・トリビューン』紙に集会への参加を呼びかける全面広告を掲載したほか、ビラ配りもシカゴで広範囲に敢行した。企画メンバーが、要人呼びかけの分担を割り振った。サルツマンは、宗教指導者とイリノイの州議会議員への参加依頼を担当した。

「火曜のイベントに向けて、週末の土曜か日曜に電話をしました。オバマは不在でした。オバマはあのころ、まだ連邦上院への立候補を表明していなかったのです。運動は始めていたけど、表明はまだでした。電話にはミシェルが出ました。それで、ミシェルにオバマが集会で演説してくれると思うか訊《き》きました。ミシェルは確認してみるからと言ってくれました。返事の電話をくれたのは、オバマ本人だったと思います。火曜でした。返事をくれた当日にあの素晴らしい演説を行ったわけです」

もちろん、オバマは演説の余波を十分に吟味した。オバマにとって容易な選択ではなかった。サルツマンは振り返る。

「連邦上院に出馬するなら、問題発言と取られる可能性もありました。当時はそういう雰囲気でした。でも私は、オバマなら演説依頼に応じると信じていました。しかも、そのことが年月を経てアイオワ州でオバマを助けることになったのです」

二〇〇二年一〇月二日、シカゴ、フェデラル・プラザ――。「戦争は選択肢ではない」の黒白赤の三色バッジを左胸につけた、グレーのストライプのネクタイの細身の男が軽やかに演台に登場した。依頼を受けてからの草稿に使える時間はわずかだった。サルツマンは集会を正午に設定していた。昼休みに立ち寄るオフィスワーカーの参加者を増やすためだ。平日にしたのは、ランチをオフィス内でとっている人のために、ビルの隅々に演説が聴こえるようにするためだった。「爆弾を投げ込んだりするような参加者は来ませんでした」とサルツマンは微笑んだ。

集会では反戦に賛同してくれるシカゴの要人を順次紹介した。この集会の主役が州議会議員や宗教指導者だったのは、平日でワシントンを離れられなかった連邦議員が欠席を余儀なくされたこともある。サルツマンはディック・ダービン上院議員とジャン・シャコウスキー下院議員からの反戦運動激励の手紙を読み上げた。世間の注目はジェシー・ジャクソン師だった。

「ジェシーがその日のスターになる予定でした。でもふたを開けたら本当のスターはバラク・オバマだったのです。そんなこと、誰も予測していませんでした。だって、誰もオバマが誰だかも知らなかったのですよ」

オバマがおごそかに口を開いたとたん、二〇〇〇人を超える参加者の視線が、電気ショックでも受けたかのように釘付《くぎづ》けになった。無名の州議会議員のメッセージ力はまるで魔法のようだった。真後ろにいたジャクソン師の目も、オバマに注がれた。

「私が反対しているのは愚かな戦争です。私が反対しているのは、拙速な戦争です。私が反対しているのは、リチャード・パール、ポール・ウォルフォウィッツらの政策遂行者による冷酷な行いです。失われる人命や待ち構える困難を犠牲にしても、自らのイデオロギー的な狙いを私たちの喉元に突きつける政権内の週末戦士（ウィークエンド・ウォーリアーズ）たちです。私が反対しているのは、無保険者、貧困率の増大、所得平均の下落、そして企業スキャンダル、大恐慌以来最悪の月を迎えた株式市場、こうしたものから目をそらそうとするカール・ローヴの政治ハイジャックです。これらこそ、私が反対しているものです。愚かな戦争。拙速な戦争。理性ではなく感情、原理原則ではなく政治、こうしたものに依拠した戦争です」

国民の生命を守る戦争にまで反対しているのではない。反対すべきは、政治的、イデオロギー的な意図に満ちた愚かなる戦争である、というオバマの演説は、感情的な「反戦」ではなく、理にかなった外交を求める秀逸なものだった。

オバマは演説後も会場に留《とど》まったが、しばらくして連邦上院選挙の準備で現場を去った。あたふたと会場を去る州議会議員の背中を眺め、もし次の連邦上院議員を選ぶならば、彼こそ支持すべき人ではないか。演説を聴いたリベラル派の聴衆は半ば確信していた。サルツマンは、オバマが大統領になるべき人物だと見抜いていた。そしてそのためには、まず連邦上院に行くべきだと考えた。

しかし、オバマが当時、あまりに無名だったため、地元紙は彗星《すいせい》のように現れて演説をぶった「謎の人物」の扱いに苦慮した形跡がうかがえる。集会そのものは、翌三日の『シカゴ・トリビューン』紙の一面で写真付きで大々的に報道されている。しかも、記事は一面で終わらずに後続頁《ページ》にわたる比較的長いものだった。サルツマンは言う。

「新聞はオバマの演説を報道しませんでした。オバマの名前すら言及されていない。彼のことを誰も知らなかったのです」

紙面では、ジェシー・ジャクソン師の演説が、オバマの代わりに大きな記事になっていた。

しかし、このとき誰も気がつかなかったが、この「愚かな戦争」演説の真価は、地元メディアに載るかどうかという小さい次元の問題ではなかった。演説の「意味」は、二〇〇四年以降じわじわと国政レベルで大きくなっていった。ブッシュ政権がイラクで泥沼にはまり、犠牲者が増大の一途を辿《たど》るなか、オバマのシカゴ演説が、イラク戦争反対のシンボルになっていったからだ。

二〇〇七年、翌年の大統領選挙の候補が民主党で出揃《でそろ》ったときが、そのクライマックスだった。ずらりと並んだのは、経験豊富な党の実力派ばかりだった。元大統領夫人のヒラリー・クリントン上院議員を筆頭に、バイデン上院議員、エドワーズ上院議員、リチャードソン知事など自信に満ちた面々のなか、バラク・オバマは、どこか線の細い、無名の一年生上院議員だった。

しかし、その存在を燦然《さんぜん》と輝かせ、民主党リベラル派を驚喜させた「魅力」が彼にはあった。それは、オバマが最初からイラク戦争に一貫して反対していた、唯一の候補者だったことだ。二〇〇二年シカゴの「愚かな戦争」演説は、その動かぬ証拠としてオバマの思わぬ「政治財産」に育っていた。

いわば、オバマはイラク反戦で、地元リベラル派の信頼で全国区に出て来た人間であり、イラク撤退論が大争点だった二〇〇八年大統領選の序盤燦然と脚光を浴びるのは、まさに六年越しの必然だったのだ。サルツマンが敷いたレールが、オバマをワシントンに送り出した。

「シカゴ人脈」の本格始動――アクセルロッドとの「縁」

ネブラスカ生まれのサルツマンは、ワシントンとシカゴ郊外で育った。父親はローズベルト政権から一貫して民主党政権に加わり、ジョンソン政権では国連経済社会理事会担当の大使、カーター政権では商務長官を務めた。家庭の政治環境によって、自然と政治に引き込まれていった。

サルツマンの選挙区の州議会議員がオバマだった縁もあるが、個人的な邂逅《かいこう》は一九九二年に遡る。サルツマンはビル・クリントンの一期目の大統領選のために働いていた。

そこでプロジェクト・ボートという有権者登録を集める運動をしていたのが、オバマだった。

「オフィスにオバマが入って来たとき、感嘆しました。会ったとたんに、この人物は成功すると思える人がごく稀《まれ》にいます。その瞬間、私はこの人はいつか大統領になると思ったのです。アメリカの初の黒人大統領になると。ただ直感でそう思いました。皆、それがどうしてかって訊くのですが、そのとき、特別な感情が湧いたとしか言えないのです」

サルツマンとの縁が、オバマ選挙の立役者にしてのちにオバマ政権大統領特別顧問となるデイビッド・アクセルロッドにつながる。アクセルロッドは、デトロイト、フィラデルフィア、クリーブランド、首都ワシントン特別区などで黒人市長を誕生させたことで知られる腕利きのコンサルタントで、黒人候補者を白人多数の選挙区で勝たせる「人種ニュートラル」戦略を得意としていた。二〇〇六年には、黒人率が七%にすぎないマサチューセッツ州で黒人初の知事としてデューバル・パトリックを当選させている。

サルツマンとアクセルロッドは、イリノイ州選出のポール・サイモン上院議員の選挙運動で同僚だった。アクセルロッドが取り仕切った一九八四年の選挙で二人は知り合った。サイモンは一九八五年に就任した。上院事務所を一九八八年まで統括したのがサルツマンだった。

サルツマンとアクセルロッドは頻繁に電話し合う親友関係にあった。ある日の電話で、サルツマンは事務所で会ったオバマのことをふと話題にした。

「まだ三〇歳だけど、こういう男に会ったの。きっと彼は大統領になれるし、アメリカの最初の黒人大統領になれるから。この男に絶対に会うべきだわ」

サルツマンはアクセルロッドに直言した。

「デイビッドは、そのときの私の紹介があまりに大げさだったと、今になって言うけどね」

オバマと後の大統領顧問にして上院選、大統領選の立役者アクセルロッドの出会いは、偶然に持ち込まれた縁だった。アクセルロッドは、サルツマンの助言にしたがってオバマに会ってみることにした。オバマの将来性を自分の目で確認するのは、それからしばらくしてのことだった。

支持基盤の確立「シカゴ進歩派」

ちょうど同じころ、シャコウスキーがオバマの名前を初めて耳にしたのは、州議会上院議員の友人だったアリス・パーマーからだった。未成年者と性的関係を持ったとされるスキャンダルで、ハイドパークを選挙区とする連邦下院議員が急遽《きゅうきょ》辞任した。特別選挙に立候補することにしたパーマーは、州議会議席の自分の後任にはオバマを推していた。シャコウスキーは振り返る。

「アリスはオバマという名前の若い男を後任に据えるって。プロジェクト・ボートという有権者登録運動をしていたとかでね」

オバマは立候補の登録をした。その後、パーマーは連邦下院予備選で、ジェシー・ジャクソン二世に敗れた。パーマーは自分の州議会議席を取り戻そうとした。しかし、オバマはすでに候補者だった。シャコウスキーはオバマに惚《ほ》れ込んだ。

「私はあのときが、人当たりのいいと思われているオバマが、ただ『わかりました、ではテントをたたんで撤退します』と引き下がるような男ではないと行動で示した最初の瞬間だったと思います。オバマは代わりにこう言ったわけです。『私はもう候補者です。あなたは支持表明をしてくれたではないですか。私は立候補しますから』と。アリスは結局、立候補しなかった。でも、オバマが偶然に恵まれている男だと思っていた人は、この一件でオバマが真剣勝負の闘士だと知りました。ただ運がいいだけではないとね」

オバマはパーマーに対峙《たいじ》して立候補することを選んだ。現職の地元議員を敵に回すことは、サウスサイドの黒人社会の「和」を考えれば、リスクのある決断だった。それゆえにシャコウスキーは、州議会立候補を取り下げなかった無名時代のこの行為にこそ、オバマが自分で決めた真の決断力を見る。このときオバマは、まだ三五歳だった。

州都スプリングフィールドに議員として乗り込んだオバマは、同僚議員が避けたがる問題を志願した。州議会上院で実力を握っていたのは、シカゴマシーンという、州の利益誘導政治の中心にいたエミール・ジョーンズ二世だった。オバマにとって幸運だったのは、ジョーンズとは初対面でなかったことだ。一九八五年に、オーガナイザーのオバマは高校の中退率を下げるプロジェクトに取り組んでいた。ジョーンズをして〝しつこい粘り〟と言わせたオバマたちの嘆願がジョーンズを動かし、州教育委員会に中退防止の予算を確保させた。

ジョーンズ二世にオバマは「難しい課題を与えてください。本気で働きたいのです。準備万端です」と志願した。当時の州議会上院は三七対三二で共和党優勢だった。オバマは死刑制度という難題に取り組むことになる。当時イリノイ州の死刑制度については、強引な自白強要による冤罪《えんざい》が問題になっていた。オバマは死刑制度の必要性を認めている。ここはリベラル派と違うところだ。しかし、死刑は慎重な手続きに基づくべきという信念から、取り調べの録画が必要と考えたオバマは録画立法を実現させた。また、一九九八年にはロビイストからの贈答物の禁止、選挙資金の私的流用禁止、選挙資金ファイルの公開などを義務づけた選挙資金規制に取り組んだ。

州議会では理想の限界に悩まされた。利益誘導の見返り政治ではない「ビジョン」の政治は、地元になかなか理解されなかった。オバマの後輩キンバリー・ライトフォード州議会議員は、二九歳のころ、先輩格のオバマに相談に行ったことがある。そのときオバマはこうアドバイスをした。

「僕たちは当選すると、議会に行って一夜にして世界を変革しようと思うよね。でも、それは絶対に起きやしない。すべてには順序がいる。ゲームの仕方をまず学ばないといけないよ。まず友達をつくらないといけない」

そしてオバマは小切手を取り出すと、ライトフォードに五〇〇ドルの寄付をした。選挙資金に困っていた後輩に先輩からできる、ささやかなことだった。オバマはライトフォードの新しい兄になった。

連邦上院選立候補へ

二〇〇二年盛夏、シカゴのオヘア国際空港から一路南へと、私は車のアクセルを踏み続けていた。シャコウスキー一家とミシガン湖畔の別荘で夏休みを過ごすためだ。馴れ親しんだレイクショアドライブの四車線も、久しぶりの左ハンドルで運転しにくい。夏のミシガン湖はとりわけ美しく、広大な水平線はまるで海のようだ。シアーズタワーと並ぶシカゴ名物ジョン・ハンコック・センターを過ぎれば、左前方にオバマが二〇〇八年一一月に勝利演説を行うグラントパークにさしかかる。当時まだ州議会議員だった男が、六年後にここで大統領選の勝利演説を行うなど誰も想像していなかった。賑《にぎ》やかだった家族一同が別荘地を離れ、最後の数日、スケジュールに余裕のあったシャコウスキーと二人きりになった。シャコウスキーの家族以外で別荘に招待されたのは私だけだった。話題は自然と政治に向かった。シャコウスキーを連邦上院に推す声がシカゴにあることを、シャコウスキーは意識していた。畑で自家製ジャム用のブルーベリーを摘《つ》みながら、傍らでバケツを持つ私に淡々と語ったシャコウスキーの関心は彼女自身の上院への鞍替《くらが》えではなかった。むしろ、リベラル派再興の責任だった。九・一一直後の国難のただなか、親友のナンシー・ペローシらとともに、対共和党のうねりをつくりだす長期計画である。

ほどなくして、オバマはシャコウスキーのもとを訪れた。連邦上院への立候補を考えているのではないかと尋ねたのだった。「いや、それは考えてないから」とシャコウスキーが答えると、オバマは「実は私は考えていまして」と決意を吐露した。

連邦上院選挙の民主党予備選は、オバマにとって簡単な選挙ではなかった。当初、シカゴの関係者はオバマに勝ち目はないと考えていた。上院選のオバマは後追い候補だった。富裕な株式トレーダー、ブレア・ハルは四億ドルもの私財を注《つ》ぎ込んだ。二〇〇二年にブラゴジェビッチが知事選で行ったのと同じ潤沢な金の下での選挙戦だ。州南部でも広告を流し始めていた。州監督官ダン・ヘインズは政治家一族の出身で、全州規模で事務所を構えていた。民主党の地盤をバックにしており、労組はヘインズを支持していた。

オバマは当時、ハワイ時代からのニックネームの「バリー」に戻そうかと悩んでいた。州南部には保守的な白人層も多い。選挙区が州全体になる選挙で、バラクというアメリカ的ではない名前が有権者の耳に馴染まないのではないかと考えたのだ。オバマ陣営のコンサルタント、テリー・ウォルシュはこう回顧する。

「オバマが唱える脱人種、脱イデオロギーの政治などというものは、民主党の上院選予備選参入では力を持てなかったのです。むしろ、オバマ陣営の狙いは、進歩左派とアフリカ系をまず押さえ、それをシカゴ全体のメディアに拡大させていくことでした」

シカゴのリベラル派の票田を司《つかさど》っていたのは、シカゴ北部エヴァンストン、スコーキーなどを地盤とする州議会の元先輩シャコウスキーだった。シャコウスキーは、オーガナイザー時代の上司のケルマンなど、オバマの初期のシカゴ人脈の多くを選挙区に抱えていた。クルーグリックはシャコウスキーの若き日の運動仲間だったし、ノースウェスタン大学にはオバマにハーヴァードへの推薦状を書いたマックナイトもいた。オバマの元同僚キンドラーは、以前シャコウスキーの夫が主宰するイリノイ公共活動会議（IPAC）で働いていた。さらにシカゴのユダヤ人脈の要《かなめ》であるシャコウスキーのもとには、サルツマンも支援者として控えていた。シャコウスキーは、サルツマンが組織したイラク反戦集会を高く評価していた。

「あの当時、反戦を標榜《ひょうぼう》するのはとても勇気のいることでした。私は感動して、オバマの選挙を支えたくなったのです」

一方、サウスサイドの黒人票の鍵を握るのは、ジェシー・ジャクソン師の息子、ジャクソン二世下院議員だった。ジャクソン二世自身は、上院への鞍替えを考えている可能性があった。ジャクソンとかち合えば、黒人票が割れてオバマに勝ち目はない。

恩師ミクバのアドバイスで、オバマはジャクソン二世の意思を確認する直談判《じかだんぱん》に持ち込んだ。ジャクソンの娘サンティタ・ジャクソンが、ミシェルとマグネットスクール時代の同級生だったことから、ミシェル人脈が仲介を果たした。体当たり会談は吉と出た。「あなたが出馬するなら、私は出ません」というオバマの率直さを買ってか、ジャクソン二世は上院への鞍替えの意思を示さなかった。オバマ夫妻への応援をすると、旗幟《きし》を鮮明にした。

こうしてオバマは、シャコウスキーとジェシー・ジャクソン二世の二人を後見人にすることに成功した。このことは、シカゴの進歩系左派と黒人層を地盤にしたことと同義だった。シャコウスキーは振り返る。

「バラクは、上院選で進歩派を代弁する候補者でした。私は内外でリベラル派、進歩派のリーダーだと見られていたから、私の選挙区の支持者が、戸別訪問、フォーンバンクなどに駆けつけ、バラクの上院選に没頭してくれました。私はいったん支持したら逃げません」

オバマがシャコウスキーの完全な支援を上院選で掴《つか》んだことは、後の大統領選においても大きな支えとなった。シャコウスキーの地元事務所はシカゴ郊外のエヴァンストンの数千の選挙民を組織し、アイオワ、インディアナ、ウィスコンシンに送り込んだ。毎週末、長距離バスでピストン輸送された。

未知数の存在だったオバマは、違う何かを感じさせた。全州規模のメディアに満を持して登場したオバマは、水を得た魚のように自分の言葉で語りだした。アクセルロッドは対抗馬のヘインズについて、かなりの支持を集めるとしてもアメリカを連邦レベルで代表する職務に似合う人物ではないと判断していた。オバマが持っているようなインスパイアは感じられない、州の監督官にちょうどお似合いな人物だと考えていた。

乱心オバマが下院出馬から学んだ黒人政治

オバマの政治遍歴は連戦連勝ではない。現職のアフリカ系、ボビー・ラッシュ下院議員に挑んだ二〇〇〇年の下院選挙の立候補は、オバマの政治人生で最悪の事態となった。皮肉にも二〇〇八年の大統領選で対決するヒラリーが、ニューヨークで上院議員に当選したのと同じ年の選挙だった。ラッシュは一九六八年にブラック・パンサー党のイリノイ支部を立ち上げた黒人活動家のカリスマで、サウスサイドの医療クリニックの開設にも尽力してきた。オバマはハイドパーク以外では無名だった。

一九九九年二月にラッシュがシカゴ市長選に敗れたことで、オバマはラッシュは弱体と判断した。世論調査ではオバマに脈ありだった。しかし、ラッシュの相手はシカゴ政治の重鎮にして白人のデイリーだった。ラッシュを囲む局地的に熱烈な黒人支持となると、話は別だった。オバマの立候補に、周囲ははなから難色を示していた。後見人のアブナー・ミクバは言う。

「私は当時、オバマの能力と資質を買っていました。だから、あえて出馬を止めはしなかった。しかし、もし勝てるかどうか本音を教えてくれと訊かれれば、無理だと思うと言ったはずです。現職の下院議員を打ち負かすのは難しい。ラッシュは世界最高の議員ではないが、そんなに悪くもない。ラッシュは黒人をどう味方につけるか知っていた」

シャコウスキーも、現職のラッシュを擁護せざるをえなかった。

「誰かを葬り去り引きずり下ろすには、何かよほどの理由がないといけないでしょう。ボビー・ラッシュを退けなければいけない理由が、見つからなかったのです」

州議会の隣席であり、ポーカー仲間のテリー・リンクも反対した。サルツマンも、下院選ではオバマを救うことはできなかった。サルツマンは州議会ではオバマの選挙区だったが、連邦下院の区割りではダニー・デイヴィス下院議員の選挙区だった。
地元シカゴの公共放送WTTWの番組『シカゴ・トゥナイト Chicago Tonight』にラッシュと出演したオバマは、防戦で四苦八苦した。ミクバの言葉を借りれば、オバマはアフリカ系として生きながら、同時にアフリカ系であることを日々学ぶ必要があった。ミクバは回顧する。

「下院選中に黒人教会でオバマの演説を聴いたとき、それはまるで教授のような話し方でした。黒人教会の参列者には適切ではない。次回、黒人教会で会ったときは、説教師のようになっていました。うんとよくなっていました。ハーヴァード的ではなくシカゴ的でしたね。オバマはボビー・ラッシュに挑んで負けましたが、選挙政治について学び、自分についてもよく学びました。オバマは、発言の要旨はころころ変えません。しかし、シカゴ大学の教室で学生に話すのと、シカゴの公営住宅で生活保護を受けている母親たちに向けて話すのでは、違う話し方が必要です」

このように言うミクバは、オバマに話し方を学ぶように指導した。まず相手ごとに違うことを言わないこと。政治家によってはこれをやり、嘘《うそ》つき呼ばわりされて、初動で躓《つまず》くものだと。しかし、スタイルに変化をつけることは習得すべきであると。言葉やリズムを変えること。オバマはラッシュとの戦いでこれを学んだ。オバマの柔軟性は国際性と通じる。地域のユダヤ系の式典に出席し、祈りの言葉の意味がわからず当惑したオバマは、無知を認め、ただ朗らかに「勉強します」と言った。

下院選で繰り出された批判は「オバマは十分に黒人じゃない」という中傷だった。黒人なのか、白人なのか。オバマの支援者にして州議会の元同僚議員のリッキー・ヘンドンが指摘するところの「オバマのジレンマ」問題だ。当時のオバマのスタッフは言う。

「十分に黒人じゃない、というのは、主として都市で使われた辛辣《しんらつ》で狭量な戦法です。オバマは、そういうことを言う人がいるのだなと悟りました。それが自分を攻撃する方法なのだと。でも、これは黒人同士の選挙で有効な攻撃方法です。たしかにコミュニティ内にある偏見を炙《あぶ》り出したものであるとは思います。しかし、オバマ陣営としては、アフリカ系の本格的な上院への候補者が現れたことを知ってさえくれたら、アフリカ系住民は支持してくれると考えていました」

陣営はメッセージを工夫した。アフリカ系と写るオバマの写真を使用したし、アフリカ系の地域の理容室にオバマを行かせたりもした。黒人票の獲得を当たり前のように考えたことはない。しかし、獲得が絶望的というわけでもなかった。

それまでの黒人の選挙は、マイノリティ票を当て込むことで内側を固める手法だった。一九九三年に黒人初の女性上院議員になったキャロル・モズリー・ブラウンも黒人に加えて、女性票の救いがあった。アニタ・ヒルとクラレンス・トーマス判事のセクハラ論争で、女性の意識が高まっていたからだ。古くは、一九八三年に市長の座を摑んだ黒人初のシカゴ市長、ハロルド・ワシントンも五一％の得票率による辛勝だった。

人種を消し去る手法で上り詰めた黒人政治家もいる。一九八五年にヴァージニア州知事になったダグラス・ワイルダーは朝鮮戦争への従軍歴を強調して、人種色を表に出さなかった。オバマはワイルダー型なのではないかと疑われもした。しかし、オバマのリベラルな政治姿勢がその疑念を打ち消した。コリン・パウエルやワイルダーのように穏健中道派であることをよしとしないリベラルさだ。ここでもイラク反戦の「愚かな戦争」演説が潔白の証明に役立った。

黒人のあいだには世代格差があった。人種隔離時代を知る古い世代には、白人が多数を占める選挙で黒人が勝てるはずがないというトラウマがこびりついていた。ヒラリーという現実的な強いリーダーに集った黒人議員は年配層だ。それに対して、トラウマがない若い黒人はオバマに賭《か》けられた。また「十分に黒人か」というお馴染みのオバマへの注文も、世代論に収斂《しゅうれん》された。「十分に黒人であること」の条件に、公民権運動を闘ったかという条件が暗黙のうちにあったからだ。しかし、若い世代はたとえ本土のアメリカ黒人でも、公民権運動の同時代的記憶は薄い。若手黒人には、オバマのハンディはハンディに見えなかった。

黒人の世代間分裂の象徴例は、オバマに懐疑的だったジェシー・ジャクソン師とオバマを一貫して応援してきた息子のジャクソン二世下院議員の親子間の亀裂だ。ジャクソン師のオバマへの複雑な感情は、自らを脅かす黒人カリスマを望まない嫉妬論にも見えたが、その実は世代間の認識が根底にあった。だからこそ、白人州アイオワでオバマが勝利する必要があった。「黒人でも白人選挙区で勝てる」という自信が、黒人票結束の鍵だった。

黒人政治家は、共和党に魂を売り渡すか、リベラルであることをやめないと、民主党議員のままではどうせ白人票は取れないというトラウマ解消が、オバマに対する黒人支持には鍵だった。全米黒人地位向上協会（NAACP）を代弁するようなリベラルさと同胞愛があった上での勝利が、ジャクソン師が涙を呑《の》んだ理由だった。黒人だったら何でもいいというわけではない。

それには何より、黒人のオバマを白人に支持してもらうことであり、白人票の獲得と黒人票の基盤確保は、オバマの場合は表裏一体だった。上院選から早くもその戦略は始動しており、テレビなどのメディアを効果的に用いてコアな支持層以外に票田を広く拡大していった。メディアに登場したオバマに、選挙民やスタッフは「賢い候補者の陣営で働いていると、こっちまで賢く周囲に見える気がするよ」と口々に語り、ボスに魅了されていった。

オバマにとって未知の世界である州南部を連れ回したのは、先輩連邦上院議員のディック・ダービンだった。ダービンはタバコ規制などで辣腕を振るい、イラク戦争にも反対した数少ない上院議員でリベラル派の星だ。ダービンが後見人となり、二人三脚で州南部を回ることは、リベラル派政治家二人組の保守地域への行脚だった。訪れた州南端の町ケイロは、奇《く》しくもマーク・トウェインの作品『ハックルベリー・フィンの冒険』で逃亡奴隷のジムが自由州を目指して北上した行き先だ。

のちに、この行脚がオバマの大統領選をおおいに助ける。アイオワ党員集会の行われるアイオワ州は、イリノイ州の西隣にある。オバマ本人は都市型の黒人だが、イリノイ州は全体的に見れば、中西部の穀倉コーンベルト地帯にかぶっている。アイオワとイリノイは兄弟州だ。二〇〇四年に州南部目がけて精力的にツアーを行っていたことで、アイオワ州境の地域にも顔が売れた。二〇〇八年の党員集会で、アイオワ北東部の住民にとって、オバマは「二〇〇四年上院選の懐かしい顔」だった。

上院選で農村部の白人農夫とオバマが交流したとき、地域住民や随行者たちは、オバマに人種、地理、エスニシティの差を超越する不思議な力を見た。シカゴ政治の関係者の脳裏に、このとき上院選の先にあるものがすでに浮かんでいた。ミクバは、前述のサルツマンと同じように、早い時期からオバマが黒人初の大統領になると直感していたとしてこう語る。

「彼は強運の持ち主です。もちろん運だけでは駄目です。しかし、運を自分の側に引き寄せることができればいい。人生の選択をめぐって、彼は実に運があった。もし下院選に勝利していれば、違う道筋になっていたと思います。それでも私は彼が大統領になったと思いますけど、それは四年か八年か一二年か後のことだったでしょう」

演説の秘密――文学者オバマの「言葉の力」

オバマは決定的な演説では、自ら草稿からつくる。これに驚かされたオバマ側近のベテラン政治関係者は少なくない。通常の政治家とあまりにも違うからだ。アクセルロッドは二〇〇四年のオバマ上院選の最中、こう繰り返していた。

「俺たちはあくまで仕事として演説を書いている。だから、キャンペーンで一番の書き手は、候補者本人だ！」

二〇〇四年の党大会での演説は、全国区に出る上での勝負の演説だった。アクセルロッドはオバマが書き上げた草稿を、一部の上級スタッフと共有して意見を求めた。オバマ陣営のピーター・ジャングレコは最初の一、二頁のオバマの原稿に不自然な表現があったので訂正を提案した。アクセルロッドはすぐにメールを送り返してきた。

「いいか、三頁目以降はコンマ一つ変えるな。この演説は、魔法だ」

ジャングレコは三頁以降を読んで、首筋の毛が逆立ったという。

「パワフルで、何かすごく異質だった」

そう語るジャングレコの政治コンサルタント歴は一九八四年に遡る。一八歳、大学一年生で政治の世界に飛び込んだ。アメリカの政治スタッフは実に若い。アイオワ党員集会の専門家にして、ダイレクトメールのデザインでも全米有数だ。ノースウェスタン大学、シカゴ大学などで教鞭《きょうべん》も執っている。同僚のアクセルロッドらをゲストに招く政治学のクラスは学生に人気だ。一九九二年、一九九六年はクリントン陣営の中枢にいた。

「クリントン時代、リトルロックの選対本部にウォー・ルームがありました。そこで行うのは『スピードキル』という瞬殺行為です。敵がこっちを叩《たた》くよりも激しく叩き返す。『すべての共和党員は悪で、すべての民主党員は善』。私たちはそう習いました。即時対応と反撃です」

ジョージ・ステファノプロスが得意とした、スピン操作とメディアを利用した反撃手法だ。しかし、オバマ陣営は違っていた。党派政治の争いに人は飽き飽きしている、そこからは何も生まれやしない——。オバマはその考えを変えなかった。オバマの信念は「書くこと」に込められていた、と上級スタッフは口々に語る。

二〇〇四年の党大会演説は、九〇%から九五%までオバマ本人の筆が残された。また、二〇〇八年の大統領選で「神よ、アメリカを呪いたまえ」などの過激発言でオバマを悩ませた恩師ジェレマイア・ライト牧師への決別演説、通称「ライト演説」も一〇〇%オバマの手に委《ゆだ》ねられた。ライト牧師をめぐる問題は、オバマにとって最も心の痛む決断だった。アクセルロッドは「誰も演説の朝まで現物を見られなかった」と言う。オバマは演説を書くために、部屋に数時間引き籠もった。側近はオバマを信頼して草稿を確認しなかった。

通常の演説では、オバマはアイデアをまとめたら専属スピーチライターのジョン・ファブローに投げる。ファブローが骨組みのあいだを埋めるのだ。口述で骨組みだけを伝え、それをファブローが書き留める場合もある。その上で、アクセルロッドや数人の側近が肉付けを手伝う方式で演説は作成される。

オバマは〝言葉〟の力を信じている。演説にこだわるのはそのためだ。プナホ高校の文芸サークルで詩を紡ぎ、オクシデンタル・カレッジで若きボエシェ教授に啓発を受け、ニューヨークの文学仲間と創作を競い、シカゴで教え子たちに伝えてきたのは、文学や憲法に結晶した「言葉の力」だった。建国の父たちの哲学もまた言葉だ。「憲法はただの紙切れではない。独立宣言もただの文書ではない。バラクはそれに心底こだわっている政治家だった」と、オバマがいかに言葉の一文字、一文字に神経を使っていたかを側近は語る。

オバマの選挙スローガン「Yes, We Can」は、そもそも二〇〇四年の上院選が由来だ。アクセルロッドが、オバマのために最初につくった二〇〇四年一月のテレビ広告だった。「スプリングフィールド（州議会）では、改革法案は無理だと言われてきました。子供たちに医療を施すのは無理だとも言われていました。しかし、私たちはやりました。Yes, We Did. バラク・オバマです。Yes, We Can と言えるよう、連邦上院に立候補しています！」

ボストンで開かれた二〇〇四年党大会の演説で重要な役割を果たしたのは、ジョン・ケリー陣営のジャック・コリガンだった。コリガンは、シカゴ人脈と関係が深かった。オバマ陣営のジャングレコとは、一九八八年デュカキス選挙での同僚である。コリガンは八八年当時、選対本部のフィールド局長で、ニュージャージー州担当のジャングレコとミシガン州フィールド担当の現ジャングレコ夫人を統括した。コリガンはオバマの恩師アブナー・ミクバの下院選挙も手がけたことがある。

二〇〇四年上院選で予備選に勝利したオバマ陣営は、選対室で党大会への参加をめぐって激しい議論を交わした。「党大会に登壇できるなら、プライムタイムの時間帯を求めるべきだ」という意見が優勢だった。陣営は選対本部長ジム・カウレイの指揮の下、オバマの八分の長さのオーディション用ビデオも用意した。ジャングレコが名乗り出た。

「ケリー陣営のコリガンをよく知っている。電話してみる」

「バラクと働いていてよくわかるが、彼は素晴らしい人物だ」というジャングレコの太鼓判に、コリガンはただ静かに答えた。

「ああ、心配するな」

「でもジャック、オバマ陣営としてはどうしたらいい？」

「心配するな」

「バラクにケリー上院議員に直接電話させようか？」

「いいか、そんなこと君らは心配するな。君らにとって最高にハッピーなことになるから」

ジャングレコは陣営にそのまま報告した。

「ケリー陣営が言うには、とにかく我々にハッピーな展開になるって……」

ケリー陣営のメアリー・ベス・ケーヒルからオバマに電話がかかってきたのは、しばらくしてからだった。すでにコリガンの胸の内は決まっていたのだ。ケリー陣営には基調演説の選択肢がいくつかあった。ミシガン州知事ジェニファー・グランホルム、アリゾナ州知事ジャネット・ナポリターノ、アイオワ州知事トム・ヴィルザックなどだ。オバマの会話的なストリート風演説がはたして全国中継に堪えうるのか。黒人票の底上げとフレッシュな顔ぶれを求めたケリー陣営は、それまで一度もテレプロンプターで演説をしたこともない無名の若手に賭けた。

基調演説の大役が、オバマを一直線にホワイトハウスまで押し上げるとは、本人も側近も当時は自覚もなかった。オバマ起用の判断は二〇〇四年に惨敗したケリーにとって、選挙中最善の行為だったと皮肉る関係者は少なくない。二〇〇八年に時間差でバトンタッチした、ケリーの「置き土産」だった。

「冷静」の中心と「もしも」の決意

大統領選挙の序盤でオバマに向けられた批判に「あまりにクールすぎる」「情熱的でない」「エリートだ」というものがあった。クールを冷静と捉えれば、それは事実だとシャコウスキーは言う。二〇〇四年の上院選のさなか、シカゴで「エル（L）」という名で親しまれる高架鉄道のハワード駅付近で、遊説のためにバンでオバマとシャコウスキーは待機していた。事務所の段取りに手違いが発生し、スタッフが大混乱に陥った。バンの車内では電話が鳴りやまず、携帯メールが大量に舞い込み続けた。オバマだけは妙に冷静だった。電話をさっと取ったオバマは、慌てふためくパニック状態のスタッフにこう囁《ささや》いた。

「大したことはないからね。できる範囲のことをやるしかないんだからさ。慌てるなって。落ち着きなさいよ。いいかい、こうやって対処するんだよ」

すると突然、沸点に達していたバンの車内の興奮の温度が氷点下に下がった。全員が一瞬時が止まったかのように静まりかえり、次の瞬間、問題の対応に向け黙々と動きだした。

オバマは結局、誰の不手際であろうと、誰のことも責めなかった。オバマはスタッフを怒鳴り散らさない。それが何の意味もないばかりか、逆効果であることを知っているからだ。オバマはこの一件でかえって事務所の求心力を強めた。オバマは常に、どんなチームにあっても「冷静の中心」にいる。

シャコウスキーはシカゴ政治の修羅場で、癖のある政治家や選挙を数多く見てきた。多少のことでは驚かない。しかし、その一部始終を隣で眺め、オバマの尋常とは言えない達観した冷静さに驚きを隠すことができなかった。この男は普通ではないと。だから、クールすぎるという中傷は、その言葉だけを捉えれば皮肉にも事実だった。

オバマが大統領に就任した二〇〇九年の議会演説で、シャコウスキーは演説のエスコート委員を務めた。大統領の控え室で一緒に待機し、演説時にオバマをエスコートする役割だ。シャコウスキーはアクセルロッドに声をかけた。

「デイビッド、調子はどうなの？」

アクセルロッドは答えた。

「落ち着いてますな。演説に向けて快調な気分を保っています。まさに見たままでして。まったくいつものあの状態ですよ」

シャコウスキーは、「アフガニスタンとイラクの新たな犠牲について情報が入ってしまった場合はどうするのか」と問うた。アクセルロッドは、「犠牲者の家族に送る手紙にサインすることほど大統領にとってつらいことはありませんが、大統領は冷静であります」と答えた。こうした緊張時にあって冷静であり続けることが、大統領のもたらす価値だった。

二〇〇七年二月一〇日の大統領立候補宣言を控えた同年一月、ハイドパークのレストランでシャコウスキーはミシェル・オバマと差し向かいのパワー・ブレックファーストを囲んでいた。

議題は二つあった。一つは州都スプリングフィールドでの立候補宣言に大勢の観客を期待しており、そのための動員協力について。もう一つは、オバマの身の安全についてだった。オバマが立候補を考慮していた初期段階で、オバマの安全に注意を喚起する声がアフリカ系のコミュニティから出ていた。オバマの身を案じるアフリカ系住民の気持ちが、オバマの立候補支援に慎重な姿勢として表れていたのだ。「何世代も前から家族のなかで懸念されてきたことだ」とミシェルは言った。

「もしも、誰かが、彼を傷つけたり、あるいは殺したりしたらどうしよう。もしも、負けたらどうしよう。そのことでアフリカ系の政治進出が、かえって行き詰まるのではないか」

会話は「もしも」の連続だった。ミシェルはこう続けた。

「でも、私たちは、もしもバラク・オバマが合衆国大統領になれたら、もしも彼が私たちが夢見ることを実現できたら。貧困から人を救い、すべての国民に医療保険を与え、国の諸政策の優先順位を転換できたら、そう思うことにしたんです」

オバマ夫妻は、家族のリスク、政治的リスクをすべてわかった上で、前向きな「もしも」こそ挑戦するに見合うものだという決断の仕方をした。

ミシェルは笑い話で緊張をほぐした。夫妻が二人の娘に「ダディは大統領に立候補するからね」と伝えたとき、マリアは「それって、犬を飼っていいってこと?」と切り返した。それが「ダディ」が大統領に立候補することへの反応だったことに、ミシェルとシャコウスキーは笑い転げた。

「ミシェルの心は決まっていたし、実に落ち着いていました。スプリングフィールドに人を送ってちょうだい、いざ船出よと」

こうミシェルの決意を振り返るシャコウスキーは、「上院議員になる遥《はる》か前から、私はバラクに(大統領選に)出なさいと電話し続けてきた」と言う。また、オバマが今、この同時代にこそ求められている存在だと知ったダービン上院議員は「自分で時を決めるときもあれば、時が決断を迫ってくるときだってある」とオバマに暗に大統領立候補を迫った。

シャコウスキーは、大統領選オバマ陣営の全国共同副委員長に就任した。シャコウスキーがこなした共同副委員長職の任務は、一七州の遊説をオバマの代行ですることだった。候補者の代理で討論イベントをこなすこと、そして、特定の投票集団に向けたメッセージを伝える集票アウトリーチを、代理することだった。黒人など複数の集団への遊説もこなしたが、とりわけユダヤ系、高齢者、女性への集票アウトリーチを担当した。全米から各種団体が集まる夏のデンバー党大会は、代理アウトリーチの主戦場になった。

旧党派を越境する――二大政党内の「第三候補」

二〇〇八年のオバマ選挙と一九九二年のクリントン選挙には類似点があった。両方とも「変革」を目指した選挙だった。九二年のクリントンは「変革かこのままか。問題は経済なんだよ、わからないのか！ It's the Economy, Stupid!」というメッセージを掲げて戦った。オバマ選挙の違いは、民主党が善、共和党が悪、という単純な党派対立を離脱したことだ。ある意味で、オバマは民主党候補者の衣を着た「第三候補」だった。

かつて一九六〇年代に公民権運動に肩入れしたジョンソン民主党政権を嫌う南部の声を吸い上げたアラバマ州知事ジョージ・ウォーレス、一九九二年に旋風を巻き起こしたロス・ペロー、二〇〇〇年にアル・ゴアのリベラル票を奪ったラルフ・ネーダーなどの「第三候補」はアメリカの歴史を見ても少なくない。しかし、二大政党制にあって、民主党と共和党の勝敗の行方に一定の影響を与えても、第三候補が勝利することは皆無だった。

オバマは、二大政党制内で初めて本格的に誕生した「第三候補」、あるいは第三政党を立ち上げて独立系になるという古い固定観念を最初に捨てた「第三候補」ともいえる。オバマは、民主党候補として現実的に大統領を目指し、旧来の党派抗争を超越することができるはずだと考えたのである。

この「第三候補」性を鋭敏に嗅ぎとったリベラルな若者が、オバマの選挙に集まった。若年層に鬱積していた政治不信の根源には、民主党と共和党がお互いをののしり合うことにあまり意味がないという、党派抗争への嫌悪感があったからだ。

彼らは、公民権運動やヴェトナム反戦などのリベラルなシングルイシュー世代よりもはるかに若い。「対立の政治」は児戯に等しいとして、政治から離れていた「勘」のいい世代でもある。この世代にとっては、何より党派にまみれていない「第三候補」であることが一番大切だ。彼らが支えていたラルフ・ネーダーも、民主党の候補として立候補していたら、二〇〇〇年にあれだけのフィーバーを巻き起こせなかっただろう。

クリントン政権は党派政治の枠内で中道を目指し、細かい政策を実現する手法をとった。「大きな政府の終焉《しゅうえん》」を認めたとき、それはどこかレーガンを彷彿《ほうふつ》させたと言うリベラル派もいる。オバマはいわゆる中道路線ではなく、別の「大きな変革」が必要だと考えていた。システムのなかでゲームをするのではなく、システムそのものの機能不全を認め、それを変えようとした。オバマは民主党リベラル派を批判することを恐れない。『ジ・オーダシティ・オブ・ホープ』で次のように述べている。

「私たち民主党は、言うなれば、とにかく混乱している。共和党の侵略から、ニューディールと『偉大な社会』の計画を守り、リベラルな利益団体から一〇〇点満点の評価をもらう。そんな古き時代の信条を実践する人々もまだいる。しかし、こういう政治は疲弊してきている感がある」

一方で、安易な「中道派」への批判にも踏み込む。

「保守的な指導部と足並みを揃えてさえおけば、合理的な行動をとっていることになるに違いないと考え、より中道的なアプローチをとろうとする人もいる。そして、自らが拠《よ》って立つ土台を年々失っていることにすら、その人たちは気がつかないのだ」

オバマの特徴は側近スタッフにも「情熱」を抱《いだ》かせてしまう力だ。選挙や政治のスタッフというのは、往々にしてビジネスだ。アメリカではおおむね党派別にコンサルタントが分かれているが、候補者に心酔して仕事を引き受けるわけではない。しかしオバマのスタッフとなると、ビジネスを超えた「何か」を感じて働く者が少なくなかった。これがオバマ陣営の隠れた強さだった。

党内「第三候補」は旧来の党の序列を破壊しようとした。ジャングレコは次のように言う。

「ヒラリーは最有力候補で、ワシントンの大物でした。そのヒラリーにオバマは楯突《たてつ》いた。オバマはアウトサイダーとして現れました。個人的には、ゲイリー・ハートがモンデールに楯突いたときに酷似していると感じました。アウトサイダーのハートが最有力候補に対抗した一九八四年の選挙で、自分が果たせなかった仕事がやれるような気がしたんです」

二〇〇八年二月五日の予備選に向け、オバマ陣営内には「トゥルース・スクアッド（真実部隊）」というミッションが組織された。クリントン陣営がオバマについて事実誤認と思われるネガティブ攻撃をしたさいに、すばやく各州で代弁者を立てて「真実ではない」と反論してもらう。

このミッションに携わったジャングレコは二〇〇八年二月、コロラド州入りした。コロラドで三人いた「真実部隊」の一人は偶然にもかつての上司ハートだった。

「上院議員、私のことを覚えているかどうかわかりませんが、八四年にあなたの選挙で働いた者です。あのときまだ私は一八歳でしたが、学校を飛び出して、あなたの選挙に参加したんです。あの未完の仕事ができると今感じています」

ハートは「まさに、そうだな」と応じた。ハートもオバマの党内序列を無視した行為に、モンデールに楯突いた八四年の自分の立候補を重ねた。少なからぬ民主党議員が同じ感情を抱いた。

「オバマの選挙は、今まで働いたどんな選挙と比べても、次元の違うレベルの興奮に達していた。ビル・クリントンの二つの選挙ですらここまでではない。まさに四〇年に一度の選挙だった」

九〇年代にクリントン選挙を経験してオバマ陣営に流れてきたスタッフたちは、第三候補を支える「未完の仕事」を求めていた。今こそ、党内序列のヒエラルキーを解体しようとしていた。

アイオワ――「ジャングレコ報告」という分水嶺《ぶんすいれい》

アイオワ党員集会を前に、シカゴのオフィスではラリー・グリソラノとジャングレコが票の試算を行っていた。過去の党員集会参加者一二万五〇〇〇人ではオバマは必ず敗北する。一八万は集めなければならないという冷酷な試算結果だった。党員集会の参加者平均年齢は六〇歳。民主党べったりの党派的支持者だ。これはオバマの魅力と逆行していた。高齢者にとってオバマは大統領になるには経験の浅い青二才である。オバマはむしろ強い民主党支持ではない曖昧な独立系、また共和党系にも支持を広げていた。

党派的なゴリゴリの民主党員は、ヒラリーやエドワーズを好んだ。民主党支持者にとって「諸悪の根源は共和党政権。民主党政権になれば万事解決する」というシンプルな党派的メッセージは音楽のように心地よく響いた。オバマ陣営の関係者は言う。

「オバマのように、問題は政権交代では解決しないと考える人もいました。システムを変えないといけないという考えです。こうしたメッセージに共鳴するのは無党派、それも若年層でした。彼らはイラク戦争にも強く反対していた」

「アンダー35」と陣営が呼んでいた若年層は、学生だけでなく三〇代半ばまでを指す。また、ひと口に若者と言っても、オバマに新しく集まった層は、伝統的な政治好きの若者とは毛色が違った。アメリカは党派政治が学生生活にまで浸透しており、大学内に共和党クラブ、民主党クラブが存在する。ニューヨーク、シカゴなどの大都市の若年層の民主党団体の地域支部は活発で、毎週ビールを片手に共和党批判など政治談議をする。ブログやメーリングリストによるコミュニケーションも活発だ。この種の人たちを党派的な若年層という。

オバマ陣営が、アイオワ党員集会で突破口として想定し、その後一貫してオバマの強力なサポーターとなったのは、こうした共和党叩きに血道を上げる党派的若年層ではなく、共和党にも民主党にも興味がない、ただ戦争をやめさせたい、世の中を変えたいという「政治不信の若年層」だった。「新若年層」票と言ってよいかもしれない。党派人のなかで元来割合の少なかった若年層が急に増えたわけではない。じっさい同じ若年層でも、大学の政党クラブや地方支部の青年層には、ヒラリー支持者が少なくなかった。

オバマは二〇〇七年一一月のアイオワのディナーで「同じことを繰り返しても、何も変えられません」と述べている。オバマは無駄に見える予備選にも内在的な「意味」を持たせた。旧来の民主党をぶっ壊す、党派政治では問題は解決しないことのデモンストレーションこそ予備選での真の狙いだった。オバマ陣営のスタッフは回顧する。

「ヒラリーのメッセージは、最有力候補であることをひたすら強調するものでした。こんな内輪争いは早く終わりにして、共和党を打ち負かしましょうと。資金も支持も潤沢でした。立派なエスタブリッシュメントの候補者です。もしヒラリーがアイオワ州で勝利していれば、ケリーのようにニューハンプシャーでも勝つだろうとオバマ陣営では懸念していました。そうしたら予備選はおしまいです。ところが、番狂わせが起きたのです。ヒラリーがアイオワで負け、サウスカロライナも落とした。カリフォルニア、ニューヨークは取るだろうが、長期化すればお金が途絶えることが明らかになりました」

ヒラリーは、党派的な民主党支持層には熱狂的に愛された。とりわけ、オハイオ、テキサス、ペンシルヴァニアでは、ヒラリーは声なき労働者のアメリカ人を代弁し、おおいに聴衆の心を打った。しかし、オバマという「民主党の第三候補」を擁する陣営によって、ゲームは「党派か脱党派か」の争いに持ち込まれていた。

もう一つ、オバマ陣営が党員集会州を重視していたのは、デリゲート（代議員）との連動作戦だった。党員集会の州が一つ終わると、人的、金銭的な選挙資源を次の党員集会の州に注ぎ込んでいった。また、上級スタッフは全員アイオワ戦の経験があった。キャンペーン・マネージャーのデイビッド・プラフはゲッパート選挙（二〇〇〇年）で、アクセルロッドはエドワーズとサイモンの選挙（二〇〇四年・一九八八年）での経験があり、グリソラノはアイオワ育ちで州内の世論調査やメディアに通じていた。ポール・ハースタッドもアイオワの世論調査に長《た》けていた。スティーブ・ヒルデルブランドやポール・テウエスもアイオワ経験が豊富だった。オバマ陣営のジャングレコは解説する。

「クリントンのチームは、アイオワ戦を本格的に戦ったことがなかったのです。かつて一九九二年、アイオワを地元とするトム・ハーキンがビル・クリントンの対抗馬にいました」

ビル・クリントンはたった一人だけスタッフを現地に送り、得票の可能性を調べさせた。二位につけるか、あるいはハーキンが必ずしも無敵ではないと誇示する程度の善戦はできるか。選対のデイビッド・ウィルヘルムは部下に命じた。「アイオワに行って、様子を探れ」派遣された男は調査結果を報告した。

「チーフ、もしクリントン陣営がアイオワに行けば、よくて三位です。ハーキンは六〇から七〇％は取るでしょう。莫大《ばくだい》な時間の無駄です。アイオワに来ないでください」

クリントン陣営から九二年にアイオワ入りしたこの一人の男こそ、のちにオバマ陣営でアイオワ党員集会を演出したジャングレコその人だった。

「ジャングレコ報告」に基づき、クリントンは九二年にアイオワで事実上の選挙活動を放棄した。これにより、ニューハンプシャーにすべての力を注入できた。ビル・クリントンはスキャンダル報道の嵐をものともせず「カムバックキッド」になった。ニューハンプシャーで二位につけたのだ。

カムバックの背後には、綿密な予備選重点州の事前派遣調査に基づく、選挙資源の配分があった。クリントンの強運やメディア対策チームの尽力だけでは、ここまで大胆な資源配分はできなかった。以後、クリントンにとってニューハンプシャーが最重要州となり、ゴアもこの手法を最大限受け継いだ。しかし、皮肉にもその結果、クリントンの上級スタッフには本格的にアイオワの集票経験がある人物が育たなかった。

オバマとヒラリー・クリントン両陣営は、アイオワ観に決定的な差があった。アイオワは無視してもいいかもしれないという旧来の余裕が、ヒラリー・クリントン陣営にはあった。一方、オバマ陣営は、アイオワで勝てなければこの選挙はそれで終わり、というほどの背水の陣だった。

「党員集会の会場が高齢のハードコアな民主党員ばかりで埋まってしまえば、確実に負ける」と考えたオバマ陣営の真の狙いは、人口動態区分としての民主党内「若年層」の獲得ではなく、党員集会そのものの「脱民主党化」だった。たとえ若年層でもハードコアに民主党派的な人は、オバマにとって魅力的な支持層ではなかった。逆に、中年層でも民主党にこだわりのない、これまで政治に縁のなかった無党派層なら歓迎だった。

空中戦と地上戦の垣根を解体せよ

二〇〇七年、二月二六日。デイビッド・プラフ、メアリーグレイス・ガルストンなどごく少数の陣営幹部はアイオワ州内でテーブルを囲んでいた。プラフは「八〇〇万ドルをアウトリーチ専門の有給スタッフ雇用の予算として確保すべきだ」と主張した。イラク戦争に反対する退役軍人、マイノリティなどに手を伸ばすアウトリーチの組織化であり、こうしたフィールド作戦にも予算を割くという案だった。「モアオフィス、モアスタッフ、モアイベント！」を合言葉に、アイオワ全土にオバマ陣営は網の目を張り巡らせていった。とりわけリバーコミュニティと呼ばれるクアドシティ地域、ミシシッピ川沿いに重点をおいた。

オバマは旧来の選挙組織にこだわらない「組織革命」も意識した。テレビ広告、フィールド作戦、世論調査。そうした部署の統合を目指した。とりわけテレビ広告などのメディア戦略の「空中戦」、戸別訪問や電話作戦などフィールドの集票活動の「地上戦」という区分の解体を試みた。最も象徴的な事例は「オバマDVD作戦」だった。

これまで本書でも見てきたように、オバマにとって一番大切なのは「バイオグラフイ」、つまり過去の複雑な生い立ちを語ったアーリー・ライフの「物語」だ。オバマ陣営は八分尺のオバマの横顔紹介ＤＶＤをつくった。それを旧来型の折り込みビラ（メイラーと呼ぶ）にポケットを付けて忍ばせたのだ。このビラの配布を、一〇〇人規模のフィールドスタッフが到着する前に完了させた。後続の一〇〇人部隊の仕事は、「ＤＶＤ受け取りました？　ご覧になりました？」という電話をすることだ。ＤＶＤの一部をテレビ広告でも流した。ＩＴと地上戦とテレビ広告の融合である。ここにもはや垣根はなかった。

「すべての部署が一緒に働かなきゃならない、前代未聞の事態が発生しました。有料メディア部、フィールド部、すべて。ＤＶＤ映像はウェブにも載っけたので、地上戦は電子メールと有料広告を絡めて行われました。イベントには登録しないと入れませんから、登録者にはまた電話する。ウェブに登録した人にもメールする。ウェブやＤＶＤの感想を聴かせてくれませんかってね。テレビ広告はコールバックをもらいにくいので、すべてのテレビ広告にＵＲＬ（ウェブサイトのアドレス）を載せました」

「一から多へ」モデルは、テレビ広告依存型である。オバマは「多から多」という自己増殖型である。ティーボ（TiVo）という装置の出現で、アメリカでは視聴者がテレビ広告を飛ばし見してしまう習慣が根付いている。一昔前のような効果は、もうテレビ広告に期待できない。空中戦と地上戦の垣根の解体は必然だった。

ジャングレコは、「ワンウェイはもう通用しない」と断言する。

「届く相手の絶対数を増やすことには、もはや意味がないんです。〝戻ってくる人〟をどれだけ育てられるかです。テレビ広告よりも口コミの塀越しの会話です。コミュニケーションを巻き起こす。ツイッターを使えば、五〇〇人規模の友人と塀越しの会話ができます」

二〇〇八年一月三日、二二万七〇〇〇人という、アメリカの歴史上考えられない参加者がアイオワ州全土の党員集会会場に津波のように押し寄せた。オバマは、堂々第一位で独走勝利した。

「歴史づくり選挙」のキャンペーン

オバマのパワーは、アメリカ人の「歴史への参加」意識を促したことだった。二〇〇九年一一月四日、私はシカゴのグラントパークの祝勝会場にいた。国歌斉唱の後、オバマのスピーチにすぐに進まず、あえて「オバマ選挙を振り返る」というビデオクリップ放映を絶妙な間で挟んだ。

「今まで投票したことがなかった」「しかし、これが変革の選挙になるなら、その歴史に参加したかった」。一般の選挙民が「変革」「希望」などと書かれた紙を手に持ち口々に語る。「ワンネーションを実現しよう」「Yes, We Can」そう叫ぶオバマの声とオバマ陣営のロゴが、巨大スクリーンの中で重ね合わさった瞬間のシカゴの祝勝会場の歓声は、オバマの当確が伝えられたときの歓声に負けず大きかった。

オバマ政権は「歴史づくり選挙」から生み出された。もちろん、「歴史づくり選挙」を実現させた下地はあった。大統領選の最終結果をもたらした要素にサブプライムローン問題に端を発する金融危機、そしてアメリカの経済疲弊があったことは言うまでもない。経済でフィニッシュが決まった選挙だった。だが、必ずしも金融危機の一言では片付けられない経緯と土壌があったことも指摘しておかねばならない。

「現状不満」が、無党派の大きな後押しになったことは事実だ。ブッシュ政権への不満、金融危機、マケイン陣営のキャンペーン手法の迷走など、諸要因が組み合わさった。オバマがなぜ強かったかと同時に、共和党がなぜこうも弱かったかを顧みれば、そこに見えてくるのはアメリカの緩やかな保守化への反発だ。終盤戦では忘れられがちだったが、オバマの選挙は「運動」の次元では、そもそも反イラク戦争で始まった「アメリカへの尊敬を取り戻す」キャンペーンだった。

時間軸で辿れば、オバマの勝因は、予備選過程と本選過程で大きく二分できる。第一段階では、イラク戦争に賛成した党内の中道派に対し、幻滅を感じた党内のリベラル派の反発のエネルギーが、オバマの運動の初動を後押しした。ヒラリー・クリントン一本化の流れを変えた党内力学の大きな要因だ。毎日の暮らし（キッチンテーブル・イシュー）を標榜していたのはむしろヒラリー・クリントンだったが、民主党の予備選過程では目先の経済よりも「変革」が重視された。それだけ「変革」への渇望が大きくなっていた。

そして第二段階、本選に向けて、広く蔓延《まんえん》していた共和党政権への辛口評価を背景に、オバマは最終的に「人種より経済」でブルーカラー層にも支持を広げた。そこに金融危機がとどめを刺した。しかし、経済はあくまで本選での決定打にすぎない。本選でオバマが競り勝った説明にはなっても、「なぜ大統領候補として民主党で頭角を現したのか」「なぜ無名から超スピードで大統領になったのか」といった疑問の説明としては不十分だからだ。

民主党内でオバマが異例の強さを発揮したのは、オバマを背後で支えていた聖職者たちのおかげだった。敬虔《けいけん》なカトリック教徒にしてレーガン政権で法律顧問を務めたダグラス・W・ケミエクは、自著『カトリックはオバマを支持できるか』でオバマ支持を表明し、共和党内カトリック保守派に衝撃を与えた。

これまで世俗派がどれほど信仰をめぐる意見を述べようと、「信仰心のない非道徳なヒッピーの戯言《ざれごと》」であると片付けられた。歴史的に宗教性の強いアメリカにおいて、信仰そのものを否定することは難しい。しかし、「宗教」には「宗教」を、「聖書」には

「聖書」を、である。宗教左派路線がオバマをバックアップした。

アメリカの保守には、経済保守、社会保守（宗教右派）、ネオコン（新保守主義者）と、大雑把に分けて三派がいる。結果として、ブッシュ政権はネオコンしか満足させられなかった。それも主として一期目のことだ。支出の肥大化に小さな政府を目指す経済保守は離反した。

意外だったのは、あれほど熱烈に「ボーンアゲイン・クリスチャン」のブッシュを支持していた宗教右派の緩やかな離反だった。共和党が選挙のときだけ甘言を囁き、具体的な政策実現につながらないことへの不満が宗教右派にはあった。ネオコン政権として愛国心を優先した共和党は、同性愛に反対するキリスト教原理主義も切り捨てた。同性愛者のイラク戦死者への中傷を続ける原理主義教会を、FOXニュースは異物を触るように扱った。

共和党や政権にとって、宗教右派は選挙では集票マシーンとしては便利な存在だが、普段は人工妊娠中絶反対と同性愛反対ばかりを叫ぶ面倒な集団だ。宗教右派を取り込みはじめたレーガン政権から三〇年近くが経《た》ち、共和党と宗教右派の戦略的同盟関係に、隙間風が吹き始めた。その間隙をついて登場したのが、オバマと宗教左派だったのだ。しごくまっとうな宗教左派からの批判の前に、選挙戦を主導したカール・ローヴ上級顧問の神通力も通じなくなっていた。二〇〇六年の中間選挙で民主党は勝利し、リベラル派のナンシー・ペローシが下院議長に就任した。

二〇〇〇年代前半、ブッシュ政権下の宗教右派勢力の拡大で、一番被害を蒙《こうむ》ったのは穏健な福音派だった。福音派は、すなわち宗教右派ではない。福音派にはリベラルな穏健派も多数存在する。福音派＝宗教右派＝メガチャーチ＝共和党、という図式は単純にすぎる。宗教左派の怒りの根底にあるのは、自分たちの穏健な信仰の福音派ブランドを一部の原理主義者と共和党の選挙戦略に汚されたという思いだ。ジミー・カーター元大統領も福音派だし、もともと福音派は民主党支持だ。

オバマはこの宗教左派運動の系譜のなかで出てきた政治家であり、アメリカの宗教左派をめぐる展開と一心同体だ。オバマの強さは、生い立ちの家庭環境が世俗的なのに、後になって自力で信仰を摑んだことだ。ボーンアゲインではないが、それに似たコミュニティ・オーガナイズ時代の「自己覚醒」が信仰派にも受けがいい。共和党穏健派から民主党世俗派まで、支持が広範囲に及んだ背景にはこうした側面がある。

Obama Was The Message

インターネットの利用はオバマ選挙で頂点に達した。しかし、過剰解釈されている傾向もあるとオバマ陣営の関係者は述べる。

「ネットの利用は、利用方法に工夫を凝らしたことに意味があります。ネットそのものは道具にすぎません。もちろん強力な双方向の道具です。候補者から対象者への単線にもなりますが、円を描くこともできる。広い意味で取り込み対象と考えている人以外に広がるコミュニケーションです」

技術論に議論を限定すれば、ネット選挙はたしかに革命的であり、二〇〇〇年代前半に消費者データを細かく利用した「マイクロターゲティング」のインパクトに匹敵するという専門家の見解は一致している。とりわけ二〇〇四年のブッシュ陣営はマイクロターゲティングを巧みに利用した。

二〇〇八年の選挙は最大規模に長い選挙だった。お金も莫大にかかった。さまざまな点で記録的だったが、陣営関係者は「情熱」の度合いをとりわけ強調する。

「本当の選挙革命は、実は技術とはあまり関係がありません。むしろメッセージに関係があります。オバマ以前の候補者とオバマには、民主党であろうと共和党であろうと、ある大きな差があります」

ビル・クリントンが大統領になったときも大きな差異をもたらした。クリントンはケネディ以降の大統領で、第二次世界大戦に従軍していない最初の大統領だった。最初のベビーブーマー世代であり、一九六〇年代と一九九二年には歴然とした世代差があった。しかし「アイデンティティ政治」の時代は終わらなかった。選挙民は細かいグループごとに分散した。二〇〇四年はその頂点だった。

二〇〇〇年、ジョージ・Ｗ・ブッシュは思いやりのある保守主義で選挙を戦った。このときのブッシュは超党派的な候補者として、民主党支持者と共和党支持者の双方にアピールした。きわどい文化問題については曖昧な戦略だった。父ブッシュは、プロチョイス（中絶をめぐる女性の選択権尊重の立場）ですらあったが、息子のＷ・ブッシュはどちらなのかしばらく判然としなかったほどだ。教育や「思いやり」を語った。

ところが、二〇〇四年になると基礎票狙いの選挙に戦略が切り替わった。政治姿勢から曖昧さは切り捨てられ、ブッシュは保守的な共和党政治家として戦った。それに呼応してケリーは、自ら「リベラル」な民主党政治家として挑むことに陥った。

ブッシュは、党派的中間層の取り込みを無視した。技術的には、データマイニングとターゲティングというマーケティングの手法をカール・ローヴの陣頭指揮の下に徹底利用した。「連邦政府のある種のデータ、とりわけ信仰をめぐるイニシアティブのデータを利用したとの噂《うわさ》もある」とテリー・ウォルシュは語る。

ブッシュにとって幸運だったのは、文化保守の共和党支持者という大きな基礎票がそこにあったことだ。メッセージは秀逸だった。複雑な時代にあって、明瞭さを提示する。「私たちは正しく、彼らが間違っている」「私たちにつくか、テロリストにつくか」恐怖を煽《あお》るキャンペーンとしては実に秀逸だった。

二〇〇八年、共和党はこのアイデンティティ政治の選挙を繰り返そうとした。退役軍人が鍵だった。ヴェトナム戦争での捕虜経験があるマケインは、伝統的な戦争英雄の典型だった。中道的でマーヴェリックと呼ばれる変わり者的なところがマケインの持ち味だったが、結局は右派票に気を遣った。現職大統領との関係を重視せざるをえなかった。すると、マケインはどんどん「普通」の候補者になっていった。

コリン・パウエルのオバマ支持が鍵だったのは、党派を超えた黒人の絆《きずな》だからではなく、退役軍人におおいに尊敬される元統合参謀本部議長のパウエルが軍歴のないオバマを最高司令官として認めたことにあった。いわばアメリカの大統領の条件であった軍歴ファクターに、変化の兆しが訪れたのだ。マケインの戦争英雄伝は一気に霞《かす》んだ。

大統領選の本選で勝利するためには、二大政党政治の枠組みでは、共和党か民主党に単純に色分けされることが不可避だ。するとマケインのような個性的な中道政治家は、個性を完全に失い、党内支持はある程度増えても、相手を打ち破るほどの大きな突破力を失う。このジレンマにからめとられない方法は、二大政党の枠組みを超越することしかなかったはずだった。

オバマは違っていた。世代論的に厳密にはオバマもベビーブーマー世代にぎりぎり入る分類も可能だが、一九六〇年代、一九七〇年代以降の文化戦争の波の枠内に収まらない人物だ。公民権運動にも反戦運動にも直接つながっていない。それには少し若すぎる。

前出のオバマ陣営のウォルシュはこう語る。

「敵対者はオバマを、アイデンティティ政治で攻めようとしました。なぜなら彼がアフリカ系だったからです。ところが、彼が有する人生の物語や経験は種類の違うものでした。オバマはただのアフリカ系アメリカ人ではなかった。オバマはもっとマルチカルチュラルで、国際的だったのです」

　オバマの国際的な謎めいたバックグラウンドが「吉」と出たのは、オバマの政治的な基本姿勢と連動したからだ。政治は仲間と離合集散するようなものではないという、非ワシントン、非党派の基本線であり、それはオバマの人生における姿勢そのものだった。候補者の半生の内在的な政治メッセージが、伝統的なアイデンティティ政治を凌駕《りょうが》した。

「オバマほどメッセージを包み込む力のある候補者と、今まで働いたことがない」と陣営関係者は語る。ウォルシュはこう続ける。

「我々は、技術は習得してしまいます。選挙政治の歴史が示しているのは、何かうまくいったやり方があれば、どんどんそれを改良し、取り入れ、利用するということです。インターネットを利用したように。しかし、それは単なる技術です。ターゲティングもモデリングも利用はします。しかし、オバマが象徴した新しい政治は、『彼自身がメッセージ』だったということです。オバマの存在がメッセージ。候補者に内在し、人々と利益を共有するメッセージです。それは選挙で選ばれるだけでなく、統治し、力ある国の指導者になる上で役立つものです」

「メディアがメッセージだ」と言ったマーシャル・マクルーハンの言を拝借すれば、まさに「オバマがメッセージ」だったのだ。

アイデンティティ政治を超えて

「オバマについて、初の〝ユダヤ系〟大統領、初の〝アジア系〟大統領、初の〝アフリカ系〟大統領と、いろんな見方があるかもしれません。たしかにオバマは自著でも、こうした雰囲気を上手に語ったと言えます。しかし、私はそうしたことがオバマ政治の真骨頂だとは思いません。それはオバマのゴールというよりオバマの一つの特徴だからです。もし彼をアイデンティティ政治の体現者と見なして、各集団が自らのアイデンティティとオバマを重ね合わせるだけならば、それは少し違います」

ウォルシュはこう語った。

オバマが黒人初の大統領になり、それが意義深いとされたのは、アメリカという国において、黒人の持つ歴史的意味の深さゆえだ。日系に歴史的共同体意識がないわけではない。オバマは強制収容所の記憶を分かち合う。アイルランド系、ユダヤ系、それぞれにももちろん意識はある。しかし、アフリカ系の共有する記憶は絶大だ。オバマはアフリカ系という「名乗り」を選んだ。アスベスト問題をともに闘ったコミュニティと黒人教会に安らぎとともに、燃える何かを感じたからだ。特定のコミュニティやエスニシティに同化することは、歴史の一員としてアメリカを抱きしめることだ。

「物語」とは、歴史的な深い含意との共振度数である。だからこそ、アフリカ系のミシェル夫人とペアで意義は倍加する。ミシェルが輝かしい学歴の持ち主で、美貌《びぼう》と長身を兼ね備えたファッションリーダーだからではない。もしミシェルが大学を出ていなくても、洋服に頓着《とんちゃく》しなくても、サウスサイドから這《は》い上がってきたミシェルが、ファーストレディになることの価値は不変だ。また、オバマにとってミシェルが持つ象徴的な意味も、まったく変わりがないだろう。

浮き沈みの激しいドラマチックな人生遍歴が「物語」なわけではない。「物語」のある政治家になるかどうかは、個人で操作するものではない。アクセルロッドやダービンは言っている。

「人が時を選ぶのではなく、時代が人を選ぶのだ」

オバマという存在は、本人だけでなく恩師、親友、家族、コミュニティ、過去などの「オバマをめぐるすべて」の要素が重なりあって、アメリカの歴史の本線のなかで起きた化学反応だ。

「では、とりたてて物語のない候補者はどうするのか」という私の問いへのウォルシュの言葉は、あまりに正直で示唆的だった。

「限りなく難しいでしょうね」

なぜ大統領や政治家になるのか。「物語」はその動機に直結する。オバマは選挙過程で「なぜ立候補するのか」を唯一、明確に説明できた候補者だと言われた。なることが当たり前ではなかった、非エスタブリッシュメントの無名のオバマだからこそ、あえて政治で上を目指すには「理由」がいった。それが「物語」と一体化したのだ。

勝負の分かれ目は、選挙戦術やテクノロジーではない。選挙技術を売ることを商売にしている彼らがそう言う。政治技術の革新は日進月歩で、誰もが遅かれ早かれ同レベルに到達し、差がつかない。選挙コンサルタントがすべてを決めるわけではない。素材である。そして素材がすべてを決めるわけではない。物語の歴史と時代との共振である。演説技術が上手で、ネットを駆使して、選挙資金をたくさん集めれば勝てるわけではない。時がオバマを選んだ。選挙は人気投票でもなければ、ごく一部の審査員による選考でもない。投票行動とは、きわめて土着的でローカルな選挙民の意思である。技術が煮詰まったこの時代だからこそ、選挙コンサルタントの知恵や工夫が及ばないところに、勝負の分かれ目がある。

終章　オバマのアメリカ
——TIME FOR YOU TO BE OBAMA

チーム・オブ・ライバルズ

二〇〇九年五月、サンフランシスコ湾に浮かぶヨットを見下ろす弁護士事務所で開かれたパーティに私は同席していた。この日のオクシデンタル・カレッジ同窓会では、オバマに国際政治を教えた恩師ラリー・コールドウェル教授が「オバマ一〇〇日外交の評価」を語ることが予定されていた。参加者は同窓生限定だが、一〇〇人以上という、サンフランシスコ支部では記録的な数が集まった。

コールドウェルは「プラハの軍縮演説はアメリカ大統領の過去の演説のなかでも特別に意義深い演説である」との賛辞を皮切りに、オバマ外交一〇〇日を三点から評価した。

第一に、ブッシュ政権との差別化で、グアンタナモ収容所などの閉鎖のほか、単独行動主義から多国間重視へのすばやい転換をしたこと。

第二に、関係国との協力の再構築を目指していること。ヨーロッパの二一歳以下の若年層の少なからずが、イスラム諸国よりも、むしろアメリカのほうが世界の「脅威」だと感じているという調査結果を紹介し、オバマ政権のヨーロッパとの協力関係に期待感を示した。

第三に、安全保障をはじめ外交布陣を再編成したこと。党派を問わず、ブッシュ政権期に主流から外れた叡智《えいち》を集めたことにコールドウェルは注目した。民主党ではヒラリーの国務長官起用を評価し、ゲーツ国防長官のほかキッシンジャー、スコウクロフト系列の共和党系リアリストの復権を含めた上での再編成に対する評価だ。ゲーツは、前任者のラムズフェルドに比べて制服組からの人望が厚かった。

これはオバマの愛読書で大統領史家のドリス・カーンズ・グッドウィンの『チーム・オブ・ライバルズ』に描かれるリンカーンの手法にも通じる。オバマ政権の大きな特徴は、現実路線と理想路線の性格を併せ持っている点にある。閣僚レベルでは中道性を見せた半面、大統領府の実務部隊には環境や人権分野での立法経験があるリベラル派連邦議員の右腕的スタッフを起用している。

一方、インドネシアのオバマゆかりの関係者には、オバマへの期待感と現実への直視が入り交じった声もある。母アンの親友だったインドネシア人作家のジュリア・スーリヤクスマは、オバマはメサイア（救世主）でもなんでもなく、あくまでシカゴで揉《も》まれた胆略のある政治家であることを強調する。スーリヤクスマは二〇〇九年、インドネシアのラジオ放送に出演した際、「どうしてオバマは就任演説で、パレスチナ問題をめぐりガザについて言及しなかったのか」とリスナーからの質問攻めにあった。

オバマのことを人一倍想《おも》うスーリヤクスマは、オバマに時間を与えたいと思っている。フセインというミドルネームを持つインドネシアで育ったことのある大統領が誕生したからといって、舞い上がるべきではないとジャカルタからメディアを通して語り続ける。「大統領就任前からガザについては沈黙を守っていたのに、そのような複雑な問題に安易に立場を明示する必要があるのか。いかなるアメリカの大統領も過去との急な決別はあまりに非現実的だ」

オバマにとって母アンの世界観と仕事を理解できるかどうかは、自らの世界観を養う大切なプロセスそのものだった。コロンビア大学に編入して最初の夏休み、ニューヨークにオバマを訪れた母に、オバマは次のように述べたことを自著に記している。

「外国からの援助や、母が働いていたような国際開発の組織が、第三世界を他国に依存させる原因にさまざまな面でなってしまっていると、私は母に教えた」

インドネシアのロロの家の前で、押し寄せる物乞いに施しを与えていた母の姿も幼少時の記憶にある。このままでは本質の問題は何も解決しないのではないかと、母の汗と人類愛とひたむきさが痛々しいからこそ、システムを改革することにオバマの関心が向いたことは容易に想像できる。シカゴの駐車場で懇々と諭した物乞いは、母にたかる物乞いのフラッシュバックだったかもしれない。知を蓄え、コミュニティ・オーガナイズに飛び込み、法律の学位と政治力の必要性を感じた。オバマの実効性重視のプラグマテイックな思考と行動は、母が生涯をかけてアジアとアフリカに注ぎ込んだ愛と汗を決して無にはしないという、息子の決意のようにも見える。

しかし、アンの最大の理解者であるハワイ大学のアリス・デューイは、オバマにもアンの研究と開発の姿勢がしっかり継承されていると分析する。人を支援するには、その土地の経済状況に適合した手法でしなければならないし、ただ援助をバラまくことでは何も解決しないという考えは、アンの応用人類学者としての実践そのものだった。農村は農業以外の産業を持たねば自立できない。伝統産業は大きな力を秘めていると、アンは知っていた。

荒廃した教育現場と向き合ってきた妹マヤも、この精神を受け継いでいる。一九九〇年代、ニューヨークの公立学校で教員をしていたマヤは、土曜日になると一〇〇人単位の生徒を引率して刑務所を訪れた。生徒を受刑者の両親と面会させるのだ。「現実に照らし合わせたときに、初めて平和が学べます」と言うマヤは、奉職していたハワイの私立校で「非暴力の歴史」という科目を開発した。天安門事件、ヴェトナム戦争、アフガニスタン、南アフリカの事例などを扱う実験教育だ。

オバマにもアン同様、真の意味で成果を出すことに正直になるからこそ、援助を焼け石に水にしないための方法を編み出したいという欲望が、経済、開発外交の根底に流れている。単なる所得の再分配では、問題は永遠に消えない。コミュニティや個人が自立できる方法は何か。オバマは母と同様に、ある意味では母以上に〝本質的にリベラル〟であるために、アメリカの国内政治の文脈における「リベラル政治」とは違う新しい次元に解を求めた。

「アメリカの先はどこもインドネシア」

二〇〇九年二月二四日、ホワイトハウス——。就任直後のオバマ大統領との日米首脳会談で、日本側に鮮烈な印象を残したのは、相手の意見を聴く能力に裏打ちされたオバマの知性と謙虚さだった。メモに頼らず、しっかり目を見て話を聴き、会談のリズムを崩さない。機械的に受け流すこともなく、付加価値を付けてポイントを突いた答えを返す。柔らかな物腰のコミュニケーションだ。

共和党の元下院議員ニュート・ギングリッチにすら「現代政治の世界で最も賢い人物の一人」と言わしめた、オバマの知性は折り紙付きだ。会談でメモ一つ持たず、次々と案件を語る姿に驚かされた諸外国の政府関係者は少なくない。頭のなかに事前にすべてが入っている。一時間程度の会談ならメモなしで、事前の勉強で暗記できる能力がオバマにはある。ミクバもこう語る。

「オバマは何でも五分以内で習得しました。ものすごい速学です。何でも速く学び、やるべきことを新しい方法でこなす。それも人と違うやり方でやるのです。自己反省の達人でもあります。あれだけ成功しているのに、とても自分に厳しいのです」

オバマのハーヴァード大学ロースクールの同級生、デイビッド・ダンテ・トロウットは、恩師オグリトリーを巻頭言に迎え、ハリケーン・カトリーナを論じた『アフター・ザ・ストーム』を二〇〇六年に出版したが、そのなかでオバマ的な「包容する」リーダーシップの到来を予見していた。

「ハリケーン・カトリーナは、黒人の政治リーダーシップに重大な課題を突きつけた。英雄（冷酷なジュリアーニ［ニューヨーク市長］が皮肉にもなってしまったような）ではなく、力強く、比類ない、新たな対話である。嵐が破壊したものは何だったのか、なぜあの黒人の町をアメリカの町として機能させられなかったのか、誰が責任者でつけを払うべきなのか」

危機に強いのはマイクでがなり立てる強権的リーダーシップではなく、被災者の窮状を文字どおり抱擁できるオーガナイザー流のリーダーシップである。オグリトリーは巻頭言で「カトリーナは将来の大災害に対応できるモデルづくりの必要を迫ったが、そのモデルは、現実のフレームワークにおける人種と階級の持つ重みを欠くものであってはならない」と警鐘を鳴らした。

「謙虚さ」はオバマを象徴するワードであるとともに、オバマのアメリカを象徴するキーワードになるかもしれない。少なくとも、オバマが目指すアメリカは謙虚で包容力があるアメリカだ。

アメリカは移民社会だ。アフリカ系、ヒスパニック系、アジア系、太平洋諸島系、ネイティブ・アメリカン——。多様性の結晶のような国である。それなのに、平均的アメリカ人が外国に無関心な傾向があるのはよく語られるところだ。パスポートの所有率がわずか二割前後、外国語教育の少なさ、外国関係の仕事に就労する人の割合の少なさなど、あちらこちらにアメリカの内向性は表れている。

アメリカには、旧大陸から決別し、ピューリタンの国として独立を勝ち得た経緯がある。狭いヨーロッパから離れ、新大陸で独自の理想郷を打ち立てることが存在意義そのものであったとすれば、隣国に関心を持つことは、アメリカの本来の目的に反することですらあったかもしれない。

外交用語としての孤立主義とは、狭い空間で国境をめぐる小競り合いを続けてきたヨーロッパには距離を保ち、介入しないことを意味した。海に隔てられたアメリカは、概して隣国との水域をめぐる海洋問題にも意識が薄い。オバマの愛読書の一つである『アメリカ後の世界』の著者ファリード・ザカリアの言う「大きな島国アメリカ」だ。

アメリカの島国性で興味深いのは、排外的ではないのだが外国には興味を持たないという実状だ。パスポートを持たないことは、非白人を排斥し、キリスト教原理主義で、というステレオタイプに必ずしも直結しない。多様性の高いニューヨークやシカゴなどの都市部のなかに、外国に行ったこともなければ、海外に無関心な政治的にリベラルな人が多々いる。

ザカリアの批判は、海外と向き合うエリート層の専門家にも注がれる。「ワシントンに心地よく座っているアメリカの役人が、数週間もかけてイラクの核施設を調べてきた国連の査察官に対して、大量破壊兵器の証拠とはどういうものかレクチャーする」と揶《や》揄《ゆ》するザカリアは、世界全体でアメリカに対する態度が大きく変化したことにアメリカ自身が気づかないことを危惧する。また、オバマはこう述べている。

「アメリカ人のほとんどは、インドネシアを地図上で指し示すことができない。インドネシア人はこの現実に困惑する。なぜなら、過去六〇年に及び、彼らの国の運命はまさにアメリカの外交政策と直結するものだったからだ」

アメリカ人に平均的な外国への無関心と、現実にアメリカが世界に及ぼしている巨大な影響力のあいだに生じるズレに、オバマの対外観をめぐるフラストレーションがある。

CNNの有名なインタビュアー、ラリー・キングの自伝に『ブルックリンの先はどこもトウキョウ（*When You're from Brooklyn, Everything Else is Tokyo*）』という作品がある。キングの育ったニューヨークのブルックリン地区は「ブルックリンだけがすべて」というローカル色と愛郷心の強い地域だ。その先はアフリカだろうと南米だろうと「トウキヨウ」と皆同じ。そういう、ブルックリンっ子のキング一流のユーモアが滲《にじ》んでいる。

ここでのトウキョウは「名前しか知らない、どこか遠いところ」の代名詞である。オバマが危惧する、アメリカにとってのインドネシアは、キングの書籍タイトルの比喩に、どこか似たものを連想させる。『アメリカの先はどこもインドネシア』でいいのか——。

内向きアメリカの「開国」

オバマにとっても「ジャパニーズ」は、ハワイの日系人のそれであり、必ずしも外国としての日本を最初から連想するものではなかった。オバマもアメリカの「内向きの多様性」のなかから出発している。しかし、オバマが決定的に違っていたのは、ジャパニーズも、コリアンも、外国と接続された立体概念として認識したことだ。それはバリー少年がインドネシアで経験した、幼少期の外国経験、また母アンと妹マヤによるアジアとつながる「糸」と無縁ではない。

オバマが特別なのは、アフリカ人男性と白人の女性の間に生まれたからではないし、父親が側《そば》にいなかったからでもない。ハワイ、インドネシア、カリフォルニア、ニューヨークという国際的環境のなかで、交流を築いてきたからにほかならない。

たしかにオバマが近い射程に入れているのは、保守とリベラルに分裂するアメリカを

「ワンネーション」として統合することだ。しかし、遠い射程には内向きのアメリカの「開国」も入れている。内側に目を奪われがちなアメリカを外に誘導する。これまでの黒人政治家、あるいは異人種間に生まれた多様性の象徴たる指導者と、オバマが決定的に違うのはここである。

二〇〇八年七月、オバマはジョージア州パウダースプリングの遊説で次のように語った。

「私は外国語が話せません。これは恥ずかしいことです。ヨーロッパ人がアメリカに来るとみんな英語を喋《しゃべ》ります。フランス語もドイツ語も話します。それで私たちがヨーロッパに行くと、せいぜい言えるのが、メルシー・ボークー。そうじゃありませんか?」

インドネシア語の洗礼を受けているオバマは、外国語を維持することの難しさに謙虚だ。

アメリカでは中学生のうち外国語教育を受けているのが三割ほど、高校で四割強、それも一年間だけというケースが大半だ。語学が一般教養で必修になっている大学はほとんどなく、外国語をあえて選択する学生は、過去二〇年以上にわたって一割にも満たない。内訳はスペイン語が圧倒的で、外国語履修者の半分を占める。次にフランス語だが、スペイン語のわずか四分の一、続くドイツ語はその九分の一にも満たない。基本的にまとまった数で存在するのはここまで。中国語、日本語、アラビア語などの履修者はコンマの世界に入ってくる。

スペイン語が突出しているのは、英語が苦手なヒスパニック系新移民の影響だ。つまり、これは国内需要だ。学習者が必ずしも海外に関心があって学ぶわけではない。言い換えれば非公式の「第二母語」のような位置づけであり、日本人にとっての外国語としてのスペイン語とは学習動機が違う。アメリカ人にとっての日本人の想像する「外国語」は、ランキング的にはフランス語からだ。

このことが、アメリカ国内の外国語教育議論を時に歪《ゆが》める。外国語教育の推奨を唱えると、アメリカ人がスペイン語を話すのではなく、新移民に英語を学ばせるべきだ、という感情的な反対論が必ず出る。しかし、これは移民論であって教育論ではない。オバマの立場は実に明確だ。

「移民は英語を学ぶべきだが、アメリカ人も何か外国語を学べ」

移民対策のためではなく、視野を広げるために外国語をやれということだ。海の向こうに興味と尊敬を持て。オバマは説き続ける。「内なる多様性」という元来の強みを持っているはずのアメリカが本気で外国語を学び、世界にも眼差《まなざ》しを向けたときのポテンシャルは途方もないからだ。

戦争をめぐる記憶を乗り越えて

「核保有国として、核兵器を使用したことがある唯一の核保有国として、アメリカには行動する道義的責任があります。アメリカだけではこの活動で成功を収めることはできませんが、その先頭に立つことはできます。その活動を始めることはできます」

オバマ大統領は二〇〇九年四月五日、チェコ共和国のプラハで右のような演説を行った。ここで広島と長崎への原爆投下の道義的責任に触れ、「核のない、平和で安全な世界」への決意を示した。これに関連して思い起こされるのは、太平洋戦争をめぐるオバマのきわめてバランスのとれた考え方だ。アメリカで政治家が、戦争についてかつての敵国を擁護し、アメリカの過ちを認める発言は政治的に慎重な判断が求められる。オバマは、このタブーを自然に乗り越えている。根底にあるのは、戦争で虐げられる犠牲者への目線だ。

オバマにとっての日本は、真珠湾攻撃をしてきた国でもあるし、広島と長崎に原爆を落とされた国でもある。そして戦争中、不当にも収容所に抑留された「ジャパニーズ」の出身国だ。オバマを旧来的な、反日、親日のカテゴリーで単純に色分けすることは難しい。オバマは、日系人の強制収容問題に異常なまでのこだわりを見せる。オバマの二冊の著書には、それぞれ唐突とも言える文脈で、犠牲者としての日系人への言及が出てくる。

「契約労働によって、日本人、中国人、フィリピン人の移民は、夜が明けてから日が暮れるまで働かされ、戦時中は日系アメリカ人が収容所に入れられた」（『ドリームズ・フロム・マイ・ファーザー』）

「ジム・クロウ法と奴隷制度、日系人収容所、メキシコ人農場労働者、職場の対立、文化の衝突という過去から解き放たれたアメリカの未来」（『ジ・オーダシティ・オブ・ホープ』）

「アメリカは、第二次世界大戦中の日系人収容所から数々の正しい教訓を学んだ」（『ジ・オーダシティ・オブ・ホープ』）

日系人は、懸命の賠償運動を展開してきた。しかし、カリフォルニア州など日系人の多い地域や収容所が存在した州の周辺に運動が限定されていたこともあって、アメリカ全体には、日系人の収容所問題はさほど浸透していない。日系人収容を過去の誤りとする考えを全面擁護することは、日本の戦争行為の容認、あるいは日本の擁護と誤解される恐れもあった。心情的には日系人に深い同情と謝意を抱《いだ》きながらも、この問題に触れない議員も少なくなかった。

収容所問題に熱心に取り組んできたのは、日系人政治家だった。オバマの育ったハワイ州と、オバマが大学時代の二年間を過ごしたカリフォルニア州こそ、運動の拠点だった。ハワイ州のダニエル・イノウエ上院議員、スパーク・マツナガ上院議員、パッツィー・タケモト・ミンク下院議員らは、ハワイと本土の温度差を乗り越えて「ジャパニーズ」としての歴史をめぐる責任を果たそうとしてきた。収容所生まれのカリフォルニア州選出ドリス・マツイ下院議員にとって、収容所問題はライフワークだ。

オバマにとって日系人は「家族」だ。収容所問題をアメリカの原罪として、黒人奴隷問題と同列のレベルで強調しさえする。日系人以外の中西部選出のアフリカ系の政治家が、日系人問題に心情的にこだわりを見せるのはきわめて異例だ。ハワイとオクシデンタルの「バリー」の記憶のなかには、あまりに多くのジャパニーズが住んでいる。このことを日本人は大切な〝縁〟と考えていい。

ハワイからシカゴに移ったオバマのことを寂しく思うハワイ人は少なくない。しかし、あえて彼らはこう言う。「太平洋にお帰りなさい」。オバマはハワイに留《とど》まらなかったからこそ、大統領の地位に辿《たど》り着けた。「西」へ進むアメリカ史を逆流し、「アジア太平洋」を本土に持ち込んだ。

バラク・オバマが日米関係とアジア太平洋にもたらす影響は、短期的に測れない。政権評価や支持率で判断すべきポテンシャルを超えているからだ。真価は年数を重ねていくにつれて、もしかすると退任後にも、じわじわと表れる性質のものだ。ジミー・カーターはパレスチナ和平に傾倒し、ビル・クリントンはアフリカをライフワークとした。オバマのライフワークは何だろうか。アジア太平洋と日本をライフワークにしたくなるような、魅力ある提案とダイナミズムを在任中に与えられるだろうか。

「ノンビリーバーズ」を許容する

「我々のつぎはぎ細工の遺産は、強さであり弱さではない。我々は、キリスト教徒やイスラム教徒、ユダヤ教徒、ヒンドゥー教徒、そして、そうした神を信じない人による国家だ。我々は、あらゆる言語や文化で形づくられ、地球の各地から集まってきている」

二〇〇九年一月二〇日の大統領就任演説の隠れた目玉は、アメリカの多様性とリンクさせた、オバマの宗教観だった。アメリカ大統領が就任演説のような公共性の高い場で、神を信じない人(ノンビリーバーズ non-believers)に明示的に言及したのは初めてのことである。ピューリタンが建国したキリスト教の伝統を持つアメリカでは、「市民宗教」という概念から、聖書による宣誓も神への言及も自然なものとして受け止められてきた。

しかし、信心深い人々とは別に存在する世俗性の高い人々は、大統領の公的な発言の次元内では存在するが、存在していないような存在として扱われてきたことも事実だ。

オバマのノンビリーバーズへの言及は、世俗性も含めた上でのアメリカの宗教観の多様性を「公」に認める発言だった。就任前に起きた中東情勢や懸案のアフガニスタンへの配慮も滲んだが、伏線は第4章で言及した二〇〇六年一月の宗教演説だ。

もちろん、この就任演説の宗教パートをめぐっては、各宗教から「どうしてうちの宗教を入れてくれなかったのか」という疑問が湧いた。仏教が入っていないことへの指摘もその一つだ。しかし、ヒンドゥー教が盛り込まれていることからわかるように、世界の紛争や宗教問題を視野に入れた選択だった。解決すべき同時代の問題の根源との隣接部分に宗教を見届け、それをアメリカの「内なる文化の多様性」と「外の世界」とのつながりとして語ってしまう。オバマのこの演説部分の深遠さは、一度聴いただけではわからない。すべての宗教をいちいち列挙することができないなかで、どのような演説に仕上げるかが鍵だった。

オバマはアメリカの二層の多様性を賛美する。「多様性」は、アメリカの政治家にとっては金科玉条ともいうべき美徳だ。不法移民には厳しくしても、多様性を否定する人は共和党にもいない。しかし、オバマにとっての多様性はアメリカ内部で完結する「移民の多様性」を超えて、海外に目を見開かせる「アメリカの国際化」のニュアンスを漂わせる。

この文脈でいうノンビリーバーズというのは、ユダヤ教、キリスト教、イスラム教的な唯一神を信仰しない人という意味で、信仰をまったく持たない無宗教者という意味ではない。解釈すれば「（ユダヤ教・キリスト教的な《ジュディオクリスチャン》）唯一神を信じない人」という訳が妥当だろう。「無神論者」と訳すことも決して誤訳ではないが、「無宗教」とすれば意味的に少々違ってくるかもしれない。

狭い意味での「神」を信じることを「宗教行為」だと分類する考えもあれば、「仏教」をそうした狭い意味での宗教とそもそも捉えない見方もアメリカにはある。「ニューエイジ」の延長として、キリスト教的世界観とは違う生き方をある種の「哲学」として求め、その一環として仏教、とりわけ禅に真摯に興味を持つアメリカ人が、対抗文化を通して一九七〇年代に増えた。ヨガやベジタリアンのようなものに興味を持つことも、広い意味では同じ系譜にある。

オバマの愛妹マヤも「哲学的には自分は仏教徒と言える」と公言している。オバマは仏教を軽視しない。オバマがその著作を愛読する神学者パウル・ティリッヒが日本を訪れ、晩年には、仏教や禅に対しての応答を用意したように、オバマは宗教をまたぐ越境の対話を始めようとしている。オバマのレトリックは、実に細いラインを上手に泳いでいる。

仏教徒のアメリカ連邦議員

ハワイ州二区選出のメイジー・ヒロノ連邦下院議員は、真言宗の仏教徒である。午後の西日が差し込むロングワース議員会館の議員執務室で、ヒロノはこう語った。

「大統領が仏教と言ってくれれば、それは素晴らしいことでしたが、私の考えではほかのすべてを含んでいたと思います。彼が私のような人やハワイの人たち、そしてこの国を代表してくれている現状を考えれば、（仏教に）明示的な言及がなかったことは、私にはとても些細《ささい》なことで、まったく気にもなりませんでした」

二〇〇九年現在、下院には二人の仏教徒議員がいる。アメリカ合衆国史上、ユダヤ教徒とキリスト教徒しか連邦議員になったことはなかった。ヒロノのような非ユダヤ・キリスト教信者が、ワシントンに議員として登場したのは二〇〇六年選挙、第一一〇議会だ。ミネソタ州選出のキース・エリソンが初のイスラム教徒で、ジョージア州選出のハンク・ジョンソンとヒロノが初の仏教徒だ。インディアナ州選出のアンドレ・カーソンが、特別中間選挙で当選し二人目のイスラム教徒になった。またカリフォルニア州のピート・スタークはベテラン議員だが、無神論者を標榜《ひょうぼう》している。二〇〇八年の選挙で全員が再選された。ヒロノはこう言う。

「ようやくです。ただ、私は政教分離も信じていますから、仕事の一環として宗教を語ることはしません。議会での行動は、過去の人生経験と他人への共感で動かされています。だから、オバマ大統領が最高裁判事の条件に、共感能力を挙げたのは素晴らしいことです。共感性を持つということは、状況でころころ態度を変えることではありません。私にとって共感能力は、人間と他人を深く知る力です。これが私の実践です。仏教的であると同時に、キリスト教的な姿勢だとも考えています」

ヒロノには仏教徒ということ以上に、かなり珍しい特徴がある。ハワイの日系人としては、一九四七年生まれで年齢的には三世でもおかしくないのだが、日本の福島県で生まれ育ったいわゆる「新一世」なのだ。母親とハワイに移住する八歳まで日本の公立小学校に通った。ヒロノは共和党候補と二〇〇二年にハワイ州知事の座を争って敗れたが、二〇〇六年に下院議員で復活した。オーストリア人だったカリフォルニア州知事アーノルド・シュワルツェネッガーの日本人版にして下院議員版だ。日本でももっと知られていい存在である。

報道官を入れずに一対一の空間を提供してくれたヒロノと私は、しばし日本語の会話を楽しんだ。一九九九年にキャノン下院議員会館のシャコウスキー事務所に通って以来、アメリカ議会とそれなりの縁を育《はぐく》んできた私にとってカルチャーショックだった。もし、ハワイで会っていたら、そうした印象はなかったのかもしれない。しかし、数多くのインタビューのなかでも、アメリカの議員との日本語による仏教をめぐる会話は特別の余韻を残した。オバマ時代には、この嬉《うれ》しい違和感は当たり前のことになるのだろうか。

もちろん、イスラム世界との融和の前途は多難だ。二〇〇九年七月一七日にはジャカルタの二つの米系ホテル、マリオットとリッツカールトンで爆弾テロが起き、外国人観光客など九人が死亡、四二人が負傷している。直前までジャカルタの現場付近に宿泊していた私は命拾いをした。インドネシア国家警察は、イスラム地下組織ジェマ・イスラミアから分派したヌルディン容疑者の強硬派グループが、再選されたユドヨノ大統領を暗殺する計画を練っていたことを発表している。

しかし、オバマは語り続ける。二〇〇九年六月四日のカイロで、コーランとユダヤ教の律法集タルムードの双方を引用して演説を行った。「世界の人々は一緒に平和に暮らすことができます」と述べ、イスラムとの新たな関係の始まりを高らかに唱えた。演説の斬新さは言うまでもないが、興味深いのはそのフォローアップだった。ホワイトハウスは、オバマのカイロ演説をアラビア語など一四の言語に翻訳したのだ。パシュトゥー語、ウルドゥー語、ペルシャ語、インドネシア語など、アフガニスタン、パキスタン、インドネシアなどイスラム圏を重視したものだが、イスラエル向けにヘブライ語にも翻訳されている。

「宗教左派」とリベラル派のゆくえ

カトリック信徒の最高裁の新判事ソトマイヨールを指名したオバマの志向からわかるのは、その柔軟な信仰路線だ。ヒロノをはじめとした非ユダヤ・キリスト教徒の連邦議員五人は全員が民主党である。オバマ政権はブッシュ政権の信仰イニシアティブを引き継ぎ、「信仰に基づく隣人パートナーシップ室」を設置する大統領行政命令に署名した。聖書を政権の頭上に据えて祈るという象徴としてのホワイトハウス内宗教担当ではなく、貧困対策など社会問題の解決をめぐる政策のエンジンにしようとしている。とりわけオバマ政権の野心的な福祉政策、教育政策と連関している。

幹部スタッフの多くはかつて民主党の大統領選挙、知事選挙などで、宗教アウトリーチという集票戦略を担当した腕利きだ。室長のジョシュア・デュボイスは二六歳の牧師だが、デュボイスを支えるマーラ・ヴァンダースライスは、ケリー陣営で宗教アウトリーチを担当した人物で「マタイ・25・ネットワーク」という団体を率いてオバマを支援してきた。厚生省でやはり信仰基盤室長に就任したアレクシア・ケレイは、民主党全国委員会の元宗教アウトリーチ担当だが、カトリックの政治参加を促す非営利団体で「公共善」の視点からの政治判断を市民に訴えてきた。

ケリー惨敗からの再起を模索中だったヴァンダースライスとケレイに、私は二〇〇五年にワシントンで出会い、彼女たちの躍進を個人的に見守ってきた。二人が揃《そろ》って政権入りしたことは、四年越しでの民主党の政教関係改革の成果として実感している。若きヴァンダースライスは二〇〇〇年代半ばにこう言っていた。

「公民権を愛する、人権を愛する、平和を愛する、という観点から考えても、世俗派と称される民主党内部の大半にも基本的には宗教心があります。それを引き出すことが大切です」

オバマは宗教左派運動と連動して台頭した人物だ。W・ブッシュ政権時代の宗教左派には二つの目標があった。一つは宗教右派の息の根を止めること。もう一つは、民主党内の世俗派に宗教の重要性を認めさせること。

リベラルな福音派の牧師、ジム・ウォーリスはオバマ政権の現在を「ポスト宗教右派」時代としているが、宗教左派の全面勝利かと言えば行く末は多難だ。世俗派に宗教性を認めさせる説得は容易ではない。人工妊娠中絶、死刑などオバマを悩ませる党内分裂の争点は数多い。希望の光は、民主党内カトリック教徒と若年層だ。

ロバート・ケネディの長女、キャサリーン・ケネディ・タウンゼントは、カトリック信仰を民主党内で穏健なかたちで根付かせようとする旗振り役を買って出ている。ケネディ・タウンゼントは、避妊具の使用を教会に認めさせる運動で知られる現実派カトリックだ。避妊を認めるほうが結果として生命を守ることになるという彼女の提案に教会は及び腰だが、世俗派市民は好意的だ。世俗派も「柔軟な宗教」とならば共存に前向きなのだ。

若年層の社会運動熱の根底にある緩やかな宗教性は、興味深い。オバマ運動の根源になったのは、無党派の若年層だが、その中心にいたのが穏健福音派やカトリック教徒で、ウォーリスの「サジャナーズ」に集うような新世代だ。イラク戦争への反対で連合し、反戦熱が反ブッシュ、ひいてはオバマに雪崩《なだれ》を打って向かった。ホワイトハウスの信仰イニシアティブの幹部二人が、揃って選挙キャンペーンのスタッフ出身で二〇代、三〇代の若さなのにも十分な理由がある。

一方、超党派路線になるとオバマを見限るのではないかと懸念されたリベラル派が、就任後一年近く経《た》ってもおおむねオバマ支持で結束していることも特筆に値する。オバマ就任後、一見すると超党派の度が過ぎると思われてもおかしくない判断が頻出した。国防長官には共和党のロバート・ゲーツをブッシュ政権から受け継ぎ、国家安全保障担当補佐官にマケイン支持だったジム・ジョーンズを抜擢《ばってき》した。進歩左派の在野ブロガーは不満の矛先をオバマに向けた。このままオバマはワシントン政治に取り込まれて中道化する、リベラルを見限るのか、と。

従来までは、大統領府も中道派と共和党穏健派との連携だけで政権維持をはかった。

少なくとも一九九〇年代のクリントン政治ではそれが現実的な方法だった。リベラル派はコアな票田であると同時に、イデオロギー的にマージナルな存在になる運命にあった。

しかしオバマで、少なくとも議会リベラル派が変わりつつある。オバマ以後のリベラル派は何かを学んだ。「実現」のために本当に必要なことは結束であると。中道化ではない「脱党派」だからこそ生まれる信頼だ。本当の成果を出すための生みの苦しみに協力するならば、それはリベラル派とて、やぶさかではない。そう思わせる裏切らない絶対の信頼が、オバマに注がれている。

オバマが議会でもたらした静かなる「内なる改革」だ。リベラル派の象徴にして下院女性議員連会長のシャコウスキーは言う。

「左派には、オバマが十分に挑戦的な取り組みをしていないと失望した人もいると思います。それはそれでよいことです。オバマは銀行を国有化するわけではありません。立て直して早く政府の手から離したいわけです。社会主義ではありません。オバマは自分の方針に絶対の自信を持っています。だから私は、彼についていきます。彼に何かのラベルを貼りたくないのです」

ペローシも二〇〇九年二月、大統領の議会演説を前に、控え室で「私たちは今、指導者を得ました。時に指導者に導かれることも必要です」と言い放った。ペローシは大統領選中もじっと中立を守り抜いた。下院議長としての立場ゆえだ。一人ひとり自分が一番の指導者だと思っている自我の強い党派を超えた数百人の猛者《もさ》を前にして、議長として最大限踏み込んだ絶大なオバマへの賛辞だった。

アメリカの未来——ハンチントンの憂鬱を超えて

『分断されるアメリカ　Who are we?』でアメリカのアイデンティティ危機に警鐘を鳴らしたサミュエル・ハンチントンが、二〇〇八年一二月に他界した。ハンチントンが発してきたメッセージは単純なものではないが、ピューリタニズム以来のキリスト教に根ざした西洋の伝統をくむアメリカ像を「主流」として維持することが、移民文化のバルカン化（多元化）による分裂を招かないために欠かせないと考えていた。

そのハンチントンが亡くなったちょうど三週間後、アメリカ初のマイノリティの大統領が誕生したことは歴史のアイロニーかもしれない。ハワイ生まれの「ハパ」にして、インドネシアからの帰国子女で、外国籍のアフリカ人を父親に持つ大統領が誕生したことに、ハンチントンならどうコメントしただろうか。

ハンチントンが警告していたのは、ヒスパニック系などの増え続ける新移民が、歴史的に「主流」であった白人アングロサクソン＝プロテスタント信徒の文化を一切拒絶し、「外国」を持ち込み続けることがあれば、アメリカが今までのアメリカでなくなってしまう、ということだった。伏線は一九八〇年代以降のマルチカルチュラリズムだ。ワスプ（ホワイト・アングロサクソン・プロテスタント）中心の歴史を相対化する作業がいきすぎると国の分裂を生むとアーサー・シュレージンガー二世は警告し、アラン・ブルームも『アメリカン・マインドの終焉《しゅうえん》』で論陣を張った。

だが、ブルームらの懸念には及ばず、「主流」を守るガラスの天井は分厚かった。オバマにしてアメリカの歴史上わずか四人目のアフリカ系の連邦上院議員だ。ハーレムに黒人文化の花咲くニューヨーク州からも、リベラルな諸都市を有するカリフォルニア州からも、これまでアフリカ系の連邦上院議員は出ていない。大衆文化の顔である深夜テレビのコメディアン、またネットワークの夕方ニュースのソロアンカーに白人以外がなったことは、二〇〇九年現在ただの一度もない。

ところが、すべてを飛び越えてマイノリティが大統領になってしまった。マイノリティが誕生してもいい分野がほかにあったのに、アメリカの象徴たる大統領がそれらを追い抜いた。だからこそ、衝撃が大きかったのだ。この歴史的事件をめぐる解釈は、じわじわと必要性を増していくだろう。ハワイ生まれの「帰国子女」大統領に、アメリカの伝統「神話」の文脈で整合性をつけることは難しいからだ。「主流」とは何かというテーゼを解体しかねない強烈なインパクトを持ち合わせている。

オバマはただの「アフリカ系」ではない。オバマはアフリカ系のアイデンティティを選んだが、決して偏狭なブラック・ナショナリズムに陥ることはなかった。オクシデンタルでは黒人学生連盟にも加わっていたオバマだが、安易な黒人賛美に陥らない同胞愛を求めた。

「アメリカはその源からして、奴隷制とレイシズムというアキレス腱《けん》を抱えてきました。二〇〇八年の大統領選挙はアメリカの進歩に大きな到達点を記しました」

こう語るロサンゼルスの企業経営者ルイス・フックは、オクシデンタルでオバマと過ごした黒人学生連盟時代、「アメリカ人の黒人学生よりも、白人学生のほうが自分たちにオープンに接してくれる」と言うアフリカ人留学生に出会い、人種を国際的な視点で捉えなおした。エボニックスという黒人スラング言語を学校で使うことの是非をめぐっても、国語教育として正しいのか、功罪の議論をあえて恐れなかった。アフリカ系のエリック・ムーアは言う。

「国際性こそオバマらしさです。それは黒人だけでなく白人、アジア人、ラチーノ、ユダヤ人、ムスリムのことを理解することです。オバマはそれを人生の初期に済ませていました。彼がオクシデンタルに来たとき、彼はなんというか、ハワイアンのヒッピーのようでしたが、多様な人を包み込む何かがすでに彼にはありました。何でも吸収するのです。パキスタン、インド、スリランカについても議論しました。私は日本育ちに誇りを持っていたので、日本のこともオバマに話しました。オバマはハワイ経験を通じて日本につながっていると強く感じていると、私は確信しました」

オバマにはなれもしない者になろうとして、もがいていた数年があったとジェリー・ケルマンは言う。

「バラクが、なろうとしてなれなかった存在があります。黒人エスニック政治家です。今バラクが大統領である最大の理由は、下院選でラッシュに負けたことで、何か他の路線を模索する必要性に迫られたからです。それで、バラク本来の生来の強みに戻ることにしました。それは多様性です。血のみならず、いろんな考えを包み込む多様性です。もし彼が狭い枠に自分を押し込めていたら、彼のキャリアは終わっていました。大統領はおろか下院議員も駄目だったでしょうね」

オバマがまとう太平洋《パシフィック》の多文化性、国際性のルーツをめぐる「越境」の半生を知ることで、オバマがアメリカにとって意味する「新しさ」が透けて見えてくる。

「人種」を消さずに、抱きしめて

「ポスト・レイシャル（脱人種）時代の意味が、いまだにわからない」

アフリカ系の女性ジャーナリスト、グエン・アイフィルは問う。オバマをめぐって「脱人種」の象徴だという評価が蔓延《まんえん》していることを受けての見解だ。「私たちは一つの国民だとは言ったが、人種問題はもうないとほのめかしたわけではない」とオバマも述べている。

「脱人種」のスローガンで人種を否定するカラーブラインド論がある。肌の色（カラー）を意識しない（ブラインド）という、一見して理想的な考え方だ。しかし、人種差別《レイシズム》がもう存在しないと、都合よく政治に利用される恐れもある。「もう君たちはマイノリティではない、大統領が誕生してマジョリティだから保護の必要はない」と、黒人社会に「マイノリティ」の看板を下ろすことを迫る重圧だ。「マイノリティ」が「数」ではなく、社会経済的な状況をめぐる権力関係に基づく意味をともなう言葉である以上、きわめて短絡的な言説だ。オバマはハイドパークの教室で、アファーマティブ・アクションが本当はどういう人に必要なのか、それを学生たちに問い続けた。「人種」というアイコンをゴミ箱に入れることで、いきなりユートピアを描くことはできない。

一方、オバマの黒人議員の妹分、イリノイ州議会議員のキンバリー・ライトフォードは、真の能力主義の時代の始まりも予見する。

「アメリカは、能力で人を判断するようになりつつあるように思います。レイシズムがなくなったと言っているわけではありません。レイシズムは健在で、しかも活発です。私が言いたいのは、さらに多くのアフリカ系が、知性と技術で認められるはずだという覚醒です。オバマが成し遂げたのだから、自分たちにもできるだろうと。アフリカ系の子供たちの多くが、足元の地域社会を超えたところで何者かになりたいと刺激を受けたのだと、私は確信しているのです」

アメリカ市民はこれからも、利益確保のため「エスニック集団」という連帯を必要とするだろう。出身国がばらばらで利害も違うアジア系も、存在を誇示するため「アジア系」という架空同盟をやめはしない。アフリカ系という歴史的な共同体概念も急には消えない。選挙の季節ごとに、利益をめぐる綱引きは続く。奇麗に行儀よく棲《す》み分けた、標本的な多文化主義が完遂されても、それはアメリカ的な多様性ではないのかもしれない。

オバマは「途上のアメリカ」を象徴する。ハワイの脱エスニシティ風土と人種で分断されたシカゴという両極端のアメリカを「越境」してきた。たまたま黒人の血を受け継いだ「カラーブラインド性」と、アフリカ系の誇りを抱きしめる「エスニック・アメリカの再興」の両方を持ち合わせている。「名指し」もされるし、自らも「名乗る」存在だ。「白と黒のパラダイム」でもないし、人種消滅論でもない。

もちろん「主流」を解体するには、「非主流」の立場もいつかは放棄しなくてはならない。マイノリティ集団が数ではなく意識面でもマイノリティでなくなるとき、多文化を「越境」するアメリカはさらに大きな一歩をしるす。初のアフリカ系にして太平洋《パシフィック》にルーツを持つ「ハパ」の大統領は間違いなくその牽引役《けんいんやく》だ。オバマとミシェルの「大胆なる希望」の未来には、今までとは違うアメリカが広がっている。

Time for you to be Obama!

オバマの大統領就任後の二〇〇九年初夏、コミュニティ・オーガナイズのかつての上司、マイク・クルーグリックは首都ワシントンでオバマと再会した。

「なあ、バラク、俺たち、アメリカを変えるんだろ?」

クルーグリックの呼びかけに、オバマはこう呟《つぶや》いた。

「でも、オバマについて語るのをやめるときだよ」

クルーグリックはオバマの意を察して応じた。

「そのとおりだな。オバマを賞賛し、オバマに陶酔するのをやめるときだ。みんな自分自身がオバマになるときだな」

オバマが身を乗り出した。

「そうだ、君がオバマになるときだ! タイム・フォー・ユー・トゥ・ビー・オバマ。うん、これ気に入ったぞ! 'Time for you to be Obama!'

オバマ個人を英雄視するよりも、自分の持ち場をしっかり築いてほしい。この時代を乗り越える鍵は、一人ひとりがオバマになれるか、そしてアメリカが「オバマ的アメリカ」になれるかにかかっている。そんな願いを込め、大統領執務室のなかに響いたオバマの声は、アメリカ全土に届くだろうか。

オバマ的アメリカとは内と外の「非アメリカ」を許容できる強いアメリカだろう。アメリカを客観視できる「帰国子女」、多様なアイデンティティを抱きしめる「ハパ」、短期的な実利とは無縁な骨太の知に根ざした「詩人」、地域社会の隣人愛を取り結ぶ「オーガナイザー」、イデオロギーに支配されない「リーガルマインド」、政治抗争を目的化しない「脱党派」――。

オバマ大統領の本当の意義は、オバマが自らの半生をもって「オバマ的なるアメリカ」を提起したことにあるのかもしれない。アーリー・ライフに鍵があると教えてくれたオバマの恩師たちに私が感謝すべきは、バラク・フセイン・オバマ二世の「越境」の人生を知る旅は、新しいアメリカの方向性を探ることそのものだったことだ。

オバマ後のアメリカを象徴する新しいスローガンが、ホワイトハウスで産声を上げた以上、「アメリカの旅」はもう後戻りできない。

文庫版増補章　「オバマ後」時代の光と影

——二つのポピュリズムを抱えて

オバマ回顧録と政権元高官の自己採点

オバマ政権発足から一二年の歳月が流れた。「オバマ後」の世界はオバマの理想とはほど遠いものとなっている。もちろん、オバマ時代の遺産もある。政治学者の砂田一郎は、オバマが目指す変革を経済、外交、内政、民主主義の再生の四つに分類していた（『オバマは何を変えるか』岩波新書）。七八七〇億ドルの大型景気刺激策で経済成長を回復軌道に乗せ、医療保険改革法を実現し、イラクからの撤退やキューバとの国交回復などを成し遂げた。現職大統領として初めて広島を訪問して、核兵器廃絶を訴えた。

回顧録『約束の地』は一期目の途中までの記述で終わっている。回顧録を分冊するのも時間差で出版するのも異例だ。オバマが自己評価に慎重になっていることが窺《うかが》える。

トランプ政権が誕生して、次から次へとオバマの成果をひっくり返した。「オバマ否定」のドミノ倒しがどこで止まるかを見極めないと回顧録も安易に仕上げられなくなってしまった。すると今度は、ヒラリーに二〇一六年の出馬チャンスを譲り、なかば政界引退状態だった元副大統領のバイデンが奇跡の復権で大統領になってしまった。

副大統領は閑職である。ブッシュ（子）政権で「影の大統領」と言われたチェイニーは例外だ。オバマ政権下でのバイデンの役割もさほど大きくなかった。

オバマは鼻柱が強い。かつてハワイの重鎮、ダニエル・イノウエ上院議員から「息子よ、面倒みてやるぞ」と差し伸べられた手を払い退《の》けてイノウエの逆鱗《げきりん》に触れた。イノウエは二〇〇八年にヒラリー支持に回った。年長の副大統領バイデンの親心のお節介も「家庭教師は要らない」と払い退けたという。不仲説は政界を駆け巡り、二期目にはバイデンが副大統領を降りて、ヒラリーか誰か別の人間が候補になるとの噂《うわさ》もあった。

バイデン政権の行方次第では、オバマの成果も霞《かす》む。元大統領の回顧録の刊行時期が後続二つの政権にまたがるのは異例だ。時間をかければ記述に厚みは出るが、大統領退任時の新鮮な感覚からは遠ざかっていくし、後続政権が筆運びに微妙な影響を与える。

再びオバマの元側近たちの声に耳を傾けてみよう。

元高官たちは最大の成果は外交ではなく内政、とりわけ医療保険改革法という点で一致していた。医療保険はオバマの自己採点上の成果とも符合する。どの高官も政権最初の二年のエネルギーを医療保険だけに傾けたことを後悔はしていなかった。

「もともと、二〇一〇年の中間選挙は勝ち目がなかった。医療保険の受益者は左派だけでなく無党派全体に広がるが、彼らは中間選挙ではどうせ投票しないから」

彼らが口を揃《そろ》えて「失敗」と認めるのは移民制度改革だ。「大統領は弱すぎた。移民政策で妥協を探してはいけない」

だが、それ以上に辛辣な内部評価は外交に集中していた。戦争を国民の目に見えないところに隠すことに腐心して、ドローン攻撃に舵《かじ》を切ったと批判する左派の不満もあった。「外交では点数はない。ロシア、北朝鮮、中東。何も成果がない。言い訳はある。政治資源が足りなかったからだ」

オバマ政権があと一年というころ、大統領に近い一人に「外交のレガシー（遺産）作りをするか？」と訊《たず》ねたら苦笑された。

「あり得ない。視点にもよるがアメリカ人は基本的には自国にしか関心がない。外交も内政の延長。ブッシュ（父）はイラクへの武力行使で新秩序を作ろうしたが、息子は失敗した。冷戦終結ですら内政の勝利だ。レーガンの真の勝利はアメリカ人に自信を与えたことだ。オバマは現状を大きく変えることはしない。イラクから撤退し、アフガニスタンから撤退し、それだけでも十分。それ以上のことは中東でも起こしにくい」

ルーツ的には「太平洋大統領」だったオバマがアジア外交で力を発揮できなかったのは皮肉だ。中国の覇権主義を黙認し、北朝鮮を事実上放置する八年になったことへの批判は小さくない。イラク戦争へのトラウマからの内政優先に加え、オバマのすべてを見通せてしまうバランス感覚も裏目に出た。金融危機の後始末を背負わされたオバマは、経済的な実利主義から中国との衝突を避けた。回顧録でこう記す。

「中国は七〇〇〇億ドルを超える米国債を保有し、外貨準備も巨大だったために金融危機管理において必要なパートナーとなっていた」

「貿易戦争が始まって、世界中を不況に陥らせたり、私が支援すると誓った労働者たちがダメージを被ったりするような事態にしてはならない」

オバマはオーガナイザーである。オーガナイザーは運動の先頭に立つリーダーではなく、運動のプロデューサーだ。成果を出すには誰かがリスクをとって一歩を踏み出さなければいけないが、それはオーガナイザーの役目ではない。

オバマはインドネシア経験、シカゴ南部での活動を通して、貧困がこの世の最悪のものだと考えるようになった。回顧録でも「何億もの人々を極度の貧困から救った中国の成功は、人類のすばらしい偉業だと思えた」と記している。だが、政治的な公正さや自由を棚上げしたまま格差を広げる経済発展をどう考えるか。オバマはそこには答えていない。

別のある黒人の元高官は、オバマについての最大の誤解は「もともとは左派だったのに中道化してしまった」という落胆だと語る。

「オバマは最初から穏健だった。景気刺激策もあの二倍は必要だったのを八〇〇〇億ドル程度だけに留《とど》めた。サブプライムローン問題でも、住宅所有者にツケを払わせてウォール街規制には腰が引けた。彼はラディカル（急進的）でもなんでもない。でも、人は彼が穏健だと思わない。なぜか？　黒人はラディカルに違いないとの思い込みがアメリカにはあるからだ。本物のラディカルな黒人の仲間が自分にはいるからわかる。彼らは投獄を恐れていない。オバマは違う。常に穏健そのものだった。だから当選できたのだ」

彼は「トランプとオバマには共通点がある」という自説を繰り返した。

「トランプに投票した人には、トランプを好きではないが彼のアイデアが好きだという人がいた。オバマも同じだ。〝あいつは黒人で民主党だから嫌いだが、この黒人の民主党野郎は俺たちのことを面倒見てくれるかも〟と思わせる。これは白人の差別主義者が、愛国心から有色人種のアスリートをオリンピックで応援するのと同じ精神構造だ」

二つのポピュリズムの生みの親として

なるほど、オバマは右からは「ラディカル」だと誤解され、左からは「ラディカルさが足りない」と突き上げられた。結果、両極に二つのポピュリズムを生んだ。

右のポピュリズムはティーパーティ運動だ。そこに反移民運動、保護主義、キリスト教保守などが結合し、トランプ旋風を巻き起こした。

ティーパーティ運動は当初、二〇〇八年の金融危機に公的資金を投入したブッシュ（子）政権を批判する共和党内の財政保守運動で、リバタリアン（自由至上主義者）のロン・ポール下院議員（当時）の支持者が中心だった。しかし、徐々にキリスト教右派的な層も増え、二〇一二年以降は、リバタリアン系と、アラスカ州知事だったペイリンを支持する社会保守派に分断した。オバマ政権の移民制度改革法案にマケインら共和党穏健派が協力したことへの不満も作用した。リバタリアン派はティーパーティを名乗ることをやめ、社会保守派がティーパーティを受け継いだ。それ以降は、保護主義化して保守側のTPP反対運動も牽引《けんいん》した。

オバマ政権下では、同性婚が推進され、ミズーリ州で黒人射殺事件後の抗議デモが一部暴徒化した。グローバリズムと経済格差問題は国際的に遍在する課題だが、原理的キリスト教信仰、大規模な不法移民、根深い人種対立はアメリカに特徴的な政治要因だ。トランプは持ち前のポピュリスト気質でそれらを対立軸に昇華させた。

オバマへの反発から差別主義が静かに蔓延《まんえん》したのも事実だ。筆者も方々で一線を越えた発言を見聞きした。ある保守派の弁護士は「オバマはきっと麻薬常用者だ。あの痩せ方は普通ではない」と断じていたが、ケニアのルオ族は痩せ型の遺伝子だ。

一方、左のポピュリズムはオバマ政権に不満を持つ層による「ウォール街を占拠せよ」運動だった。ティーパーティ運動の裏側で二〇一一年から一世を風靡《ふうび》したこの運動は厳密には第三政党運動ではなく、既存の政党政治への拒絶感情に満ちた「選挙参加の放棄」だった。だからオバマも運動の支持を躊躇《ちゅうちょ》した。

運動の中心メンバーがBLMの立ち上げを裏で支援し、同時にバーニー・サンダース上院議員に大統領選への出馬をけしかけた。いわば、サンダースとトランプはどちらもオバマ政権への反動の産物である。二〇一六年大統領選ではサンダース旋風が巻き起こり、ヒラリー・クリントンを追い詰めた。本選でもヒラリー落選運動を止《や》めず、トランプに漁夫の利を与えた。トランプ勝利を微塵《みじん》も考えずノーマークだったのだ。二〇二〇年、この反省からサンダース支持者は本選で渋々バイデンを支持した。

二つのオバマ時代産のポピュリズムには共通点と相違点があった。共通点は皮肉にもオバマが浸透させたアリンスキー由来のコミュニティ・オーガナイジングの手法を用いていたことだ。オバマにハーヴァードへの推薦状を書いたオーガナイザーのマックナイトは、共和党の政治家もオバマ陣営を真似《まね》てオーガナイザーの選挙利用に関心を持つだろうと予言していた。

案の定、ティーパーティ運動は、アリンスキーの方法論を真似た。アイオワ州で彼らの訓練会合を観察して驚いた。テキストがアリンスキーの本だったのだ。「敵の組織論を模倣してリベラルを打倒せよ」と拳を振り上げていた。オーガナイザーの技法が保守派に選挙で利用されたことをオバマの元上司たちは苦々しく眺めていた。

二つのポピュリズムが違っていたのは、「ウォール街占拠」デモが政党と選挙からの離反だったのに対して、ティーパーティは予備選で現職を落選させる現実的な政党改革だったことだ。民主党が左派分裂で動員力を減じる間隙をぬって、右側では議会共和党の保守化が進んだ。

「六面相オバマ」のアメリカでの浸透度

さて、では本書で追ったオバマの「六つの顔」はアメリカにどこまで浸透したのか。一定の認知を獲得したのは「オーガナイザー」（4章）と「プロフェッサー」（5章）だけだった。「帰国子女」（1章）、「ハパ」（2章）、そして作家としての顔（3章）はいまだに封印されたままだ。「政治家オバマ」「活動家オバマ」はシカゴ起点で再定義され、「アジア言語話者」「太平洋」「文学青年」といった要素は、政治戦略上は表に出せないものとなっていった。大統領の条件としては、アメリカを超越しすぎているからだ。

一九八〇年代前半、オバマのハワイ時代の恩師エリック・クスノキに、クラスにいたある寡黙な女子生徒が話しかけてきた。「兄も先生の生徒でした」。クスノキは「誰？」と聞いた。「バラクです」。クスノキは驚いた。オバマと違う「スートロ」という苗字《みょうじ》だったので、わからなかったからだ。疎遠になっていたオバマとの縁が戻った。プナホとオバマの絆《きずな》はマヤを通して紡がれている。

オバマが有名になってから、関係者は報道陣の取材攻めと政敵の攻撃にさらされてきた。ハワイでは、マヤとクスノキそしてクラスメートだったケリー・フルシマがオバマの盾になった。二〇一一年一一月、クスノキとの再会でプナホ・スクールに行くとロシアのテレビ取材陣を見送るところだった。筆者が乗ってきたタクシーに彼らが入れ違いに乗り込んだ。「こうしてお客さんをちゃんと見送るのが日本式でしょう。親に教わったことです」とクスノキはクルーに手を振って送り出した。

オバマがアルバイトしていたバスキンロビンス（アイスクリーム店）を通過すると、彼が放課後に遊んでいたバスケットボールのコートの横に地元のファミリーレストラン、ジッピーズがある。オバマが名物の麺料理「サイミン」を注文していた店だ。

クスノキは膨大な数のインタビューを受けてきた。彼の生徒愛とオバマの少年時代の思い出話に、涙を流す記者も多い。しかし、ほぼ例外なく海外メディアであるという。ドイツ、フランス、イタリアの記者などだ。彼らは少なからず「オバマが体現するアメリカ」に興味をもって取材に来る。そしてジャパニーズの恩師の思いやりに触れたオバマとの師弟愛に涙腺を緩める。日本でもクスノキ教諭の逸話への反響は大きかった。

アメリカの記者でそのようなリアクションを見せる者はいないという。彼らは概《おおむ》ねハワイの文化には関心がない。アメリカ本土の主流メディアは保守とリベラルの分断、黒と白の人種分断、これをそのままハワイに持ち込んで取材をする。クスノキが今までで一番不快だった攻撃的取材は、海外プレスではなくアメリカのＮＢＣテレビの取材だった。民主党支持と見られるその有名アンカーは「今のオバマをどう思うの？」と訊ねた。クスノキは「質問の意味がわからない」と答えた。「支持率が落ち込み、経済も悪い。こんな状態でどうするの？」。恩師の「落胆コメント」を取ろうという誘導尋問だった。

白と黒の人種でオバマを区切ろうとするのも常にアメリカ国内のメディアだったという。それもFOXニュースなど保守系メディアではなくリベラル系メディアほど「黒人大統領」の審査にこだわった。クスノキやハワイ関係者が狼狽《ろうばい》したのは、ハワイの多文化的な風土でオバマが白人やアジア人に混ざって育ったと説明しても、信じてもらえないことだった。米メディアの取材にミシェル夫人も「ハワイを理解できなければ、オバマを理解できない」と加勢した。

クスノキはオバマがハワイではなくどこか本土の別の都市で育っていれば、現在のオバマになっていないと考えているが筆者も同感だ。インドネシアで異文化に適応する経験を経て、ハワイのおおらかな環境で守られたのちに、思考も人格もそれなりに確立した年齢になってから、ニューヨークやシカゴに乗り出していった順番と時間的な「間」が重要である。いきなりシカゴ的な人種抗争の世界に放り込まれたら、オバマ的な感性は死んでいただろう。黒人と白人の踏み絵を迫られる環境で白人の祖父母と暮らしていれば、オバマの人種観やモチベーションも歪《ゆが》んだ恐れはある。

オバマが一期目にインドネシアを初訪問した際、現地大学でインドネシア語で挨拶したその瞬間、窓ガラスが割れそうなほどの大歓声で観衆が熱狂した。空港到着から帰るまでオバマ滞在のすべてがテレビで中継される騒ぎだったが、その様子はアメリカ国内メディアでは報じられなかった。ホワイトハウスがそれを望まなかったからだ。

アメリカは九・一一テロを経て、いっそうムスリムには不寛容になっていたが、インドネシアはムスリムを連想させる国だった。選挙戦では予備選の民主党対抗馬であったヒラリー陣営や共和党が執拗《しつよう》に嗅ぎまわった。〝インドネシア語はもうほとんど忘れた、インドネシアの小学校(ヒラリー陣営は幼稚園と誤解した)の先生が自分のことを覚えているはずがない〟という主旨の弁明を回顧録でも繰り返している。

オバマの母は宗教に無関心でムスリムに改宗しなかったし、継父が敬虔《けいけん》ではなかったこともあり、妹も不可知論者を名乗っている。それでもオバマは隠れムスリムではないかという陰謀論が日に日に強まった。世論調査によれば、オバマ政権発足翌年になっても、オバマのことをムスリムだと思っている人が一八%もいた。オバマ政権の側近が、オバマの多文化的な側面を抑制することに躍起だったのも頷《うなず》ける。トランプも加担した「バーサー」運動もあった。

小学校の過半を現地で過ごし、国語、算数などの初等教育を現地語で学んだことは、幼年期の影響を考えればアメリカ人には驚きだ。ただ「帰国子女」とは日本風の概念だ。移民が世界中から集まってきた中心にアメリカがある。これは諸政策でも海外事例を参考に学ばない傾向にも通じるが、とにかく外国性を礼讃《らいさん》しない。アメリカが世界のナンバーワンであらねばならない移民国家の逆説的な矛盾がここにある。

「文学」も大統領としてはいただけなかった。アメリカの大統領は最高司令官であり自由世界のリーダーである。政治家が教養で文学も嗜《たしな》むのとはわけが違う。オバマには軍歴がなかった。ポエムや小説を創作することは夢想的で現実逃避的と取られがちである。文才は演説には活《い》かされた。初期の演説は自分で書いていたからだ。しかし、かつての将来の夢が作家で、親友も大学時代から社会人初期の青春のすべてが、詩や小説の創作で埋め尽くされていた「文学青年」だったことは封印された。当時の親友や恋人が白人や外国人留学生だったことも、黒人政治家としてはマイナスに映る過去だった。

　浸透の有無について簡単に答えが出せないのが「脱党派」（6章）だ。

　就任したオバマを襲ったのは、融和や統合なんかどうでもいいので、共和党や保守を叩《たた》きまくり、分断を鮮明にし、そしてアメリカ政治の内戦で民主党を勝利させろという圧力だった。次に特定の集団だけを優遇しろという「利益誘導政治」の凄《すさ》まじさだった。

　オバマはアメリカ人すべてを幸せにするために就任したと考えていた。しかし、「黒人のために大統領になったのだろ？　黒人の貧困を改善する法案を通せ」と黒人議連が圧力をかけた。失望した黒人議連の重鎮はホワイトハウスに集中砲火を浴びせた。環境保護団体は気候変動対策が甘いと騒ぎ、オバマケアは皆保険になっておらず生温《なまぬる》いと左派は騒いだ。共和党と対話の姿勢を示せば「弱腰」と罵られた。

外交でも強い最高司令官を演じる必要があった。ハワイの日系人との交流から天皇陛下の存在への敬意が深かったオバマは、陛下に最高度の敬意を示す意図で直角にお辞儀をして、みっともないと批判された。核なき世界論は摑《つか》み所のない夢物語と言われ、何の成果もないうちにノーベル平和賞を与えられ、平和創造への期待値だけ高められた。「内政に集中したいのにノーベル賞なんて迷惑だ」と側近は愚痴っていた。

そこでオバマは場当たり的に現場に適応していった。

民主党色を強め「民主党の顔」として共和党を罵る姿勢を示すと、民主党議会幹部が喜ぶことを知った。彼らを喜ばせるとリベラル世論や政権が安定した。オバマは望みもしない党派性の強化に邁進《まいしん》していき、再選が目的化し、いつしか「脱党派」の理想は消えた。

トランプが突然、分断を生んだのではない。

インド系か黒人か？　カマラ・ハリスという政治家

二〇〇九年一月のオバマの大統領就任式から一二年後、二〇二一年の大統領就任式で司会の上院議員が宣誓に臨むバイデン政権の副大統領をこう紹介した。

「初のアフリカ系、アジア系、そして初の女性の副大統領のカマラ・ハリスを祝福します」

アフリカ系と共に「アジア系」という文言が入ったことは、小さいようで大きな進歩だった。ハリスがインド系移民一世の娘でもあることが、黒人社会に動揺を与えていたからだ。

かつてバラク・オバマにかけられたのと同じ嫌疑、すなわち「十分に黒人か（ブラック・イナフ）」という問いが一部黒人社会では首をもたげた。筆者はバイデン政権がこの「マルチレイシャル（多人種）」問題をどう扱うのか固唾を飲んで見守ってきた。オバマは母親が白人だった。黒人の血が一滴でも入ると白人に見做《みな》されることはない。オバマは青年期まではハワイとインドネシアで「無人種」的な感覚で過ごし、大学進学で本土に移ってからは「黒人」に覚醒していった。

だが、両親が共にマイノリティのハリスは、両親の人種ルーツに平等に価値を見出《みいだ》してきたことが窺える。連邦議会が刊行する『アジア系政治家名鑑』にはアジア系として登録している。アジア系の政治関係者に流通している刊行物で、アジア系献金筋やロビイストには仲間意識を与える一方で、黒人や一般有権者の目には触れない。だからこそハリス事務所は掲載を許していた。ハリスはアジア系の間では紛れもなく「インド系の上院議員」だったのだ。

実際、ハリスはインド系の母親に育てられた。ジャマイカ系の父親と母はハリスが七歳で離婚し、ハリスと妹は母親に引き取られている。食べ物から習慣まで、(多分にアメリカナイズされていても)インド系の環境で育った。少なくとも典型的な黒人料理ではない(これはオバマも同じで、家庭の味がソウルフードになったのは結婚以降で、それまで黒人との同居経験がない)。

また、ハリスの父方のカリブ海系のルーツも黒人社会では微妙な問題をはらむ。アメリカの黒人社会には独特の「主流」「亜流」定義がある。今でこそジャマイカ系にはコリン・パウエル元国務長官など著名人も多いが、奴隷制や公民権運動をめぐる共有体験の濃度では、彼らは南部黒人奴隷の子孫とは異質とされる。近年増加するアフリカからの自由移民も、白人とアメリカ黒人の双方から疎外される「二重の差別」を受けてきた。

それでもハリスの「人種」が二〇二〇年大統領選まで問題視されなかったのには以下の複数の理由が介在している。

第一に「黒人大学」のハワード大学に進んだこと、第二にカリフォルニア州というアジア系の多い多文化的地域を地盤としていたこと、第三にジェンダー(女性)という別の重要なマイノリティ記号の前景化、第四に外見上は褐色でさほど黒人として違和感がなかったことだ。

外見は「名指し」を支配し、「名乗り」にも影響を与える。顔の造形で多人種ルーツが周囲に推測されれば、本人にも異なるアイデンティティが形成される。ハリスの場合、一〇年以上の長い付き合いの黒人の仲間が誰も彼女のアジア系のルーツを想像しなかったという。カメレオン的に属性の違う友人ごとに違う顔を見せてきたのはオバマとも共通する処世術である。

単一の属性を選ぶことへのプレッシャー

アメリカでは、人種、民族など属性ごとの分断を彼ら自身が自ら強める歴史が繰り返されてきた。ハリスはオバマと同様、そうしたなかでは属性横断的な異端の存在だ。ハリスの夫はユダヤ系の白人であり、黒人社会に根強い同人種間の結婚の慣習にもとらわれなかった。その意味では、アジア人や白人との恋愛を繰り返しながらも、ミシェルを選び「黒人家族」を営むことにしたオバマと違う。

筆者と共同研究歴のある黒人政治学者は「白人の女性を家に連れてきてはいけない」と母親に躾《しつ》けられたと述懐する。「母はどんな女性でもいいと言っていたのに、白人だけは別で、黒人が白人に何をされたか忘れてはいけないと繰り返していた」という。ジム・クロウ法の時代ではなく、一九九〇年代から二〇〇〇年代にかけての逸話だ。白人が混血を差別したことで、彼らは黒人側に包摂された。すべてに優先する属性としての

「血の一滴」の原則は、黒人自身のプライドとも共鳴したのだ。

異人種と結婚すると子どもは多人種になる。アメリカではこれが意外に厄介だ。双方から仲間と認めてもらえない「二重差別」の温床になる。ハリスも「十分に南アジア系ではない」「十分に黒人ではない」との不満の声を浴びせられた。オバマはしっかり「黒人になる」ことだけに集中すれば済んだが、ハリスは二つの集団を満足させる重荷を背負ったのだ。

多民族社会アメリカではどれか一つの属性に属さないといけない。国籍の下にもう一層「看板」が必要になる。白人アングロサクソン系のワスプには「看板」が不要でも、マイノリティであれば「アメリカ人」だけでは済まない。本書で示したハワイのような例外はあるが、本土では西海岸でもニューヨークでもそれは許されない。エスニックな多様性が強い都市ほど「何系なのか」を常に問う。

政治家ハリスが公式に黒人アイデンティティを優先することに不満を持つアジア系は少なくない。インド系ジャーナリスト、ニーシャ・チタルもその一人である。両親は一九八〇年代に移民しシカゴで育った二世のチタルは「黒人か南アジア系を二者択一で選ぶ必要はない」とした上で、本質的な問題は「アメリカ社会がいまだにマルチレイシャルの人をどう扱っていいかわからないことにある」と言う。

国勢調査に基づく予測では、アメリカでは現在約七％の多人種ルーツの市民が二〇六〇年までに三倍になる。だが、それ自体は単一属性を自明視する社会的な「名指し圧力」からの解放を少しも約束しない。

アメリカ社会は多様である。しかし、社会全体が多様であることは、その社会の構成員が多様性に寛容であることや、他の属性に詳しいことまで保証するものではない。寛容さを持ち合わせていても、他の属性への関心や理解まで兼ね備えているわけではない。

エスニック集団別の集票戦略にニューヨークで携わった際に驚愕《きようがく》したのは、徹底した蛸壺《たこつぼ》性だった。黒人のことは黒人にしかわからない、アジア系のことはアジア系に任せる。寛容さは持ちつつも、首を突っ込んではいけない。

アメリカの選挙運動に関しては、政治学者による数々の選挙実験で、対象の有権者と人種やエスニシティが同じ運動員による動員・説得活動が効果的であることが実証されている。有権者と接しない陣営本部内のスタッフですら、黒人部門に黒人以外が関与するのはご法度だった。

アジア系の場合、困るのは「アジア太平洋諸島系」が単なる国勢調査区分でしかないことだ。言語も宗教も異なる集団を仮想的に一つにまとめている。しかもアメリカ国内で地域特性が激しく、「主流」から「亜流」は見えにくい。

オバマは離島から「主流」に混ざったが、いつしか「説明してもどうせわかってくれない」と感じるようになった。シカゴや黒人社会でハワイのことを語っている形跡がない。共有しているのはミシェルだけだ。そのミシェルもインドネシアについてはお手上げだ。文化的にはインドネシアに同化していたオバマの母親とミシェルの間にはわずかな邂逅《かいこう》しかなかった。

「部族主義」という名の選挙の副作用

バラク・オバマが大統領選挙で勝利したとき、まるでアメリカの人種問題が終わったかのような楽観論も飛び交った。だが、アメリカの人種問題は少しも解決していない。そもそもオバマは人種問題を避けてきた。オバマが目指した人種問題の解決の仕方は「人種を論じない」アプローチだったからだ。それは彼の独特の生い立ちがそうさせた部分と、政治戦術的に周囲がそう強いた面の二つがある。

選挙参謀たちはオバマに人種を語らないように指導した。白人の支持を得ることが黒人候補として勝利の要になる選挙だったからだ。

全米向けの「語り」のなかでは、アフリカ系としての人種を相当に抑制した。いわゆる「脱人種」戦略である。オバマ陣営は、アフリカ系に限定されない幅広い支持層に受け入れられるために、全国向けメディアの演説やテレビCMでは人種色を排除し、マイノリティ層をつなぎ止めるために、特定の有権者集団だけにメッセージを伝えられる戸別訪問による広報物配布などの草の根の回路では人種を強調した。

広報物は州別に人種の強調点を使い分けたデザインにされた。白人州のアイオワではオバマが白人の祖父母に育てられた「白人の子」であることを示すために、オバマの祖父母を表紙に用いてミシェル夫人を載せなかった。他方、サウスカロライナやオハイオの黒人街の限定配布広報物では、オバマが一〇代のシングルマザーに育てられた（貧しい黒人の共感を呼ぶ）ことや、黒人初の『ハーヴァード・ロー・レビュー』編集長であることを記し、夫人と娘二人との写真を載せて白人やアジアの匂いをぼかした。中西部で黒人ゲットーの住民運動育成に尽くした「物語」が強調された（第6章写真参照）。

オバマ政権の問題は政権発足後もこの人種ニュートラル戦略を貫いたことだった。二年ごとに連邦レベルの選挙があることは、アメリカのデモクラシーの根幹ではある。そのたびに人種・エスニシティ、信仰、セクシャリティ別にアウトリーチを繰り返してきたことは、非主流のマイノリティを政治参加に巻き込んでいく意味で民主化に大きな貢献をした。しかし、集団ごとに壁を作る「部族主義（tribalism）」を固定化する副作用を伴った。オバマ政権の元黒人高官は「部族主義」の問題について政権終了間際、トランプ政権の幕開け前に次のように筆者に語っていた。

「黒人やラティーノが候補者ならば彼ら（少数派有権者）は投票に行く。だが、オバマが候補者ではないと途端に投票しない。こうした態度はレイシストを利するだけだ。我々は部族主義の犠牲者だ。この部族主義をどう払拭するかに対してあまりに関心がなさすぎる。黒人は二〇一六年に共和党の嘘《うそ》を信じた。それはヒラリーもトランプも違いはなく、共和党も民主党も違いはないという嘘だ。黒人が候補者でないのならば、もう投票する意味はないと考えた。黒人をこういう思考にさせてしまったのは民主党の戦略的な過ちだ。民主党はこの代償を抱えていかねばならない。一万いや一〇万以上の黒人がトランプ政権下で虐げられるだろう」

一連のトランプ政権下における人種ヘイト事件への予見も含んでいたが、問題は民主党がトランプ批判に忙しく、マイノリティ内部の問題には目を向けなかったことだ。選挙における属性別集票の最大の副作用の一つと言える。

固定化要因のもう一つは、他の「部族」に対して無知なまま過剰な「政治的正しさ」だけを追求する傾向だ。「政治的に不適切」と思われたくないために、とりあえずダイバーシティを尊重しておくという棚上げ的な姿勢がリベラルでは定着した。他の「部族」に詳しくなる「部族」間の相互交流を臆病にさせている。

ＬＧＢＴＱについて、メキシコ系について、外国人によるイノセントな質問は文脈次第では許されても、アメリカ人同士ではそれは政治的に致命的だ。お互いに無知なまま、別属性の集団の併存だけを形式的に尊重する行為が「部族主義」を深めた。

アメリカは多民族国家である以上に、最大の「移民」国家である。世界中に別のルーツを持つ者が集まる土地では「統合」の理念も必要だ。そこでは異なる集団の背景への過剰な関心や自己ルーツの誇示は「統合」の阻害要因にもなる。しかし、同じ「部族」にしか関心を持たない、評価しない、投票しない、という政治的な反射神経は、アメリカの視野をますます狭くする。

黒人が奴隷制以来舐《な》めてきた辛酸は凄惨《せいさん》だ。「移民国家」で先住民と黒人奴隷は例外的存在であり、アファーマティブ・アクションの含意も違う。しかし、アメリカの関心を内向きに収斂させることは看過されるべきなのか。オバマの悩みもここにあった。

むしろ黒人と公民権活動家こそ、自由と人権の価値を誰よりも知り、共感の連帯を主導できる存在ではないか。二〇一九年一二月、ある黒人政治関係者は筆者との対話で香港のデモへの強い共感を吐露していた。

「あの香港の子たち高校生だって？　香港のデモをテレビで見ていると黒人の公民権運動を思い起こさせられる。自分の母も運動で逮捕され続けた。それでも立ち向かうのは政治的にリスクがある。生活もおかしくなる。しかし、母親の逮捕がなければ自由は達成できなかった」

ＢＬＭの新世代と「ハパ」のホワイトハウス

「オバマ後」の黒人の新世代の若手は、黒人運動によって「部族主義」を自己改革している。旧世代黒人は敬虔なキリスト教徒で、同性婚に拒絶感があった。黒人層は総じて社会争点では極めて保守的で、白人や保守派と信仰ではむしろ結びついていた。だが、ＳＮＳ時代の新世代は同世代の白人や異人種との人種横断的な交流を深めている。

ＢＬＭ運動創設者の三名の黒人女性のうち二名がクィア（性的少数派）を公言している。ＢＬＭは古い意味での黒人運動ではない。創設者は労働運動にも関与していて、関心事は狭義の黒人の公民権ではない。

バーニー・サンダースは人種を区別せず、これが旧世代の黒人には面白くなかった。しかし、特別視しないことは軽視ではなく、むしろ経済的窮境にある黒人を具体的に救う情熱の表れだと解釈した黒人若年層が共鳴し、サンダース支持にも流れた。

新世代の黒人が共感性を人種横断で拡大することは、黒人の伝統を揺るがしかねない地殻変動だ。ＬＧＢＴＱは「名指し」よりも「名乗り」を重視した、「選ぶものとしてのアイデンティティ」であり、運命的かつ外見的な「名指し」に依拠した人種アイデンティティの再検討に繫《つな》がるからだ。

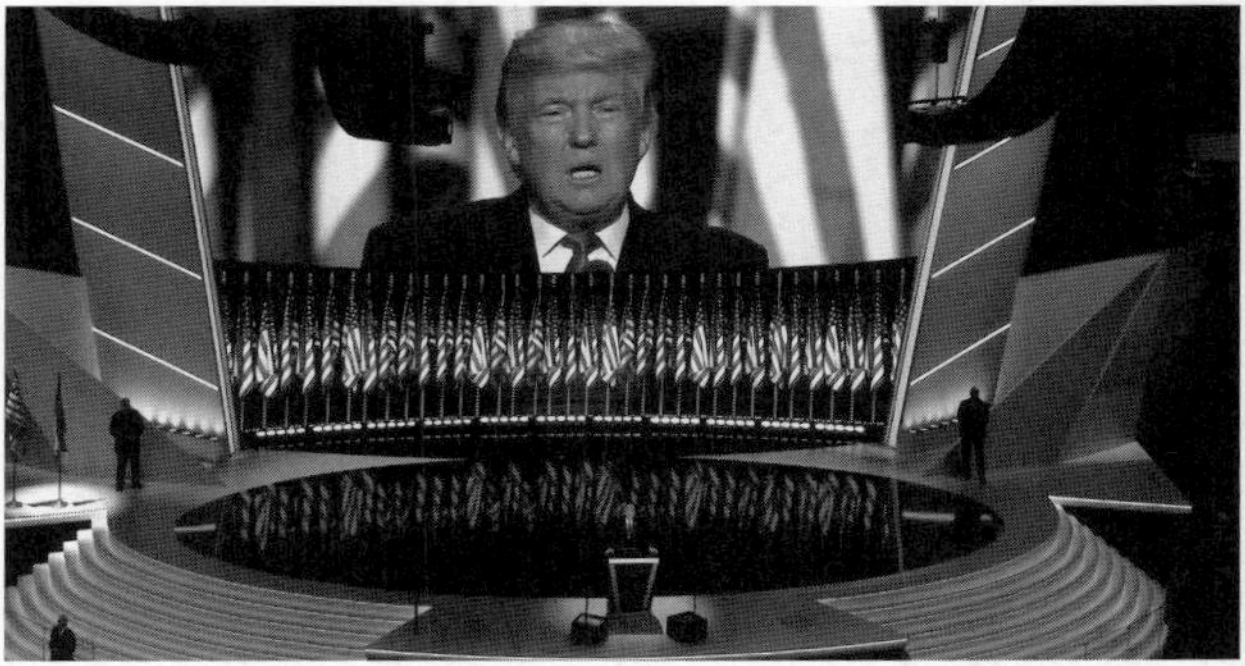

2016年共和党大会で演説するドナルド・トランプ。(著者撮影 2016年)

バーニー・サンダース上院議員。
アイオワ州アイオワシティにて。
(著者撮影 2015年)

BLMデモ風景　2020年6月ニューヨーク、LGBTQの権利運動と黒人の人種運動が融合した。(©gettyimages)

カマラ・ハリス(左)とジョー・バイデン。(サービス従業員国際組合[SEIU]制作の陣営応援広告、2020年YouTube動画より)

アメリカのエスニックをめぐる「部族主義」が一枚でも二枚でも脱皮できるとき、オバマ的な存在の意味が理解されるのかもしれない。そのときまでオバマは引き続き猫を被《かぶ》り続けて、「アメリカ黒人」として振る舞うだろう。オバマは白人家庭に育った子にして文化的にはアジア太平洋で、自ら貧困地域での活動や結婚を通して「黒人」になった。それこそ肌の色なんてたまたまのことでしかない。社会は肌の色で「名指し」することをやめないだろうが、それに従い「名乗り」の選択の多様性に歯止めをかける社会であれば、アメリカの多様性は窮屈な「部族主義」の代名詞でしかなくなる。

だが、オバマの人生はある時期からひたすら「どうしたらアメリカ黒人になれるか」もがく人生だった。オバマ本来の複雑さをオバマ自身がどれだけ誇りに思っても周囲はそう捉えない。だからこそオバマは属性を一つ選ぶことにした。

また、アメリカ社会で真に影響力を持つために、既存の縦割り属性内で認めてもらう必要性もあった。多民族社会アメリカに「どの属性にも当てはまらない」という属性が存在しない窮屈さを意味しているが、組織的には属性の認証がなければ、政治的に力を持つことはできない。精神的にも、どこかの属性の仲間にならなければ、心から受け入れられる心の安らぎを得られない。

『オバマを読む』の著者ジェイムズ・クロッペンバーグは記す。「世界のほとんどの場所で、バラク・オバマは、混合人種だとみなされている。アメリカでは、彼は、黒人であり、そして、その単純な事実と、それが含意するすべての事態の結果として、他者が彼に帰属させたり押しつけたりしているあらゆることから逃れられない」

だから、オバマはアメリカの「黒人初」の大統領になったし、回顧録が政権記録としては「正史」にあたる。しかし、私人オバマとしての前半生は、筆者が本書で跡付けたように複雑な物語に満ちている。言い換えれば「アメリカからはみ出す」ことをめぐるマイノリティの息苦しさだ。

選挙戦略上の「多様性の政治」は、既存のカテゴリーの縦割り強化の上塗りに陥り、垣根を越境するカテゴリー横断的な性質を持つ人間の本来の個性を否定する。哲学者で黒人研究を専門にするロナルド・サンドストロムが警鐘を鳴らすように、逆説的に「内なる排外主義」につながりかねない。サンドストロムは自身も黒人、フィリピン系、白人の多人種ルーツを持ち、「周囲の期待が負担」だったと述べる。サンドストロムは、「十分に黒人か」という審査は「彼らは十分にXではないので、彼らはアメリカ人ではない」というゼノフォビア（外国人排斥主義）に転じていると警告する。

オバマが象徴する人種問題とは、この縦割りカテゴリーの「建前の多様性」の偽善と矛盾のことであり、白人至上主義や人種差別の超克の問題だけに収まらない。

それをほんの少しだけであるが、ハリス時代の黒人の新世代は前進させた。初の女性副大統領の人種属性を「黒人」だけに固定化せず、「南アジア系」との融合を認めたのである。無論、すべての多文化性が受け入れられたわけではない。

アメリカの岩盤ともいえる「ガラスの天井」としての壁は人種ではなく宗教にある。ムスリムあるいは無神論者の大統領が誕生したら、それはもはやアメリカではないと考える保守的な市民もいる。漸進的な変化はある。オバマもトランプも信仰には敬虔ではなかった。オバマは組織的宗教の社会的な必要性を認めながらも個人の信仰には醒《さ》めた目線をもっていた。また、トランプにとってのキリスト教は票田だった。

アメリカ特有の「癖」に、アメリカ国内の移民社会の延長で海外を理解する思考がある。公民権に敏感な民主党やリベラル派に顕著で、逆に農村の保守派は新移民との接触機会が少ないので移民と外国が意識上は断絶しがちだ（しばしば排外主義の根にもなる）。「部族主義」の弊害だ。

白人や他の先行移民に対抗するためにアジア系は「アジア太平洋諸島系」という国勢調査上の架空のエスニシティを政治的にはあてがわれた。本当は中華系一つとっても複雑であるし、チャイナタウンの性質も地域で違う。広東語、北京語、台湾語（閩南《びんなん》語）と家庭使用言語も異なる。だが、アメリカ社会全体では「アジア系」という集合的属性を尊重しても、出身地別の慣習の微妙な差異にまで親しむことは稀《まれ》だ。

真のダイバーシティには、白人・男性・キリスト教徒とそうでない層との均衡だけでなく、マイノリティの中での多様性も鍵になる。オバマはそこまで一足飛びに超越しようとして空回りに終わった。

ホワイトハウスの住人になった「黒人」が二名続けて、バイレイシャル、ハワイで言う「ハパ」だったことは偶然だろうか。ピュアなアメリカ黒人は白人に脅威を与えるからか。それとも複数の異文化を内に秘めた政治家は、「名指し」と「名乗り」に敏感だから、自己ブランディングや演説に得意になるからか。運命的に黒人になった人物と違って、自らで摑みとった「名乗り」の「黒人性」への覚悟は、宿命としての政治への責任感をより焚《た》きつけるのかもしれない。

オバマとハリスのホワイトハウス入りをもってしても、真の黒人大統領・副大統領いまだ誕生せずと考える黒人はいる。だが、古い意味での「真の黒人」を飛び越えて、多人種系の黒人が代表に選ばれたことの価値をむしろ嚙《か》み締めてみたい。

「血の一滴」が入っていれば、黒人側を選ぶ選択肢しかないし、公民権運動を支持したジョンソン政権以降、黒人の民主党支持は自動化されている。仮に、黒人とのマルチレイシャルなのに黒人属性を単一で名乗らず、それでも「脱人種」的ではなく人種差別と先頭で闘う候補が現れたとして、その人物をマイノリティの有権者が率先して抱擁したら、そのときこそアメリカの人種問題は次の出口に到達するに違いない。

文庫版あとがき

本書は『評伝　バラク・オバマ　「越境」する大統領（*An American President with Asian-Pacific Roots*）』の増補・文庫版である。オバマの回顧録『約束の地』と本書第4章のサブタイトルが一部重複したのは偶然だ。章タイトルには手を加えていない。

オバマとの縁は、私が一九九九年に在籍していたシカゴ選出の連邦下院議員事務所に遡る。議員がかつての州議会のオバマの先輩で、夫もオーガナイザーの先輩格だった。黒人選対幹部だった同議員の元スタッフのオバマ政権入りが続々と内定するなか、ある黒人の同僚から「外国人の客観的な目線でまとめたらどうか」と提案を受け、当初は政権移行事務局と大統領との単独会見の調整から企画が始動した。

しかし、言うまでもないが、いったん就任が確定し大統領になればもはや発言の自由は少ない。そこでオバマの前半生や人格形成に影響を与えた恩師や親友の生の言葉から、人物像を浮き彫りにする方向に切り替えた。

調査行脚はスリリングだった。オバマに関する言説は洪水のように溢《あふ》れていたが、取材で見聞したことは、アメリカ国内で語られている「初の黒人大統領」のオバマ像を多方面から覆すものであった。驚かされたのは、ハワイとインドネシアが人格形成の礎だったことだ。

ワシントンのオバマの元同僚議員らの助言にしたがい、ハーヴァード大学の教授陣に話を聞いた。するとオバマの原点はボストンではなくシカゴだと言う。なるほどロースクールへの推薦状を書いたのはオーガナイザーの上司だった。しかし、オーガナイザー達は口を揃《そろ》えてニューヨークに行けと言う。オバマの情熱の基本は社会活動にはなかったというのだ。ニューヨーク時代のコアな仲間は、ロサンゼルス郊外のカレッジから編入した有志達だった。彼らは「バリー」の原点はハワイだと言う。それからは太平洋に取材拠点が広がった。拙著執筆の過程でハワイには通算で七回取材に通った。

アメリカのメディアや黒人社会では語られないオバマの少年期・青年期の実像は日本人の私を激しくインスパイアした。オバマ親子の原点を身体《からだ》で感じる営みは刊行後も続いた。オバマの母の人類学者仲間らとはガムランの演奏に挑戦して練習に参加した。毎年ハワイに通って、プナホ同窓会では「名誉同期」としてバザーの屋台厨房《ちゆうぼう》で調理師もした。同校の日本人教師が拙著第2章だけ英訳して教科書にもしてくれた。本書の「逆英訳」だったので発言部分の英語は決して正確ではなかったが嬉《うれ》しかった。

ハワイでは「地雷」も踏んだ。二〇一六年に他界したハワイの伝説的ラジオＤＪのロン・ジェイコブスが地元で「オバマ写真集」を出していたので取材したのだ。ところが彼はオバマの妹が好意で提供した家族写真を大量に無許可掲載し、妹にストーキングするなどオバマ家の警戒人物になっていた。二〇〇九年当時、すでに精神的に不安定だった氏は、オアフ島東の自宅兼スタジオを訪れた私を突然「監禁」し、取材成果を吐き出すよう迫った。「危険人物」の彼に近づいたことが伝わり、オバマ周辺の信頼回復に苦労した時期もあった。後に同氏のスタジオが不審火で燃える奇怪な事件もあった。

大学時代のオバマのルームメイトには少なからずムスリムがいたが、彼らの多くは取材拒否か匿名を希望した。コロンビア大学時代のルームメイトのパキスタン人はシアトルに居場所を突き止め、インタビュー予約も取れていたのに突然行方をくらました。中東からの留学生の友人への取材も首尾よく進まなかった。なにかに怯《おび》えている元友人もいた。法外な値でオバマとのスナップを売り付けたがる元悪友もいたし、私の話を人伝《ひとづて》に聞きつけ、売り込んでくる「元知り合い」もあとを絶たなかった。だが、第三者への裏取りができない真偽不明の情報提供はご遠慮願った。

他方で日本人著者であることの恩恵にもあずかった。「アメリカの本土の白人の記者には言っても理解してもらえないが、日本人のあなたならわかってくれるはずだ」と受け入れてくれた人々の中には、ジャカルタ在住のオバマの従兄弟《いとこ》もいた。従兄弟同士の電子メールの裏話のほか、秘蔵の家族写真もこっそり提供してくれた。ジョグジャカルタで撮影された継父一族とのスナップは、当時は海外メディアも未入手のスクープ写真だった。「来週アメリカ人記者が来てしまう。先に日本人のあなたに一番に」と言っては、欧米の記者たちの動きを頼んでいないのに逐一教えてくる「応援団」もいた。

インドネシアではオバマの母アン・ダナムの取材で『ニューヨーカー』のデイビッド・レムニック、『ニューヨークタイムズ』のジャニー・スコットらアメリカの評伝著者と競った。ライバル同士の見えない緊張感がそこにはあり、サークル内で唯一のアジア人の私がどこまで何を嗅ぎ回っているのかに彼らは興味津々だった。オバマ退任後に分厚い評伝を出した歴史家のデイビッド・ガロウからは、私のインタビュー記録を譲ってほしいという虫の良すぎる嘆願もあった。

一貫して気を遣ったのはアメリカ政治に余計な影響を与えないことだった。民主党にも共和党にも肩入れしない中立性を保つ必要から、政権の関係者との取材録の共有も拒んだ。初動の取材依頼は手紙の郵送というアナログな方法で行った。テレコ二台でテープ録音し、電子媒体を介さずカセットのままで、協力者のアメリカ人と二人で全文文字起こしした。元連邦議会の速記官で信頼できる人物で、何より政治用語に熟達していた。彼を企画のパートナーに選んだのは、口が堅いだけでなく支持政党のない無党派だったからだ。

ワシントン近郊で合流場所を転々と変え、車の中でテープの交換をした。スパイ映画のようでさすがに大袈裟《おおげさ》すぎないかと思ったが、当時はまだオバマの「過去」は共和党だけでなく海外勢力の関心事だった。話者の気分が乗って機微に触れる話が出ても、許可がない部分はお蔵入りとした。だが、オフレコ情報も背景描写に役立てた。『評伝』の英語版を断念したのは、取材源の多くが日本語の本だから応じてくれたことに加え、オバマが「アメリカ人」の枠に収まらない人物であることは我々には興味深くても、黒人社会では誤解を招く可能性があったからだ。オバマ政権への「妨害」は本意ではなく、英語版公刊を断念して海外での学会発表も自粛した。

だがトランプ政権下にあっても寡黙なオバマを眺めつつ、アメリカの人種論が停滞する危惧も抱くようになっていた私は、出版一〇周年の節目に封印を一部解いた。折しも台湾国立政治大学とハーヴァード大学で在外研究中でもあり、日本のアメリカ学会を皮切りに、ホノルルで開催されたアメリカ研究学会（American Studies Association）総会でも拙著のオバマ論を投げかけた。黒人研究者やアフリカ系研究の専門家からの挑戦も覚悟したが、ハーヴァードでも思いのほか好意的に受け止められた。

台湾国立政治大学の在職中は、同大で副教授を務める藍適齊博士のゼミでオバマ論を講じた。藍博士とはシカゴ大学で机を並べた二〇年来の仲だ。トランプ人気が最高潮の中での挑戦だった。香港では民主派がトランプ政権に向けて星条旗を振っていた。台湾でも同行調査した蔡英文総統の再選選挙、不定期寄稿していた現地新聞のコラムへの反響など、節々でトランプ期待の高さを実感した。中国の脅威に直面する東アジアでは、オバマ評価は底辺に落ち込んでいた。

そんななか、印象深かったのはある台湾人の学生の「オバマは台湾だ」という感想だった。歴史の節々で原住民（先住民）、オランダ、日本、福建省、大陸各地の文化、多様な言語が織りなす「多面体」の台湾は、切り口で多様な顔を見せる。政権には必ずしも共感しないが、人間オバマと人種問題のことを深く知りたいと意外な反響があった。

外国人研究者としてアメリカに接してきた私が、オバマに妙な親近感と共に哀《かな》しみの感情を抱くのは、彼が何を黙ることにしているかわかる気がするからだ。彼は今でも「アウトサイダー」のままだ。それは私がアメリカ政治を専門とする政治学者としては随分と回り道をしたことと関係しているかもしれない。

アメリカはラジオのFENやメディアの中の存在で、体験的異文化の原点はオーストラリアだった。高校時代の研修で訪れたシドニーの現地校でできた豪州の友人と、帰国後八年近くも文通が続いた。電子メール浸透前の五年は手書きだった。イタリア系カトリックで宗教をめぐる議論もした。大学では交換学生として豪州の大学に研修に行き、日本に交換学生を受け入れた。そのころまでの私の海外の友人は九割が豪州人《オージー》だった。

豪州の対米観はねじれている。外交上の米豪同盟とは裏腹に市民レベルでは反米気質が強い。私がアメリカの大学院を選んだとき、豪州の親友達は「どうしてヤンキーの国なんかに行くのか」と悲しんだ。アメリカをどこか突き放して見られるのは、私がアメリカ育ちではなく豪州という太平洋の層を挟んで二〇代になってからアメリカに住み始めたことに由来しているかもしれない。だからなんとなくオバマの心情がわかる。

ユダヤ系との交流もシカゴより遥か前、インド洋岸パースのホームステイ先のユダヤ系夫妻宅だった。日本に招くほど親しくなったのは香港人留学生と現地の中華系移民だった。シカゴ大学の台湾人社会、ニューヨークでのアジア系有権者と中文メディアとの広報の仕事での濃密な付き合いを経て、繁体字から中国語を知った。

テレビ局での外交記者としての担当もアメリカではなくアジアだった。時期柄、北朝鮮が取材の大半だったが平壌からイスラマバードまでをカバーした。短期駐在した北京支局時代に覚えた、支局のまかないの中国人のおばさんの手製の炸醤麺の味を再現しようと四苦八苦したが、いまだに実現できない。後に本書で関係するインドネシアの地を先に踏んだのはスマトラ沖地震の取材だった。

それらの「古層」の間や上に学術専門としてのアメリカ政治がある。アメリカの移民社会やアジア系を観察するとき、参照として「古層」がふと掘り起こされることがある。北海道大学の私の研究室に集まる学生や、学位授与まで論文の面倒をみた大学院生は過半数が中国人や台湾人だが、ある種オバマ的なハイブリッドの視点がアメリカ研究者としては独特だと思われたからかもしれない。

そもそも、外国人がオバマ論を記すことに意義があるのかという自問自答もあった。私が日本語版の監訳と解説を担当した伝記『ミシェル・オバマ』の著者でもある、『ワシントンポスト』記者ライザ・マンディは「オバマについて表面的な情報は出尽くしているが、それらの解釈はアメリカでも手つかずの領域。また、アジアからの視点による分析は不在だ」として、本書の意義を強調して背中を押してくれた。

シカゴやワシントンに土産話を持ち帰り、写真を見せるたびに、民主党の政界インサイダーは目を丸くして耳を傾けてくれた。旧知のシカゴ大学教授陣はオバマの故郷の太平洋に対し、またハワイやインドネシアの学友諸氏は、オバマの政治と教育の基盤である「サウスサイド」に対し、多大な興味を示した。インタビュアーが逆転することもしばしばであり、学び教え合う取材の旅だった。本書はすべてのインタビュー協力者と一緒に作り上げた「共同作品」だと思っている。

オバマを知る当事者たちの反応は実に意外だった。違う時代のオバマが違う時代の友のなかに別々に存在したが、疎遠化した旧友は白人や外国人が多かった。恋愛関係にあった者もいる。「彼は傲慢なエリートになった」と寂しそうな旧友もいた。「十分に黒人《ブラック・イナフ》な政治家」を目指した苦悩を伝えると、六〇歳を過ぎた元親友は感謝してくれた。「あなたの説明で今頃彼がわかりました。アメリカには礼讃《らいさん》かバーサー論か二極のオバマ論しかない。外国からの視点に教えられました」。オバマ退任後のことだ。

巻末に示した本書に登場する人物以外にも、職務的、また私的理由への配慮から名前を出せない人を含め、総勢八〇人を超える関係者がインタビューに協力してくれた。

二〇一一年秋にハワイ日本文化センターでヤノ教授が主催したオバマ・シンポジウムには、オバマの妹のマヤ・スートロ・イン博士と共演で登壇させてもらった。別のオバマ家の関係者が取材過程で心のこもった激励をしてくれたことにも深い感銘を受けた。またホワイトハウスや国務省などオバマ政権の関係者にもあわせて謝意を示したい。本書はオバマ政権が公に協力したものではない。一切の責任は取材、執筆した私にある。

しかし、政権関係者としてではなく、一個人として激励やアドバイスをくれた方々には、その善意に御礼《おれい》を申し上げたい。現職の関係者を中心に、御名前や発言の引用をそのまま使用することができない制約もあったことを謝らなければならないが、それだけに見えない果実からも濃縮して搾りとられたエキスが入っていると感じてもらえれば幸甚だ。

また、オバマの二篇《へん》の詩の試訳をはじめ、本文でのインタビューと引用文献はすべて筆者の独自訳によるものである。不適切な箇所があれば厳しくご指摘いただきたい。

インタビューやリサーチを手助けしてくれた方々にも感謝したい。『Dreams From My Father』のインドネシア翻訳版担当、ミザン出版のパンゲストゥ・ニングシー氏には、インドネシア取材でおおいに助けられた。ホノルルの元アカカ上院議員報道官のトンプソン氏、とりわけニッキ夫人の協力なくして、ハワイでの数々のインタビューは実現していない。プナホ・スクール、オクシデンタル・カレッジ、また種々の協力を頂戴したシカゴ大学と同大学ブルース・カミングス教授にも深く御礼を申し上げたい。数多くの貴重な個人写真をご提供いただいた関係者の皆様にも感謝したい。

そして何より、シャコウスキー議員夫妻に感謝したい。かつての事務所の仲間は、企画の段階からアドバイスを惜しみなく与えてくれ、ときには奔走してくれた。ペローシ下院議長のナディーム・エルサミ元首席補佐官、ホワイトハウス西棟の執務室で、似た質問を何度もする理解力の乏しい浅学の日本人と政治談義に興じてくれたジョン・サミユエルズ元議会担当首席補佐官、ベン・ラボルト元副報道官にとりわけ感謝したい。

本書は、二〇〇九年当時の集英社学芸編集部の服部秀氏、菊池治男氏、吉村遙氏、佐藤絵利氏による熱意とご理解なくしては実現していない。当時の装丁では有山達也氏と岩渕恵子氏の尽力も得た。文庫版の刊行は集英社文庫編集部の田島悠氏の努力の賜物である。装丁ではブッダプロダクションズの斉藤啓氏にお世話になった。みすず書房の三村純氏にも感謝したい。なお、増補章は『現代思想』二〇二〇年一〇月臨時増刊、『ひらく』第五号（二〇二一年）などに寄稿した文章を大幅に加筆改稿したものである。

本書を手にとって下さったすべての読者の皆様に心より御礼を申し上げたい。

二〇二一年初夏　渡辺将人

Kay Ikranagara —— Ikranagara夫人、言語学者

Lisa E. Jack —— オーガスバーグ・カレッジ心理学部教授

William Kaneko —— 弁護士、ハワイ公共政策インスティチュート代表、元民主党全国委員会

Alexia Kelley —— 元民主党全国委員会宗教アウトリーチ局長

Gerald Kellman —— ガマリエル協会、コミュニティ・オーガナイザー

David T. Kindler —— DTキンドラーコミュニケーションズ代表、元コミュニティ・オーガナイザー

Ati Kisjanto —— メナラAXIS、コミュニケーションマネージャー

Mike Kruglik —— ガマリエル協会、コミュニティ・オーガナイザー

Eric Kusunoki —— プナホ・スクール教諭

Bethany A. Lampland —— 弁護士、デカートLLP

Kimberly Lightford —— イリノイ州議会上院議員

Mike Lux —— 元クリントン大統領補佐官

Martha Matsuoka —— オクシデンタル・カレッジ都市環境政策学部助教授

John McGlynn —— インドネシア語翻訳家、出版社共同経営者

John McKnight —— ノースウェスタン大学政策調査研究所教授、元コミュニティ・オーガナイザー

Margot Mifflin —— ニューヨーク市立大学ジャーナリズム大学院教授、ジャーナリスト

Abner Mikva —— 元連邦控訴裁判所裁判長、シカゴ大学ロースクール客員教授

Martha Minow —— ハーヴァード大学ロースクール教授

Eric B. Moore —— トランスウエスターン上級バイスプレジデント

Charles Ogletree —— ハーヴァード大学ロースクール教授

Simon Rosenberg —— NDN代表、元ビル・クリントン大統領選挙陣営

Bettylu K. Saltzman —— 政治活動家、元ポール・サイモン連邦上院議員補佐官

インタビューリスト（抜粋）

Lenny Yajima Andrew —— ハワイ日本文化センター専務理事
Dewi Asmara —— インドネシア　ゴルカル党国会議員
Douglas Baird —— シカゴ大学ロースクール教授
Roger Boesche —— オクシデンタル・カレッジ政治学部教授
Phil Boerner —— カリフォルニア獣医協会広報部長、広報誌編集長
Robert S. Boynton —— ニューヨーク大学ジャーナリズム大学院教授、ジャーナリスト
Caroline Grauman-Boss —— インターペラゴ社、教師
Larry Caldwell —— オクシデンタル・カレッジ政治学部教授
Robert Creamer —— 民主党全国委員会コンサルタント
Nancy I. Cooper —— ハワイ大学マノア校人類学部客員教授
Rully Dassaad —— 写真家
Alice Dewey —— ハワイ大学マノア校人類学部名誉教授
Pak Effendi —— 元インドネシア国立メンテン第一ベスキ小学校教諭
Mrs. Effendi —— Effendi夫人
Nadeam Elsami —— 民主党ナンシー・ペローシ下院議長首席補佐官
Bernard Fulton —— ブルームバーグニューヨーク市長立法補佐官
Kelli Furushima —— エグゼクティブ・シェフ・ホノルル、ゼネラル・マネージャー
Peter Giangreco —— 選挙コンサルタント、元オバマ陣営上級コンサルタント
Thomas Grauman —— ソフトウェアデザイナー、セイリッシュ海サイエンシーズ共同設立者
Larry Grisolano —— 選挙コンサルタント、元オバマ陣営上級コンサルタント
Mazie Hirono —— アメリカ連邦下院議員（民主党、ハワイ州選出）
Anne Howells —— 元オクシデンタル・カレッジ英文学比較文学部教授
Louis Hook —— ICHテクノロジーパートナーズCEO
Ikranagara —— 俳優

Jonathan Samuels —— クライバーン下院院内幹事上級補佐官、後にオバマ大統領議会担当首席補佐官

Janice D. Schakowsky —— アメリカ連邦下院議員（民主党、イリノイ州選出）、元大統領選挙バラク・オバマ陣営全国共同副委員長

Pak Solihin —— インドネシア国立メンテン第一ベスキ小学校教頭

Cass R. Sunstein —— ハーヴァード大学ロースクール教授、前シカゴ大学教授

Julia Suryakusuma —— 作家、コラムニスト

Ed Thompson —— ロビイスト、元ダニエル・アカカ連邦上院議員（民主党、ハワイ選出）報道官

Satoko Nikki Thompson —— Thompson夫人

Sonny Trisulo —— ラクシンド、マネージングディレクター

Lisa Trisulo —— Trisulo夫人

Mara Vanderslice —— オバマ政権大統領府信仰イニシアチブ副室長

Christine R. Yano —— ハワイ大学マノア校人類学部教授

Terry Walsh —— 選挙コンサルタント、元オバマ陣営上級コンサルタント

注記：匿名を条件とした関係者、本書を主目的としない環境で生じた聴き取り、職務上及び私的理由により実名が公開できない対象者を除く一覧

主要参考文献

Alinsky, Saul David, *John L. Lewis: An Unauthorized Biography*, New York: G. P. Putnam, 1949.

Alinsky, Saul David, *Reveille for Radicals*, New York: Vintage Books, 1969.（ソウル・アリンスキー『市民運動の組織論』長沼秀世訳、未來社／１９７２年）

Anderson, Benedict R. O'G., *Imagined Communities: Reflections on The Origin and Spread of Nationalism*, London: Verso, 1983.（ベネディクト・アンダーソン『想像の共同体——ナショナリズムの起源と流行』白石隆・白石さや訳、リブロポート／１９８７年）

Baldwin, James, *Nobody Knows My Name: More Notes of A Native Son*, New York: Dell, 1961.（ジェームズ・ボールドウィン『誰も私の名を知らない——人種戦争の嵐の中から』黒川欣映訳、弘文堂／１９６４年）

Baldwin, James, *The Fire Next Time*, New York: Dial Press, 1963.（ジェームズ・ボールドウィン『次は火だ——人種差別への警告』黒川欣映訳、弘文堂／１９６５年）

Beatty, Andrew, *Varieties of Javanese Religion: An Anthropological Account*, Cambridge, U.K.: Cambridge University Press, 1999.

Bloom, Allan, *The Closing of The American Mind: How Higher Education Has Failed Democracy and Impoverished The Souls of Today's Students*, London: Penguin Books, 1988.（アラン・ブルーム『アメリカン・マインドの終焉——文化と教育の危機』菅野盾樹訳、みすず書房／１９８８年）

Boesche, Roger, *The Strange Liberalism of Alexis de Tocqueville*, Ithaca, N.Y.: Cornell University Press, 1987.

Brown, Claude, *Manchild in The Promised Land*, New York: Macmillan, 1965.（クロード・ブラウン『ハーレムに生まれて——ある黒人青年の手記』小松達也訳、サイマル出版会／１９７１年）

Clinton, Bill, *My Life*, New York: Knopf, 2004.（ビル・クリントン『マイライフ——クリントンの回想　上下』楡井浩一訳、朝日新聞社／２００４年）

Clinton, Hillary Rodham, *Living History*, New York: Simon & Schuster, 2003.（ヒラリー・ロダム・クリントン『リビ

ング・ヒストリー――ヒラリー・ロダム・クリントン自伝』酒井洋子訳、早川書房／２００３年）

Creamer, Robert, *Listen to Your Mother: Stand Up Straight: How Progressives Can Win*, Santa Ana, CA: Seven Locks Press, 2007.

Cumings, Bruce, *War and Television*, London: Verso, 1992.（ブルース・カミングス『戦争とテレビ』渡辺将人訳、みすず書房／２００４年）

Dewey, Alice G., *Peasant Marketing in Java*, New York: Free Press of Glencoe, 1962.

Du Bois, W. E. B., *The Souls of Black Folk*, New York: Penguin Books, 1989.（W・E・B・デュボイス『黒人のたましい』木島始・鮫島重俊・黄寅秀訳、未來社／２００６年）

Ellison, Ralph, *Invisible Man*, New York: Random House, 1982.（ラルフ・エリスン『見えない人間』黒人文学全集第9・第10巻　橋本福夫訳、早川書房／１９６１年）

Fulbeck, Kip, Sean Lennon and Paul R. Spickard, *Part Asian, 100% Hapa*, San Francisco: Chronicle Books, 2006.

Geertz, Clifford and Hildred Geertz, *Kinship in Bali*, Chicago: University of Chicago Press, 1975.（ヒルドレッド・ギアツ、クリフォード・ギアツ『バリの親族体系』鏡味治也・吉田禎吾訳、みすず書房／１９８９年）

Geertz, Hildred, *The Javanese Family: A Study of Kinship and Socialization*, New York: Free Press of Glencoe, 1961.（ヒルドレッド・ギアツ『ジャワの家族』戸谷修・大鐘武訳、みすず書房／１９８０年）

Goodwin, Doris Kearns, *Team of Rivals: The Political Genius of Abraham Lincoln*, New York: Simon & Schuster, 2005.

Grinnell, Max, *Hyde Park, Illinois: Images of America*, Chicago: Arcadia Publishing, 2001.

Hazama, Dorthy Ochiai and Jame Okamoto Komeiji, *The Japanese in Hawai'i: Okage Sama De*, Honolulu: Bess Press, 2001.

Hendon, Rickey, *Black Enough/White Enough: The Obama Dilemma*, Chicago: Third World Press, 2009.

Huntington, Samuel P., *Who are We?: America's Great Debate*, London: Free Press, 2004.（サミュエル・ハンチントン『分断されるアメリカ』鈴木主税訳、集英社／２００４年）

Ifill, Gwen, *The Breakthrough: Politics and Race in the Age of Obama*, New York: Doubleday, 2009.

入江昭『歴史を学ぶということ』講談社現代新書／２００５年
Key, V.O., Jr, *Southern Politics in State and Nation*, New York: Random House, 1949.
Kloppenberg, James T., Reading Obama: Dreams, Hope, and the American Political Tradition N.J.: Princeton Univ. Press, 2012.（ジェイムズ・クロッペンバーグ『オバマを読む――アメリカ政治思想の文脈』古矢旬・中野勝郎訳、岩波書店／２０１２年）
Kmiec, Douglas W., *Can A Catholic Support Him?: Asking The Big Questions about Barack Obama*, New York: The Overlook Press, 2008.
Korzen, Chris and Alexia Kelley, *A Nation for All: How the Catholic Vision of The Common Good Can Save America from The Politics of Division*, San Francisco: Jossey-Bass, 2008.
久保文明編『オバマ大統領を支える高官たち――政権移行と政治任用の研究』日本評論社／２００９年
Malcolm X, (with the assistance of Alex Haley), *The Autobiography of Malcolm X*, New York: Grove Press, 1965.（マルコムX『マルコムX自伝』浜本武雄訳、アップリンク、河出書房新社／１９９３年）
Mayer, Jeremy D., *Running on Race: Racial Politics in Presidential Campaigns 1960-2000*, New York: Random House, 2002.
Melville, Herman, *Journals*, Evanston: Northwestern University Press, Chicago: Newberry Library, 1989.
Melville, Herman, *Moby-Dick: An Authoritative Text, Reviews and Letters by Melville*, Analogues and Sources, Criticism, New York: W. W.Norton, 1967.
Mendell, David, *Obama: From Promise to Power*, New York: Amistad, 2007.
Micklethwait, John and Adrian Wooldridge, *The Right Nation: Why America is Different*, London: Penguin, 2004.
Minow, Martha, *Between Vengeance and Forgiveness: Facing History after Genocide and Mass Violence*, Boston: Beacon Press, 1998.（マーサ・ミノウ『復讐と赦しのあいだ――ジェノサイドと大規模暴力の後で歴史と向き合う』荒木教夫・駒村圭吾訳、信山社出版／２００３年）
Mifflin, Margot, *Bodies of Subversion: A Secret History of Women and Tattoo*, New York: powerHouse Books, 1997.
Mundy, Liza, *Michelle: A Biography*, New York: Simon & Schuster, 2008.（ライザ・マンディ『ミシェル・オバマ――

アメリカを変革するファーストレディ』清川幸美訳・渡辺将人監訳・解説、日本文芸社／2009年)

Niebuhr, Reinhold, *Man's Nature and His Communities: Essays on The Dynamics and Enigmas of Man's Personal and Social Existence*, New York: Scribner, 1965.(ラインホルト・ニーバー『人間の本性とその社会』津田淳・坪井一訳、北望社／1969年)

Nordyke, Eleanor C., *The Peopling of Hawai'i*, Honolulu: University of Hawaii Press, 1989.

Obama, Barack, *Dreams from My Father: A Story of Race and Inheritance*, New York: Times Books, 1995.(バラク・オバマ『マイ・ドリーム――バラク・オバマ自伝』白倉三紀子・木内裕也訳、ダイヤモンド社／2007年)

Obama, Barack, *The Audacity of Hope: Thoughts on Reclaiming the American Dream*, New York: Three Rivers, 2006.(バラク・オバマ『合衆国再生――大いなる希望を抱いて』棚橋志行訳、楓書店・ダイヤモンド社／2007年)

Okamura, Jonathan Y., *Ethnicity and Inequality in Hawai'i*, Philadelphia: Temple University Press, 2008.

Pelosi, Christine, *Campaign Boot Camp: Basic Training for Future Leaders*, Sausalito CA: PoliPointPress, 2007.

Schlesinger, Arthur M., Jr., *The Disuniting of America*, New York: Norton, 1992.(アーサー・シュレージンガーJr.『アメリカの分裂――多元文化社会についての所見』都留重人監訳、岩波書店／1992年)

Smith, Zachary A. and Richard C. Pratt, *Politics and Public Policy in Hawai'i*, Albany: State University of New York Press, 1992.

Sunstein, Cass R., *Republic.com*, Princeton, N.J.: Princeton University Press, 2001.(キャス・サンスティーン『インターネットは民主主義の敵か』石川幸憲訳、毎日新聞社／2003年)

Suryakusuma, Julia I., *Sex, Power and Nation: An Anthology of Writings, 1979-2003*, Jakarta, Indonesia: Metafor Pub., 2004.

Takaki, Ronald T., *Pau Hana: Plantation Life and Labor in Hawaii, 1835-1920*, Honolulu: University of Hawaii Press, 1983.(ロナルド・タカキ『パウ・ハナ――ハワイ移民の社会史』富田虎男・白井洋子訳、刀水書房／1986年)

Terkel, Studs, *Working: People Talk about What They Do All Day and How They Feel about What They Do*, New York: Avon, 1975.

（スタッズ・ターケル『仕事（ワーキング）！』中山容他訳、晶文社／１９８３年）
Tillich, Paul, Jerald C. Brauer ed., *The Future of Religions*, Westport, Conn.: Greenwood Press, 1976.（パウル・ティリッヒ『宗教の未来』大木英夫・相澤一訳、聖学院大学出版会／１９９９年）
Tocqueville, Alexis de, *Democracy in America*, Translated by Henry Reeve, New York: Bantam Dell, 2000 [1835].（アレクシ・ド・トクヴィル『アメリカのデモクラシー　上下』松本礼二訳、岩波書店／２００５年）
Todd, Chuck and Sheldon Gawiser, *How Barack Obama Won: A State-by-State Guide to The Historic 2008 Presidential Election*, New York: Vintage Books, 2009.
Townsend, Kathleen Kennedy, *Failing America's Faithful: How Today's Churches are Mixing God with Politics and Losing Their Way*, New York: Grand Central Publishing, 2007.
Trippi, Joe, *The Revolution will not be Televised: Democracy, The Internet, and The Overthrow of Everything*, New York: ReganBooks, 2004.
Troutt, David Dante, Derrick Bell and Charles Ogletree et al., *After the Storm: Black Intellectuals Explore The Meaning of Hurricane Katrina*, New York: New Press, 2006.
Wallis, Jim, *The Great Awakening: Seven Ways to Change the World*, New York: Harper One, 2009.
Warren, Robert Penn, *All The King's Men*, New York: Bantam Books, 1968, 1946.（ロバート・ペン・ウォーレン『すべて王の臣』鈴木重吉訳、白水社／２００７年）
West, Cornel, *Race Matters*, Boston: Beacon Press, 1993.（コーネル・ウェスト『人種の問題――アメリカ民主主義の危機と再生』山下慶親訳、新教出版社／２００８年）
Wright, Richard, *Black Boy: A Record of Childhood and Youth*, New York: Harper & Row, 1966.（リチャード・ライト『ブラックボーイ――ある幼少期の記録　上下』野崎孝訳、岩波文庫／１９６２年）
Zakaria, Fareed, *The Post-American World*, New York: W.W. Norton, 2008.（ファリード・ザカリア『アメリカ後の世界』楡井浩一訳、徳間書店／２００８年）

集英社文庫

大統領《だいとうりょう》の条件《じょうけん》　アメリカの見《み》えない人種《じんしゅ》ルールとオバマの前半生《ぜんはんせい》

2021年5月25日　第1刷　　定価はカバーに表示してあります。

著　者　渡辺将人《わたなべまさひと》

発行者　徳永　真

発行所　株式会社　集英社
東京都千代田区一ツ橋2-5-10　〒101-8050
電話　【編集部】03-3230-6095
【読者係】03-3230-6080
【販売部】03-3230-6393（書店専用）

印　刷　図書印刷株式会社

製　本　図書印刷株式会社

フォーマットデザイン　アリヤマデザインストア　　マークデザイン　居山浩二

ISBN978-4-08-744248-9 C0195